餐饮服务与数字化运营

主　编　冯　蕾　程　芳

副主编　冯　雷　王艳利

　　　　孟玲娜　马　芙

参　编　王　星　庄　彦

北京理工大学出版社
BEIJING INSTITUTE OF TECHNOLOGY PRESS

内 容 提 要

　　本书旨在培养学生在餐饮服务与管理领域的综合能力，为学生的职业生涯发展提供坚实的基础。本书共分为7个项目、21个任务，包括餐饮业和餐饮文化、认识酒店餐饮部、餐饮服务基本技能、中餐服务、西餐服务、菜单管理和餐饮管理等方面的内容。

　　本书既可作为高等院校旅游类专业教学用书，也可作为工具书供从事旅游服务与管理的企事业单位人员借鉴与参考。

图书在版编目（CIP）数据

　　餐饮服务与数字化运营 / 冯蕾，程芳主编. -- 北京：
北京理工大学出版社，2024.3
　　ISBN 978-7-5763-3080-9

　　Ⅰ.①餐… Ⅱ.①冯… ②程… Ⅲ.①数字技术－应
用－饮食业－商业服务－高等职业教育－教材 Ⅳ.
①F719.3-39

　　中国国家版本馆CIP数据核字（2023）第213950号

责任编辑：时京京　　　　　　文案编辑：时京京
责任校对：刘亚男　　　　　　责任印制：王美丽

出版发行 / 北京理工大学出版社有限责任公司
社　　　址 / 北京市丰台区四合庄路 6 号
邮　　　编 / 100070
电　　　话 / （010）68914026（教材售后服务热线）
　　　　　　（010）68944437（课件资源服务热线）
网　　　址 / http：//www.bitpress.com.cn
版 印 次 / 2024 年 3 月第 1 版第 1 次印刷
印　　　刷 / 河北鑫彩博图印刷有限公司
开　　　本 / 787 mm×1092 mm　1/16
印　　　张 / 13.5
字　　　数 / 294 千字
定　　　价 / 69.00 元

前言

Foreword

随着我国信息化和数字化的迅猛发展，酒店业的信息化、数字化程度也在不断提升，酒店业由数量扩张转向了质量竞争的发展阶段，行业的转型发展对人才培养的规格也提出了新要求。培养适应行业发展需要、服务国家经济发展战略的高素质技术技能人才，是职业院校义不容辞的责任。党的二十大报告明确提出"深化教育领域综合改革，加强教材建设和管理，完善学校管理和教育评价体系，健全学校家庭社会育人机制"，表明了教材建设国家事权的重要属性，凸显了教材工作在党和国家事业发展全局中的重要地位，体现了以习近平同志为核心的党中央对教材工作的高度重视和对"尺寸课本、国之大者"的殷切期望。我们要深刻学习领会，充分认识新征程教材工作肩负的使命。

本书以《高等职业教育酒店管理与数字化运营专业教学标准》为依据，以立德树人为目标，参照岗位工作标准，融合职业技能等级证书体系，以工作任务为驱动，进行项目化教学设计，实现了教学内容与岗位工作内容的无缝对接，着重培养学生的服务理念、劳动意识和工匠精神，使其成为德技并修、理实兼具的高素质餐饮技术技能人才。《餐饮服务与数字化运营》由辽宁生态工程职业学院的冯蕾、程芳主编，副主编为冯雷、王艳利、孟玲娜、马芙。我们在内容选取上，以餐饮岗位的典型工作任务为基础，充分融合行业发展过程中的新技术和新标准，着重培养学生提出问题、分析问题和解决问题的综合能力。此外，我们还邀请了沈阳瑞士酒店人力资源部总监王星、沈阳凤凰饭店庄彦等餐饮企业经营管理者及其他业内的专业人士和企业专家参与到教材编写中，确保教材内容与酒店行业实际工作紧密结合，满足了企业对于员工技能的需求。在编写过程中，我们也深受众多参考文献和专家学者的启发和帮助，这些文献和成果为我们提供了宝贵的知识和经验，为本书的编写提供了坚实的理论基础和实践指导。然而，我们也要坦诚地承认，由于编者水平有限，本书可能存在一些不足之处，希望广大教师和读者能够提出宝贵的意见和建议，以帮助我们进一步的改进与完善，使其更好地适应教学实际和满足读者需求。

编 者

目录

Contents

项目一　餐饮业和餐饮文化

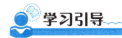

学习引导

本项目阐述了餐饮和餐饮业，餐饮企业的分类和餐饮业的基本特征，中西餐饮的发展进程、饮食习俗和文化特点，使学生通过学习能够把握餐饮企业的目标、找出餐饮产品的特点，能够运用中西餐文化知识做好对客接待工作。

学习目标

1. 了解餐饮和餐饮业。
2. 熟悉餐饮企业的分类和餐饮业的基本特征。
3. 熟悉中西餐饮的发展进程和饮食习俗。
4. 掌握中西餐饮文化和特点。

案例导入

"用心""走心"，更重要的是"读心"

2022年9月的一天晚上，北京某酒店中餐厅来了一对中年夫妇，衣着打扮朴素大方，他们走进餐厅时由领位员引领落座到大厅。夫妇俩先看了一会儿菜单并对服务员小冯说道："小姑娘我们现在点菜吧。"小冯急忙走了过去。他们点的菜品并不多，只点了半套烤鸭和一道时令蔬菜。大概过了半小时，烤鸭上桌了，这对夫妇彼此看着对方笑了。在点菜时，小冯了解到他们是从外地来北京旅游，想品尝一下北京特色"烤鸭"，可是他们并不知道正确吃烤鸭的方法。刚上桌时，他们试了一次，好像并不成功。一旁的小冯问他们是否需要帮助，他们带着羞涩的笑容点点头。这时小冯戴上一次性手套，给他们夫妻俩每人包了一个，并介绍了烤鸭的吃法，吃烤鸭要有鸭饼、黄瓜条、葱丝、甜面酱，缺少任何一样都不好吃。首先，烤鸭皮蘸着白糖吃，酥脆且油而不腻；接着可以在鸭饼里放入鸭肉、黄瓜条、葱丝，再放些甜面酱混合着黄瓜条的清香，结合在一起，就会非常美味。通过小冯的讲解，夫妇俩表示该餐厅不但菜品好吃，服务更是专业，让他们感到很温暖、很贴心。他们对小冯说："每个人都在说服务，其实只有用心、走心，更重要的是读心，你做到了，读懂了我们的心理，我们对你表示感谢。"这时小冯微笑着对他们说："您的满意便是我们最终的目标，谢谢您的肯定，祝您用餐愉快。"

任务一 餐饮和餐饮业

一、餐饮

餐饮的概念主要有两种：一是指饮食，如经营餐饮、提供餐饮；二是指提供餐饮的行业或机构。餐饮行业，其主要内容是从事该行业的组织（如餐厅、酒店、食品加工厂）或个人通过对食品进行加工处理，满足食客的饮食需要，从而获取相应的服务收入，由于不同地区、不同文化、不同人群饮食习惯和口味的不同，所以，世界各地的餐饮表现出多样化的特点。

二、餐饮业

餐饮业是通过即时加工制作、商业销售和服务性劳动等，向消费者专门提供各种酒水、食品、消费场所和设施的食品生产经营行业。按西方国家《标准行业分类法》的定义，餐饮业是指以商业营利为目的的餐饮服务机构。在我国根据《国民经济行业分类注释》的定义，餐饮业是指在一定场所，对食物进行现场烹饪、调制并出售，主要供顾客现场消费的服务机构。

（一）按服务方式分类

1. 餐桌式服务餐饮

全世界使用最多的服务方式，就是餐桌式服务。餐桌式餐饮是服务人员为宾客提供从引座、上茶、点菜、上菜、斟酒、桌边服务直至结账、送客的全过程服务。正餐基本上都属于餐桌式服务（图1-1）。

图 1-1 餐桌式服务餐厅

2. 柜台式服务餐饮

许多日式餐馆采用此种服务方式。在一长条形的柜台两侧，分别是消费者和提供膳食及服务的厨师。消费者从点菜、等候直到就餐，始终位于柜台的一侧，而厨师为消费者所需菜肴的烹饪加工过程就在消费者的注视之下完成。此类餐馆注重供餐的速度，且能让消费者亲眼看见自己的菜肴被加工出来的全过程，对厨师也是一种激励和鞭策（图1-2）。

3. 自助服务式餐馆

自助式餐饮是将各类菜肴、点心、酒水和餐具事先准备好，收费标准固定，客人根据自己的口味自行选择，服务人员无须在桌边服务，只需提供引导和辅助服务。自助式餐饮最早在西餐厅比较流行，目前越来越受到广大消费者的喜爱和欢迎（图1-3）。

图1-2　柜台式服务餐厅　　　　　图1-3　自助服务式餐厅

4. 外卖式餐饮

外卖式餐饮即宾客将提供的菜肴带出店外或由服务人员根据客人预订将所点菜肴送到指定地点。外卖式餐饮是家庭厨房的延伸，由于便利，呈现出市场日趋增大的趋势（图1-4）。

图1-4　外卖式餐饮

(二)按经营方式分类

社会的发展和进步，使社会分工越来越细致和明晰，以各种方式经营的餐馆也越来越多。其主要包括以下三类：

1. 独立经营

独立经营是指具有独立注册资本和法人资格的单体餐饮企业。相对于连锁或连号经营而言，该餐馆独立经营，有自己一整套经营思路和管理方法。

2. 连锁经营

连锁经营由连锁餐饮经营企业组成，有特许、直营和合同经营三种具体形式(图 1-5)。

图 1-5　连锁经营的餐饮企业

3. 附属经营

附属经营是指星级酒店的餐饮系统，如酒店中的餐饮部(图 1-6)。

图 1-6　星级酒店的咖啡厅

(三)按餐饮产品分类

1. 正餐餐饮

正餐餐饮能提供比较全面的菜肴，如各类冷菜、热炒、海鲜、煲类、汤类和各种酒水饮料，菜单结构和菜肴种类比较丰富，顾客选择余地大。大部分餐饮企业属于这种类型。

2. 快餐餐饮

快餐餐饮由各式西式快餐和中式快餐组成。随着工作和生活节奏的加快，快餐餐饮在餐饮市场中占有越来越大的比例。

3. 茶点餐饮

茶点餐饮主要是各类茶坊和茶馆，经营的产品从简单的茶饮到讲究的茶道，通常也会供应一些简单的小吃和菜肴。目前，茶点餐饮店正成为人们休憩放松和商谈闲聊的好去处(图1-7)。

4. 酒吧餐饮

酒吧主要供应各类酒水和小食品。在有些城市，各种形式的酒吧形成酒吧一条街。作为城市餐饮和夜文化的重要组成部分，酒吧正被越来越多的人尤其是年轻人所接受。

(四)按就餐时间分类

1. 早点餐饮

早点餐饮以提供早餐为主。如酒店的各类早茶、自助早餐，以及遍布市巷的早餐店和街头摊位。

2. 正餐餐饮

正餐餐饮以提供午餐和晚餐为主。一般情况下，有一定规模和档次的酒店餐饮、纯餐饮店均属此类型。

3. 休闲餐饮

休闲餐饮包括各类茶点、小吃和饮品，在供应时间上通常与正餐时间错开。

4. 宵夜餐饮

宵夜餐饮为客人提供各类菜肴、茶点和小吃，供应时间通常在晚餐后至凌晨(图1-8)。

图1-7　港式茶餐厅

图1-8　具有当地餐饮特色的小吃夜市

三、餐饮服务与管理的目标

(一)营造怡人的进餐环境

餐饮服务设施应营造一个舒适、怡人的进餐环境，以便给客人留下良好的第一印象。例如，餐饮服务设施的装饰、布局要与饭店等级协调一致，灯光、色彩应柔和、协调，家具、餐具须配套并与整体环境相协调，环境卫生必须符合卫生标准，服务人员的仪容仪表和仪态应符合饭店服务标准，餐饮服务设施的温度和湿度应舒适宜人等。

(二)供应适口的菜点酒水

宾客的口味需求各异，应了解市场需求及宾客的消费趋向，供应的菜点酒水品种应符合目标市场的需求；食品原料的采购必须符合饭店的规格标准；厨房制作兼顾宾客的口味要求；原料采供、厨房生产、餐厅服务等环节密切配合。

(三)提供优质的对客服务

适口的菜点酒水，只有配以优质的对客服务，才能真正满足宾客的餐饮需要。优质的对客服务包括良好的服务态度、丰富的服务知识、娴熟的服务技能和适时的服务效率等。

(四)取得满意的三重效益

餐饮服务与管理的最终目标是获取效益，效益是衡量经营成败的依据。餐饮服务与管理的三重效益是指社会效益、经济效益和环境效益。社会效益是指餐饮经营给企业带来的知名度和美誉度，它可为企业赢得客源，并增强企业的竞争能力。经济效益是指餐饮经营给企业创造的利润（绝对效益）及由餐饮带来的企业其他设施的宾客消费（相对效益）。环境效益是指餐饮企业因采取各种节能环保而带给自己的效益，同时也使企业具备可持续发展的能力，也是企业社会责任感的具体体现。

四、餐饮产品特点

(一)餐饮生产特点

1. 餐饮产品规格多，生产批量小

餐饮产品的生产与销售基本同步，不能先生产后销售。因此，菜肴与其他工业产品大批量、统一规格的生产特点不同。

2. 餐饮生产过程时间短

餐饮产品的生产、销售与客人的消费几乎同时进行，因此，客人从点餐到消费的时间相对短暂。这对厨师的经验与技术是一个很大的考验，对服务员的菜品营销和对客服务也是一大挑战。

3. 生产量难以预测

餐饮消费客人大多数不通过预订而是直接进店消费，因此，客人的消费需求很难精准预估。

4. 餐饮原料及产品容易变质

相当一部分餐饮产品是用鲜活的餐饮原料制作的，具有很强的时间性和季节性，若处理不当极易腐烂变质，因此，必须加强原料管理才能保证产品质量并控制餐饮成本。

5. 餐饮产品生产过程环节多、管理难度大

餐饮产品的生产从餐饮原料的采购、验收、储存、加工、烹制、餐厅服务到收款，整个生产过程的业务环节较多，任一环节的差错都会影响餐饮产品的质量及企业的效益，因此，餐饮产品生产过程的管理难度较大。

(二)餐饮服务的特点

餐饮服务是餐饮企业的员工为就餐客人提供餐饮产品的一系列活动。餐饮服务可分为直接对客的前台服务和间接对客的后台服务。前台服务是指餐厅、酒吧等餐饮企业中直接为客人提供的服务，而后台服务则是指仓库、厨房等客人视线不能触及的部门为餐饮产品的生产、服务所做的一系列工作。前台服务与后台服务相辅相成，后台服务是前台服务的基础，前台服务是后台服务的继续与完善。

1. 无形性

无形性是服务产品的共性。尽管餐饮产品是具有实物形态的产品，它仍具有服务的无形性特点，即看不见、摸不着，且不可能数量化。

2. 一次性

餐饮服务的一次性是指餐饮服务只能当次享用，过时则不能再使用。这就要求餐饮企业应接待好每一位客人，提高每一位就餐客人的满意程度，才能使他们一再光临。

3. 直接性

餐饮服务的直接性是指餐饮产品的生产、销售、消费几乎是同步进行的，即企业的生产过程就是客人的消费过程。这也是餐饮产品的销售场所，这就要求餐饮企业既要注重服务过程，还要重视用餐环境。

五、餐饮企业的主要职能

1. 掌握市场需求，合理制定菜单

要满足客人对餐饮的需求，必需首先了解餐饮企业目标市场的消费特点与餐饮要求，掌握不同年龄、不同性别、不同职业、不同民族和宗教信仰的客人的餐饮习惯与需求，并在此基础上制定出能够符合客人需求的菜单，作为确定餐饮企业经营特色的依据与指南。

2. 广泛组织客源，扩大产品销售

客源是餐饮企业生存和发展的基础与前提，只有广泛组织客源，才能扩大餐饮产品的销售，因此，餐饮企业必须采取各种方法招徕客人前来就餐，从而提高餐饮企业的知名度、美誉度和经济效益。

3. 加强原料管理，保证生产需要

餐饮原料的质量直接影响餐饮产品的质量，而其价格又直接关系到餐饮企业的经济效益，因此，加强对餐饮原料的采购、验收、储存管理，既可保证厨房的生产需要，又可降低餐饮成本。

4. 搞好厨房管理，提高菜点质量

厨房是餐饮产品的生产场所，其管理水平的高低直接影响餐饮产品的质量和客人满意程度。因此，餐饮企业应做好厨房管理，根据客人需要，合理加工餐饮原材料，组织厨师及时烹制出适销对路、色、香、味、形俱佳的餐饮产品，并加强对生产过程的控制，努力提高餐饮产品的质量。

5. 抓好餐厅管理，满足宾客需要

餐厅是餐饮企业的销售场所，又是为客人提供面对面服务的领域，它使餐饮产品的价值最终得以实现。因此，抓好餐厅管理，既可满足客人的物质和精神需要，提高客人的满意程度，又可体现并反映餐饮企业的管理水平与服务质量。

6. 加强成本控制，提高经济效益

餐饮企业应根据等级、客源市场的消费水平和经营目标等因素制订相应的成本标准，按规定的毛利率确定菜肴的售价，在满足客人需求的前提下，保证餐饮企业的经济利益。因此，餐饮企业应建立餐饮成本控制体系，加强对餐饮生产全过程的控制。

任务二　中西餐饮文化认知

一、中国餐饮业发展概况

中国与法国、土耳其并称世界三大烹饪王国。中国餐饮文化历史悠久、博大精深，是中华民族的优秀文化遗产，也是世界餐饮文化宝库中的一颗璀璨明珠。中国餐饮文化具有绚丽多彩的文化内涵和雄厚坚实的技术基础，以味为核心，以养为目的，注重餐饮形式，可用"精""美""情""礼"概括，是文化、科学、艺术的结晶。

1. 考古发现与先祖们的饮食活动

考古工作者通过考古发掘，揭示了大约在170万年前，生活在中国这片土地上的人类祖先已经开始有意识地利用火来加工食物。中华民族的发源地之一——长江中下游地区的考古发现进一步显示，大约在六七千年前，生活在今天浙江省余姚市河姆渡地区的先人已经大面积地种植水稻并饲养牲畜，食物的生产改善了人们的物质生活，并为餐饮业的形成奠定了物质基础。

2. 最早的聚餐形式——筵席

何为筵席？筵席是一个古老的词汇，最初在古代用来指代铺在地上的坐具。在唐朝以前，人们习惯坐在筵席上，享用酒食菜肴。根据《周礼·春官·司几筵》的解释，"筵"指的是铺在地上的坐垫，而席则指放在筵上供人坐的垫子。因此，"筵席"这个词是指坐具的总称，指人们聚集在一起用餐的场合。在筵席上，人们可以品尝美酒、食用佳肴和菜品。古代的《礼记》记载了战国至秦汉时期的礼仪制度，其中提到了"铺筵席，陈尊俎，列笾豆"的描述。这里的"尊""俎""笾""豆"都是古代宴会和祭祀中使用的器皿，用于盛放酒、肉类或腌菜和酱菜等。因此，筵席不仅仅是指饮食，还包括了陈设的器皿和祭祀的仪式。

随着时间的推移，"筵席"这个词逐渐演变为指代正式的宴会或酒席。它承载着丰盛的饮食和欢乐的聚会的意义。即使在现代，我们仍然使用"筵席"一词来形容盛大的宴会。

3. 夏、商、周三代——餐饮已发展为一个独立的行业

历史的车轮驶入夏、商、周三代之后，餐饮业逐渐形成为一个独立的行业。菜肴丰盛与精致程度足以使现代人叹服。从周代起，中国出现了食谱，《周礼·天官》中记录了我国最早的名菜——八珍。从《楚辞》中，我们可以看到所列举的酒类和食品已相对丰富，如《楚辞·招魂》中所列的一份菜单，记有烧甲鱼、烤羊羔、醋烹天鹅、焖野鸭和大鹤、卤鸡、清炖大龟等。

4. 汉代与西域的交往促进了餐饮业发展

自汉代以后，饮食业有了很大发展。汉朝与西域的通商贸易使西部少数民族的饮食习俗传入中原，又将中原的饮食文化带至西部。长安城内为少数民族客商所建的高档客栈附近，出现了大批的饮食店。

5. 唐宋尤其是南宋时期餐饮业已具相当规模

唐朝以后的餐饮宴席，已从席地而坐发展为坐椅而餐。北宋名画家张择端的《清明上河图》以不朽的画卷向后人展示了当时汴梁人的市井生活，酒楼、茶馆成为画面的重要组成部分。当时的酒店可将三五百人的酒席立即办妥，可见规模之大、分工之细、组织之全。南宋时期，杭州的西湖上还出现了提供餐食的游船，其中最大的游船可同时提供百十人的宴会。这种把宴会与旅游结合在一起的做法一直保留到今天。

6. 近代沿海城市出现西菜馆

近代以来，西菜在中国的沿海城市(广州、福州、厦门、宁波、上海)及大都市天津、北京等地纷纷登场。此时也是中国各地招牌菜融合与发扬光大的时期，尤其以上海为代表。中国各地传统菜肴也感受到与本土其他地区菜肴的商业竞争气息，纷纷在烹调与口味上树立招牌、独立门户、自成"本色"，发展出中国非常有名的八大菜系——鲁菜、川菜、粤菜、闽菜、苏菜、浙菜、湘菜、徽菜。

7. 改革开放后餐饮业步入正轨

改革开放以来，伴随着中国社会经济进步与发展，中国餐饮业在行业规模、企业水

平、社会影响和社会拉动作用等方面都发生了深刻的变化，大致分为四个发展阶段。

（1）改革开放起步阶段。20世纪70年代末至80年代中后期，我国餐饮业在政策上率先开放，政策的开放引导和各种经济成分的共同投入，使餐饮行业取得新的突破和发展，特别是社会上出现的一批个体经营的中小型网点，以价格优势、灵活的服务方式赢得了市场的认可。

（2）数量扩展阶段。20世纪80年代末至90年代中期，社会需求逐步提高，社会上投资餐饮业的资本大幅增加，餐饮经营网点和从业人员快速增长，国际品牌也纷纷进入，外资和合资企业涌现，行业蓬勃发展。同时，餐饮业发展积极调整经营方向，面向家庭大众消费，满足市场需求，使餐饮业焕发出新的生机。

（3）规模连锁发展阶段。20世纪90年代中期至21世纪初期，我国餐饮企业实施连锁经营的步伐明显加快，在全国范围内，很多品牌企业跨地区经营，并抢占了当地餐饮业的制高点，市场业态更加丰富，菜品创新和融合的趋势增强，各地代表性连锁餐饮企业不断涌现，规模化、连锁化成为这一阶段的显著特点。

（4）品牌提升战略阶段。进入21世纪以来，我国餐饮业发展更加成熟，增长势头不减，整体水平提升，特别是一批知名的餐饮企业在外延发展的同时，更加注重内涵文化建设，培育提升企业品牌，积极推进产业化、国际化和现代化进程，综合水平不断提高，并开始输出品牌与经营管理，品牌创新和连锁经营力度增强，行业发展步伐加快。

二、外国餐饮业发展概况

1. 古埃及的餐饮概况

古埃及人崇尚节制和俭朴，他们吃得很简单，但是十分好客。古埃及的等级观念可在餐厅的装修和家具上得到充分反映。普通人只使用简单的陶器，坐在未修饰过的长凳上，在低矮的泥屋中进餐。而富人的餐厅如同宫殿，室外有水池和花园环绕，室内餐桌上使用绣花织物，家具中有镶嵌着金子和大理石的软垫扶手椅，储存室内有精美的雕花木勺和象牙勺，盛器有玻璃杯和用金、银或最珍贵的铜制成的碗。

2. 古希腊的餐饮概况

古希腊的食物主要由谷类、牛奶、奶酪、橄榄和无花果组成。古希腊人对餐饮业的主要贡献体现在两个方面：为了使上餐桌的鹅足够肥硕，喂养时用浸湿的谷物进行填食，与我们今天的北京填鸭极其相似；约公元前3世纪，雅典人发明了第一个冷盘手推车，厨师把大蒜、海胆、用甜葡萄酒浸过的面包片、海扇贝和鲟鱼盛在盘子里放在车上，推进餐厅供人们选择、享用，这些对今天的餐饮业仍有影响。

3. 古罗马的餐饮概况

大约在公元200年，古罗马的文化和社会高度发达，烹调方式汲取了古希腊烹调的精华。古罗马人尤其擅长制作面食（至今意大利的比萨饼和面条仍享誉世界），就餐时人们使用餐巾也是古罗马人引进餐馆的。除此以外，在餐馆的餐桌上放置玫瑰花，重大宴会时叫报每道菜菜名的做法等，均由古罗马人最早在餐厅使用。

4. 中世纪时期的法国餐饮概况

1183 年，伦敦出现了第一家出售以鱼类、牛肉、鹿肉、家禽为原料制作菜肴的小餐馆。至 16 世纪末，意大利几乎具备了现如今意大利菜肴所使用的原料，其中包括引自世界各国的材料，其烹饪技术及饮食习惯也已基本定型。16 世纪至 17 世纪，意大利的烹调方法传到法国后，由于历史上路易王朝中好几位国王对西餐烹饪、服务的重视和讲究，使法式餐具具有宫廷华贵、高雅的气度与风格。

5. 中世纪后欧洲主要国家餐饮发展概况

1650 年，英国牛津出现第一家咖啡厅，此后咖啡厅雨后春笋般地接连出现，到 1700 年仅伦敦就有 200 余家。1765 年，法国巴黎出现第一家法式餐厅，当时这家餐厅都已具备了现如今经营西餐厅的很多条件。18 世纪以来，法国涌现了许多著名的西餐烹饪大师，这些大师们设计并制作了许多著名的菜肴，至今都在扒房菜单上受到顾客的青睐。由于法国有好的材料、好的厨师、好的烹饪环境和好的美味欣赏者，所以，西餐的发展达到了极高的程度。当今法式西餐的选料、烹饪甚至法式西餐的服务在全世界都无人可及。1920 年，美国开始了汽车窗口饮食服务。1950 年以后，西餐快餐首先在美国发展起来，而后遍及世界。当今的西餐更讲究营养、卫生与实用性。

三、中西传统餐饮文化差异

餐饮文化，一般指在食物原料开发利用、食品制作、饮食消费过程中的技术、科学、艺术及以饮食为基础的习俗、传统、思想和哲学，即由人们的饮食生产和饮食生活的方式、过程、功能等结构组成的全部食事的总和。

1. 中西饮食观念的差异

中国人的饮食以追求美味为首要目的，素有"民以食为天，食以味为先"之说。尽管讲究食疗、食补、食养，重视以饮食来养身强身，但五味调和的烹调术却以追求美味为第一要求。中国现代的烹调术，旨在追求营养与味道兼顾的最佳平衡。

西方人的饮食注重科学，讲求营养，故西方饮食以营养为最高准则，注重食物所含蛋白质、脂肪、碳水化合物、维生素及各类无机元素的含量是否搭配合理，能量的供给是否恰当，以及这些营养成分是否能为进食者充分吸收，有无其他副作用。这些是烹调中首要考虑的问题，其次再考虑菜肴的色、香、味。

2. 中西饮食内容的差异

受农耕文明的影响，中国人的传统饮食以五谷为主，辅之以蔬菜和少量肉食，植物类菜品占主导地位。佛教认为，动物是"生灵"，而生灵是不可以杀灭的，更不能食用。佛家提倡的"戒杀放生"等思想，与儒家的"仁心仁闻"观点相契合。加之道教也忌食鱼肉等荤腥，从而在中国大开素食之风，同时也推动了蔬果类植物的栽培与烹调制作技术的发展，特别是豆类制品技术的发展。

西方人认为菜肴是用以充饥的，故多食用大块肉、整块鸡等荤菜，主要是牛肉、鸡肉、猪肉、羊肉和鱼肉等动物性菜品。这是与西方的游牧、航海民族文化相联系的。航海、游牧民族以渔猎及养殖为主要活动，辅之以种植业，这就决定了他们饮食的主要来源是动物。

中国人喜欢热食，除正菜前的几样小碟是冷菜外，主菜都是热的。在中国人看来，菜要趁热吃才能吃出菜的味道，俗话说"一热三鲜"。而西方人喜食冷食、凉菜，从冷菜拼盘、沙拉到冷饮，餐桌上少不了冷菜。

随着生活水平的提高和营养观念的普及，在中国人的餐桌上，正在加大肉类和奶类食品的比重。同样，在西方人的饮食结构里，蔬菜类也在明显增加。中西方饮食结构已逐渐趋向融合。

3. 中西烹调方法的差异

中国烹调的核心是"五味调和"，基本每个菜都要用两种以上的原料和多种调料来调和烹制。而西餐中的原料虽然"共处一盘"，但却"各自为政"，待食至腹中，方能调和到一起。中国烹饪方法奇多，讲究烹调工艺，不仅各大菜系都有自己的风味特色，而且同一菜系的同一道菜，其所用的配菜和各种调料的匹配，也会依厨师的个人特点有所不同，还会根据不同季节、不同场合及接待规格加以调整。在中国，烹调是一种艺术，它以极强烈的趣味性，甚至还带有一定的游戏性，吸引着以饮食为人生之至乐的中国人。

西方人饮食强调科学与营养，烹调方法较少，烹调工序相对简单，烹调的全过程都严格按照科学规范行事，菜肴制作规范化。规范化的烹调要求调料的添加量精确到克，烹调时间精确到秒。因而，厨师的工作就成为一种极其单调的机械性工作。西餐的装盘立体感强、可食性强，装盘的食品绝大多数能食用，点缀品就是主菜的配菜。

4. 中西饮食方式的差异

在中国，无论是家庭用餐还是正式宴席，都是聚餐围坐，共享一席。人们相互敬酒、劝菜，要借此体现出人们之间的相互尊敬、礼让的美德，以及和睦、团圆的气氛。中国人常通过这种用餐方式来教化和表达各种"礼"，来反映长幼、尊卑、亲疏、贵贱等关系及交流感情。但同时这种用餐方式有不讲科学、不卫生、浪费大的弊端。故现如今倡导使用公筷、分餐制、"光盘行动"。

西方人习惯于分而食之。在西式宴会上，虽也围坐，但各人的食物是单盘独碟的。西方分餐制中最典型的一种形式，就是自助餐。这种用餐方式不仅可以充分满足个人对食物的喜好，还便于社交，便于个人之间情感与信息的交流，而不必在餐桌上将所有的活动公之于众。这种用餐方式较文明、卫生，符合科学精神。

5. 中西用餐器具的差异

中国人的餐具主要是筷子，辅之以匙及各种形状的杯、盘、碗、碟。中国烹饪讲究餐具的造型、大小、色彩与菜品的协调，讲究"美器"，把饮食当作艺术活动来对待，不仅要一饱口福，还要从中得到一种美的艺术享受。

西方人多用金属刀叉，主要有不锈钢或镀银、纯银等餐具，各种杯、盘、盅、碟也是各司其职、不能混用。但西餐在装盘配器上不像中国人这样强调艺术美，其餐具的种类、菜肴的造型都较为单调。简言之，西方人重在食物的内容，而中国人则强调菜肴的形式和从中获得的感受。

6. 中西传统节日习俗差异

中国的节日主要源于岁时节气、祈求自身吉祥幸福，节日习俗以吃喝为主题，其原因主要是中国人对生命的追求以健康长寿为目的，并通过饮食来实现。

西方的节日主要源于宗教及相关事件，缅怀上帝、求其保佑，节日习俗以玩乐为主题，其原因主要是西方人对生命的追求以健康快乐为目的，并通过宗教和娱乐活动来实现。

四、中国菜相关知识

(一)中国菜的特点

1. 历史悠久，技艺高超

据《易·鼎》记载："以木巽火，亨(同烹)饪也。"意即，人类对火的使用标志着烹饪活动的起始。历代厨师在长期实践中积累了丰富的烹调经验并善于总结，留下了宝贵的财富。早在3 500年前，商汤宰相、烹调圣手伊尹就总结了烹饪调味经验(《吕氏春秋·本味篇》)。6世纪，北魏贾思勰在《齐民要术》中，系统讲述烹饪及食品加工的有四卷。元代太医忽思慧的《饮膳正要》从营养学的角度集食疗理论之大成，为我国第一部营养学专著。清代袁枚的《随园食单》，从正反两方面列举了许多实例，全面、系统、深刻地阐述了烹饪规则与原理，自成一家之说。

同时，据史料记载，汉代的张骞、唐代的鉴真和尚、明代的郑和、13世纪的马可·波罗都参与了中国与亚欧诸国的餐饮文化交流。可见，我国烹饪艺术不仅历史悠久、技艺高超，还影响着周边的国家。

2. 原料丰富，菜品繁多

我国幅员辽阔、地形多样、气候复杂，又有漫长的海岸线，物产资源相当丰富，为烹饪提供了坚实的物质基础。常用原材料丰富多彩，时令原材料层出不穷，稀有原材料奇异珍贵。

中国菜品种繁多，可分为四大菜系、八大流派、十大风味。仅四大菜系的菜品有据可查的就有：川菜4 000多种，苏菜3 000多种，鲁菜2 500多种，粤菜2 000多种。而且菜品风格迥异，如川菜味型众多，以麻辣著称，苏菜讲究原汁原味，粤菜清鲜爽滑，鲁菜则鲜醇脆嫩；各种档次俱备，既有经济方便的大众便餐菜式，又有乡土气息浓郁的民间菜式。

3. 选料讲究，配料巧妙

中国菜对菜品原料的产地、季节、部位、营养等的选择十分讲究，并针对原料各自的特点，采用不同的烹饪技法，如北京烤鸭须以北京填鸭为原料；河蟹讲究"九月团脐十月尖"；火腿以浙江金华的蒋腿最为出色；制汤用的老母鸡，用其味足；炒鸡丁用的仔鸡，用其质嫩等。

中国菜在配料上讲究色的和谐悦目，一般用强烈的对比色或同色调；味的配合中突出主味，辅以他味；质的软配软、酥配酥、脆配脆；形及大小讲究丝配丝、丁配丁、条配条、块配块，并符合菜肴整体造型的需要。

4. 刀功精湛，善于调味

中国烹饪的刀法多样、刀技精巧，有切、剁、片、砍、排、削、拍、挖、敲等，还有花刀、雕刻等刀法，仅切又有直切、斜切、推切、锯切、拉切、铡切、滚切等。加工后的原料形态有块、丁、片、条、段、球、丝、米、粒、末、泥、茸等多种形态，以及丸、球、麦穗花、栗子花、蓑衣花、兰花、菊花等多样花色，还可镂空成美丽的图案花纹，雕刻成"喜""寿""福""禄"字样，增添喜庆筵席的欢乐气氛。

中国菜素有"南甜、北咸、西辣、东酸"之称，调味用料广泛，方法细腻，讲究五味调和，善于调制复味，突出原料本味，使菜肴变化无穷、味型众多。中国菜常用的调味料有油、盐、酱、醋、糖、酒、姜、葱、蒜、辣椒、胡椒、紫苏、芝麻、陈皮、桂皮、芥菜、山李粉等。中国菜的基本味型大约可分为 9 种，即咸、甜、酸、辣、苦、鲜、香、麻、淡，复味型则难以计数，大体可归纳为 50 种。

5. 技法多样，注重火候

中国菜的烹饪技法变化多端，常选用不同的燃料、不同的工具、不同的介质，并讲究火候的大小、时间、变化等，使菜肴达到嫩而不生、透而不老、烂而不化的质量要求。耳熟能详的烹饪技法有：蒸、煎、煮、焖、炖、溜、爆、烧、烤、炒、灼、炸、煲、卤、烩、焗、贴、熬、氽、涮、酱、酿、煨、拌、熏、拔丝、挂霜、蜜汁等。

6. 盛器考究，艺术性强

古人云："美食不如美器。"中国菜不仅注重菜肴本身，还讲究盛器与美食的完美结合。不同菜肴使用不同形状、大小、姿态、色泽、图案的盛器与菜肴交相辉映，展现强烈的民族风格，同时讲究菜肴的命名艺术，增加菜肴的附加值。器美、色谐、名雅，三者和谐统一使中国菜给人以文化的熏陶和艺术的享受。

(二)中国菜的种类

我国不同的民族、不同的地理环境、不同的生活习惯等因素，造成了中国菜不同的菜肴风味。按照地区、历史、风味等特点，中国菜可分为地方菜、宫廷菜、官府菜、素菜和少数民族菜等(表 1-1)。

表 1-1　中国菜的种类

种类	特点	代表菜
地方菜	地方菜是中国菜的重要部分，是各地因物产、气候、历史、餐饮习惯的不同，经过漫长历史的演变而形成的一整套自成体系的烹饪技艺，具有浓厚的地方风味，并被全国各地所承认	地方菜可粗分为川菜、粤菜、鲁菜和苏菜四大菜系；后又加上浙菜、闽菜、湘菜和徽菜，形成八大流派；又加上京菜、沪菜、鄂菜、秦菜，称为十二大流派

种类	特点	代表菜
宫廷菜	宫廷菜代表了中国烹饪的总体最高水平。宫廷菜的特色可以用"稀贵、奇珍、古雅、怪异"八个字概括	鱼藏剑、罗汉大虾、凤凰爬窝、寿星鹌鹑、凤尾鱼翅、金蟾玉鲍、一品官燕、龙须驼掌等
官府菜	我国历代封建王朝的高官为在官府中宴请而网罗名厨、博采众长以至形成特色鲜明并具有一定影响的菜肴	主要有孔府菜、谭家菜、随园菜及红楼菜等，其中以孔府菜为最
素菜	素菜是指以植物类和食用菌为原料烹制而成的菜肴。其用料独特、技艺精湛，菜肴口味清鲜、营养丰富	主要由寺院素菜、市肆素菜及民间素菜组成，以寺院素菜的用料最为严格。代表菜有罗汉斋、素鱼翅、素火腿、酿扒竹笋等
少数民族菜	在少数民族菜中，以回族菜、朝鲜族菜、维吾尔族菜、满族菜、藏族菜和蒙古族菜影响较广	回族菜：涮羊肉、汤爆肚仁、炸羊尾等；满族菜：冰糖沙琪玛、酸菜炖白肉血肠、苏子叶饽饽

(三)中国八大菜系的特点和代表菜

中国八大菜系的特点和代表菜见表1-2。

中国八大菜系

表1-2　中国八大菜系的特点和代表菜

种类	特点	代表菜
川菜	川菜味型众多，素有"一菜一格、百菜百味"之称。其中以麻辣、鱼香、怪味著称，由成都菜、重庆菜、自贡菜和素食佛斋菜组成	宫保鸡丁、麻婆豆腐、回锅肉、鱼香肉丝、夫妻肺片、酸菜鱼等
鲁菜	鲜醇脆嫩，善以葱香调味，讲究丰满实惠。鲁菜包括济南菜、胶东菜和其他地区风味菜，以济南菜为典型，有煎炒烹炸、烧烩蒸扒等50多种烹饪方法	葱烧海参、油爆双脆、奶汤鸡脯、九转大肠、烩乌鱼蛋、清汤燕菜、糖醋黄河鲤鱼等
苏菜	主要由淮扬、南京、苏锡、徐海四个地方菜构成，影响遍及长江中下游广大地区，以淮扬菜为代表	淮扬狮子头、三套鸭、水晶肴蹄、鸡汤煮干丝等
粤菜	选料广博奇杂，讲究清鲜爽滑，烹调方法独特，用量精而细，配料多而巧，装饰美而艳，而且善于在模仿中创新。粤菜由广州菜、潮州菜和东江菜(客家菜)组成	龙虎斗、东江盐焗鸡、脆皮乳猪、白切鸡、菊花烩蛇羹、竹丝鸡烩王蛇、白云猪手、冬瓜盅、烧雁鹅、大良炒牛奶等
浙菜	选料苛求细、特、鲜、嫩；烹调擅长炒、炸、烩、熘、蒸、烧；注重清鲜脆嫩，追求主料的本色和真味。浙菜由杭州、宁波、绍兴和温州四种风味发展而成，杭州菜为其典型代表	西湖醋鱼、东坡肉、龙井虾仁、三丝敲鱼、双味蝤蛑、橘络鱼脑、蒜子鱼皮、爆墨鱼花等
闽菜	刀工巧妙，寓趣于味，素有剞花如荔、切丝如发、片薄如纸的美誉；汤菜众多，变化无穷，素有"一汤十变"之说。闽菜由福州、闽南、闽西等地的地方菜组成	佛跳墙、闽生果、糟片鸭、醉糟鸡、梅开二度、干炸肝花、炒西施舌、鸡丝燕窝、沙茶焖鸭块、菊花鱼球等

种类	特点	代表菜
湘菜	湘菜鲜辣浓香，制作精细，以炒、腊、蒸、煨、煎、烧见长，讲究原料的入味，重油、辣。湘菜由湘江流域、洞庭湖区、湘西风味发展而成，以长沙菜为主要代表	麻辣仔鸡、腊味合蒸、剁椒鱼头、红煨鱼翅、油辣冬笋尖、板栗烧菜心、五元神仙鸡等
徽菜	以烹制山珍野味著称，擅长烧、炖、熏、蒸等烹调方法，菜肴具有重油、重色、重火工的特点。徽菜有皖南、沿江、沿淮三种地方风味，以皖南风味为代表	黄山炖鸽、无为熏鸭、火腿炖甲鱼、符离集烧鸡、问政山笋、红烧划水、奶汁肥王鱼等

任务考核

项目小结

　　餐饮是人类生存与发展的基础，餐饮活动是人类生活中最基本、最重要的活动，发展至今，经历了漫长的过程，随着社会生产的发展及人们价值观的改变，人类对餐饮及其服务的要求越来越高，饮食业从人类的自然行为逐渐变成了一种经济业态——餐饮业，形成了丰富多彩的餐饮文化。餐饮文化具有浓厚的历史特点与体系结构，对现代餐饮具有较大的影响。餐饮从业人员只有熟知中西餐饮文化，才能在接待酒店餐厅八方来客、四海宾朋的服务中正确应对、游刃有余，为客人提供优质的服务。

课后练习

一、名词解释

1. 四大菜系

2. 餐饮业

3. 中国菜

二、简答题

1. 简述中国餐饮习俗。

2. 简述餐饮服务的特点。

3. 简述餐饮的生产特点。

4. 简述餐饮行业中餐厅经营的分类。

三、论述题

1. 论述中西饮食文化差异。

2. 论述中国餐饮业的发展历程。

项目二　认识酒店餐饮部

学习引导

　　酒店的餐饮部主要是解决宾客"饮食"的问题，而饮食是一个人最基本的需求。饭店（Hotel）作为旅游者的"家"，没有饮食提供就不是完整意义上的"家"。无论是对住店客人还是对就餐客人，烹制各种可口美味的菜肴，提供体贴周到的服务，创造一个优美的就餐环境，满足宾客对餐饮产品和服务的要求，都是饭店经营的基本内容。作为餐饮从业人员，掌握酒店餐饮部餐厅的分类和经营特点与经营模式，对岗位晋升路径有清晰的认知，在工作中遵守行为规范，提升酒店餐饮部服务质量，提高经济效益。

学习目标

　　1. 熟悉酒店餐饮部组织机构作用，以及餐饮部各部门主要任务。
　　2. 掌握酒店餐厅的分类，熟悉酒店餐饮部中各类餐厅的经营特点和经营模式。
　　3. 掌握餐饮从业人员岗位工作职责和从业能力要求。

案例导入

提高餐饮职业素养，提升酒店服务质量

　　一天，刘先生到某酒店中餐厅用餐，点菜时点了一只龙虾，龙虾做好上桌后，刘先生发现龙虾颜色不对，就问服务员："小姐，上次我在这吃的龙虾肉是白色的，为什么今天的龙虾肉颜色是粉色的，是不是不新鲜呀？"服务员小姐回答："不是的，先生。龙虾肉颜色不同主要是品种不同。"客人又问："你们这供应的不都是澳洲龙虾吗？"服务员小姐不耐烦地回答："人还有美丑呢，何况龙虾！"结果客人被噎得瞠目结舌。"民以食为天。"餐饮活动是人类生活中最基本、最重要的活动。餐饮职业素养是餐饮从业人员在工作中需要遵守的行为规范，是餐饮从业人员职业生涯成败的关键因素，只有提高员工餐饮职业素养，才能提升酒店服务质量。

任务一　餐饮部组织结构

一、酒店餐饮部的作用与地位

　　餐饮部（Food&Beverage Department，F&B），是酒店主要营业部门之一，其经营情况已成为评价酒店经营管理和服务水平高低的标志。

(一)餐饮部的作用

1. 餐饮部是宾客的社交活动中心

餐饮部下属的各类餐厅、酒吧、茶室、会议室及多功能厅等，是宾客进行商务洽谈、联谊交友、亲朋聚会的理想场所，因而餐饮部不仅是住店宾客进行交际活动的首选之地，也是当地居民节假日的聚集地和社区活动的中心。

2. 餐饮收入是酒店收入的重要组成部分

我国酒店的餐饮收入一般占酒店总收入的1/3，有的酒店餐饮收入甚至接近或超过其客房收入。尽管酒店的餐位数相对固定，但由于日接待人数、人均消费金额不定，且餐饮部可以通过提高工作效率、延长营业时间、提高菜肴与服务质量等措施，来提高餐位周转率和人均消费水平，从而增加餐饮总收入。

3. 餐饮部的管理水平、服务水平直接影响酒店声誉

餐饮服务是一种面对面的服务，餐饮部的工作人员，尤其是餐厅服务人员直接与客人接触，其言行举止会在客人心目中留下深刻印象，决定着客人对酒店服务水平的评价，影响酒店的声誉。而决定服务水平高低的因素是酒店的管理水平。管理水平的高低制约了服务水平的高低，高水平的餐饮服务则可折射出酒店先进的管理理念和务实的管理行为。

4. 餐饮部的经营活动是酒店营销活动的重要组成部分

餐饮部是酒店的窗口，通过提供优质的餐饮产品和服务，可吸引更多宾客来酒店消费。餐饮部还可根据自身优势和特色，通过举办各种美食节来树立酒店形象、促销餐饮产品，满足本地消费者的需要。相较酒店其他营业部门而言，餐饮部在竞争中重具有灵活性、多变性和可塑性。

(二)餐饮部的地位

1. 餐饮部是饭店最重要的部门之一

餐饮部主要是解决宾客"饮食"的问题。无论是对住店客人还是对就餐客人，烹制各种可口美味的菜肴，提供体贴周到的服务，创造一个优美的就餐环境，满足宾客对餐饮产品和服务的要求，都是饭店经营的基本内容。从经济效益方面，餐饮收入是饭店收入的重要组成部分。餐饮部也是饭店用工最多的部门，为社会提供了较多的就业岗位，在一定程度上减轻了就业压力。

2. 餐饮服务代表饭店的管理水平及声誉

美国旅游饭店业的先驱斯塔特勒(Statler)曾经说过："饭店从根本上讲，只销售一样东西，那就是服务(Service)。"饭店的目标应是提供最佳服务，想方设法满足宾客需要，给宾客带去舒适和便利。

餐饮产品从总体上讲由三个部分组成，即餐饮环境、餐饮实物(菜肴、酒水、点心)和餐饮服务。随着人们生活水平的提高，消费者在物质满足的同时，越来越注重精神的享受，从这个意义上讲，与其说宾客在消费一份"餐食"，不如说是在消费"环境、技艺和服务"。从就餐前的预订、迎领、点菜、点酒，到就餐中的上菜、斟酒、分菜、换碟，再

到就餐后的结账、送别等，服务人员的仪容仪表、行为举止、语言谈吐、服务技能及处理问题的能力都会给宾客留下深刻的印象，宾客也会据此来判断一个饭店服务质量的优劣和管理水平的高低。

从营销角度来说，在日趋激烈的饭店市场竞争中，餐饮部占有极其重要的地位。不同饭店的客房类同，创新余地不大，但餐饮部则表现出较强的灵活性、多变性和可塑性，可以在环境氛围、菜肴种类、特色菜品、服务方式、烹调手法等方面进行设计、创新和再造。餐饮经营好，不仅能留住住店客人，还会吸引本地居民，同时带动饭店其他部门（如娱乐部、会议部、商场部等）的销售。因此，餐饮服务的水平、餐饮经营的好坏，不仅直接影响饭店的经济效益和形象，也影响饭店的声誉和品牌建设。

3. 餐饮产品是一项宝贵的旅游资源

中国饮食文化源远流长、博大精深，具有浓烈的民族风情和文化特色，如今更是进入了一个崭新的历史时期。饭店业提供的各种餐饮产品，从菜系历史之悠久、食品种类之繁多、烹饪技术之精湛、加工配料之讲究、色香味形之丰富、雕刻造型之逼真，到餐厅环境之优雅、餐具用品之别致、餐饮设施之先进，都达到了一个新的高度。广大国内外旅游者在品尝各种菜肴的同时，还能领略中国各地方的食文化、酒文化、茶文化，了解有关饮食方面的人物轶事、文献典籍、文学艺术、历史典故、诗文佳作等，增长了阅历，陶冶了情操。

因此，餐饮产品不单是旅游得以顺利进行的必要手段，也是旅游的目的之一，具有旅游设施和旅游资源的双重性质。随着人类保健意识的加强，各种餐饮旅游（如美食旅游、减肥旅游、食疗旅游）已经逐步成为一种时尚。饭店餐饮部应顺时开发名菜、名点和设计特种餐饮，以丰富餐饮旅游资源，吸引更多的宾客。

二、餐饮部组织机构

酒店餐饮部有"四多"：部门多、员工多、工种多和设备多。部门多指的不仅有中餐厅，还有西餐厅，以及相对应的厨房等；员工多，是指所属员工占酒店员工的 40％ 左右；工种多，是指有服务员、厨师、迎宾员、跑菜员等工种；设备多，是指咖啡机、制冰机、冷柜机、压面机等。具体如图 2-1 所示。

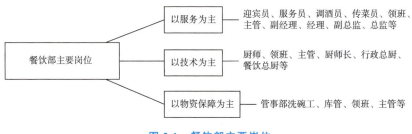

图 2-1　餐饮部主要岗位

餐饮部规模越大，其组织结构越复杂、层次越多、分工越细、功能越全面。为了便于管理，酒店餐饮部均配有组织结构图。从组织结构图上可以清楚知晓每个部门和岗位的职责，反映每位员工对谁负责、向谁汇报，避免越级或横向指挥，并使每位员工清楚自己在本部门的位置和发展方向。但因酒店规模大小不一、经营理念不同，餐饮部组织结构不尽相同。小型、中型和大型酒店餐饮部组织结构如图 2-2 至图 2-4 所示。

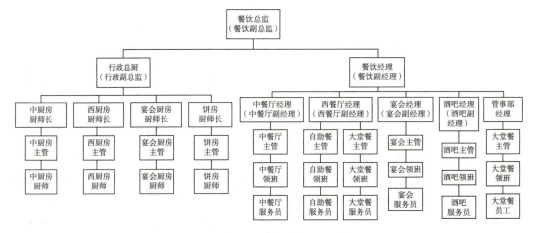

图 2-2　大型酒店餐饮部组织结构

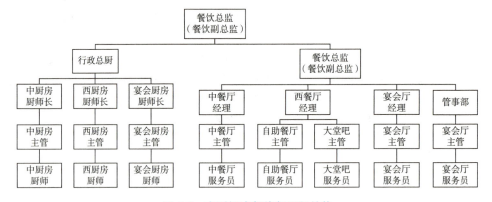

图 2-3　中型酒店餐饮部组织结构

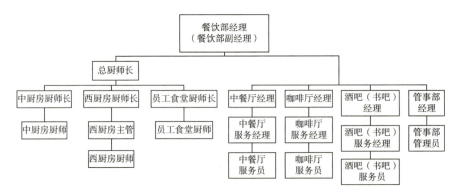

图 2-4　小型酒店餐饮部组织结构

三、餐饮部各部门主要工作任务

餐饮部生产运行过程相似，无论规模大小，都至少有采保部、厨房部、餐厅服务部和后勤保障部四大部门。其中，餐厅服务部是餐饮部的直接对客服务部门，一般又分为餐厅部、宴会部和酒水部。具体如图 2-5 所示。

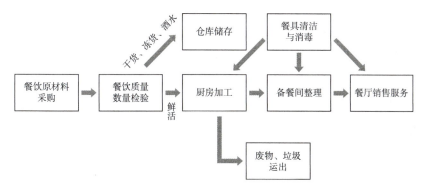

图 2-5　餐饮部生产运行过程

1. 采保部

采保部是餐饮部的物资供应部门，负责餐饮部所需原料的采购与保管工作，其目的是保证原料及时、保质、保量地供应。大型酒店设采保部（与餐饮部平行，负责酒店所有物资的采购），中小型酒店的采保部可设在餐饮部内部或直接由厨房负责。采保部的主要工作任务如下：

（1）以最有利的价格购买质量合适、数量合适的各种餐饮原材料。

（2）定期做出市场价格、原料质量的调查分析。

（3）负责监督采购、验收、库存和领用等制度的执行。

（4）负责餐饮成本控制和仓库存货控制。

2. 厨房部

厨房部是餐饮部的主要生产部门，是餐饮生产的中心基地（核心），可分为生产性厨房和服务性厨房。厨房部的主要工作任务如下：

（1）负责整个酒店所有中、西菜点的准备与烹制，以满足不同宾客的需求，推陈出新，创新菜式。

（2）控制餐饮制品的质量及成本。

（3）负责厨师的培训。

（4）负责制订食品原料的采购计划。

3. 餐厅服务部

1）餐厅部

餐厅部的主要工作任务如下：

（1）按照规定的标准和规格程序，用娴熟的服务技能、热情的服务态度为宾客提供餐饮服务及各类餐厅、酒吧、宴会厅和客房送餐服务，保证宾客餐饮需要。

(2)推销餐饮产品，扩大销售，正确计算和收取价款，保证经济利益。

(3)加强对餐厅财产和物品的管理，控制费用开支，节约经营成本。

(4)及时检查餐厅设备的使用状况，做好维修保养工作、餐厅安全和防火工作。

2)宴会部

宴会部负责宴会推销、预订和协助服务。

其中，宴会部下属营业部的主要工作任务如下：

(1)负责业务推广，宣传、销售不同种类的宴会产品。

(2)负责洽谈预订，设计宴会程序、宴会菜单。

(3)负责宴会的现场督导。

(4)控制宴会成本，增加效益。

宴会部下属服务部的主要工作任务如下：

(1)根据客人要求制订菜单、布置厅堂、备餐铺台，并提供完整的宴会服务。

(2)与厨房、公关、工程、绿化、人力资源等各部门联系，协调人力资源，组织并做好宴会餐饮服务工作。

3)酒水部

酒水部的主要工作任务如下：

(1)保证整个酒店的酒水供应。

(2)负责控制酒水成本。

(3)负责酒水的销售，增加收入。

(4)负责酒品的创新。

4. 后勤保障部

后勤保障部主要是指为前后台运转提供物资用品、清洁餐具和保障餐饮后台环境卫生的管事部，其主要工作任务如下：

(1)负责所有餐具、器皿的请领、供给、洗涤、消毒、存放、保管和控制。

(2)负责营业区域及机器设备的正常使用、清洁卫生和维护保养。

(3)负责收集和清运垃圾，送洗布单，可回收垃圾的收集和处理。

四、五星级酒店餐饮部主要岗位职责

(一)餐饮总监(Director)

1. 管理层级

直接上级：总经理。

直接下级：各餐厅经理、宴会部经理、行政总厨。

2. 岗位职责

全面负责制订并实施餐饮部工作计划和经营预算，督导餐饮部日常运作，确保为客人提供优质高效的餐饮服务，并进行成本控制。

3. 工作内容

（1）制订餐饮部市场计划、长短期经营预算，主持建立和完善餐饮部的各项规章制度及服务程序与标准，并指挥实施。

（2）定期深入各部门听取汇报并检查工作情况，控制餐饮部收支状况，制定餐饮价格，监督采购和盘点，并进行有效的成本控制。

（3）负责下属部门负责人的任用及对其管理工作的日常督导。

（4）参加每日总经理工作例会，主持每日餐饮部例会，完成上传下达工作。

（5）做好餐饮部与其他各部门之间的沟通、协调和密切配合工作。

（6）定期对下属进行绩效评估，按照奖惩制度实施奖惩。

（7）全面督导组织餐饮部的员工培训工作，提高员工素质。

（二）餐厅经理（Manager）

1. 管理层级

直接上级：餐饮总监。

直接下级：各主管。

2. 岗位职责

对餐厅实行全面管理，确保为客人提供优质餐饮服务，完成每月营业指标。

3. 工作内容

（1）每日参加餐饮部例会，并于开餐前召开餐厅班前会，布置任务，完成上传下达工作。

（2）安排各主管班次，督导主管日常工作。

（3）与厨师长合作，共同完成每周或每日厨师长特荐。

（4）控制全餐厅的经营情况，确保服务质量。

（5）按菜肴特点适时拟出食品节建议，制订食品节计划及餐厅装饰计划并组织实施。

（6）对重要客人及宴会客人予以特殊关注。

（7）处理客人投诉，与客人沟通，征得客人反馈意见、建议。

（8）负责餐厅人事安排及绩效评估，按奖惩制度实施奖惩。

（9）督导实施培训，确保餐厅服务员有良好的专业知识、技巧及良好的工作态度。

（10）负责餐厅硬件设施的保养维护和更新。

（11）完成与其他部门间的沟通与合作。

（12）适时将餐厅经营情况及一切特殊情况，包括客人投诉等，汇报给餐饮总监。

（三）主管（Supervisor）

1. 管理层级

直接上级：餐厅经理。

直接下级：各领班。

2. 岗位职责

督导各领班对各班组的管理，全面负责为客人就餐提供各项优质服务。

3. 工作内容

(1)营业时，向各领班布置任务，督导各领班工作。

(2)协调、沟通餐厅、传菜部及厨房的工作。

(3)营业繁忙时，带头为客人服务。

(4)对特殊及重要客人给予关注，介绍菜单内容及推荐特色菜点，并回答客人问题。

(5)处理客人投诉。

(6)开餐前，检查餐厅摆台、清洁卫生、餐厅用品供应及设施设备的完好情况。

(7)负责餐厅用具的补充并填写提货单。

(8)每日停止营业后，负责全面检查餐厅，并填写营业报告。

(9)定期对各领班进行绩效评估，向餐厅经理提出奖惩建议，并组织实施培训工作。

(四)领班(Captain)

1. 管理层级

直接上级：主管。

直接下级：服务员。

2. 岗位职责

有效地督导本组服务员，优质高效地完成各项对客人的餐饮服务。

3. 工作内容

(1)检查本班组员工仪表、仪容及出勤状况并布置任务，进行分工。

(2)开餐前，带领本组员工做好各项准备工作：摆台并检查摆台是否符合标准；督导完成餐厅清洁工作，保证银器、瓷器、玻璃器皿干净、无破损，保证桌椅及转盘干净，保证餐厅内其他用具干净；补充服务台内的餐具及用具；按预订要求摆宴会台。

(3)了解当日厨师长特荐及厨房供应情况，与传菜组协调合作。

(4)营业时间内督导本组员工为客人提供高质量、高效率的服务，确保本组服务员按照服务程序与标准为客人提供服务。

(5)全面控制本服务区域的客人用餐情况，及时解决客人问题，并适当处理客人投诉。

(6)了解客人姓名及特殊要求，同客人建立良好关系。

(7)餐厅营业时间结束后，要检查餐厅摆台、服务台清洁工作及做好所有收尾工作，并与下一班做好交接工作。

(8)定期对本班组员工进行绩效评估，向主管提出奖惩建议并组织实施本班组员工培训。

(五)迎宾员(Reception Waiter)

1. 管理层级
直接上级：领班。

2. 职位职责
接听电话、接受预订，欢迎并引领客人到位。

3. 工作内容
(1)保管餐厅钥匙，每天上班前去客房餐饮部取回钥匙，并打开所有的餐厅门。

(2)按标准接听电话，向客人推荐并介绍宴会菜单。接受预订后，做好记录并通知厨房准备，通知餐厅当班领班按预订摆台。

(3)营业时间内，在餐厅门口欢迎客人，并引领客人到位。

(4)通知餐饮部秘书，为客人打印中英文宴会菜单。

(5)为宴会客人预订鲜花，做指示牌及满足宴会客人的各项特殊要求。

(6)当营业高峰没有空位时，向客人认真解释，并先请客人坐下等候。

(7)随时与餐厅服务员沟通，密切合作。

(8)客人用餐结束后，欢送客人，并欢迎客人再次光临。

(9)当班结束后，与下一班做好交接工作；营业结束后，做好收尾工作。

(六)服务员(Waiter，Waitress)

1. 管理层级
直接上级：领班。

2. 岗位职责
为客人提供高质量的餐饮服务。

3. 工作内容
(1)服从领班安排，按照工作程序与标准做好各项开餐的准备工作，按标准换台布、挂台；清洁餐厅桌椅、转盘；准备开餐用具：托盘、冰桶、冰桶架、食品及饮品订单、酱油壶，准备酒车。

(2)开餐后，按服务程序及标准为客人提供优质服务：点菜、上菜、派菜、酒水服务、约账。准确了解每日供应菜式，与传菜组密切配合。

(3)关心特殊、病残、幼小的客人，按其相应的标准提供服务。

(4)尽量帮助客人解决就餐过程中的各类问题，必要时将客人问题和投诉及时反映给领班，寻求解决办法。

(5)当班结束后，与下一班做好交接工作，营业结束后，做好收尾工作。

(七)传菜员(Busboy)

1. 管理层级

直接上级：领班。

2. 岗位职责

服从领班安排，准确、迅速地完成传菜任务。

3. 工作内容

(1)听取领班布置的开餐主要任务，以及重要客人和宴会的传菜注意事项。

(2)按照本岗工作程序与标准做好开餐前的准备工作。

(3)通知餐厅领班当日厨师长特荐菜和不能供应的菜。

(4)根据订单和领班的布置，将菜准确无误地传递到餐厅，向服务员报出菜名及台号。

(5)做好厨房和餐厅间的沟通工作。

(6)传菜过程中检查菜的质量、温度及分量。

(7)用餐结束后，关闭热水器、毛巾箱电源，将剩余米饭送回厨房，收回托盘、银托，做好收尾工作，与下一班做好交接工作。

五、餐饮部与其他部门的协调合作

1. 与前厅部、客房部的协调合作

前厅部为餐饮部提供客情预报，餐饮部据此做好食品原料的采购工作。前厅、客房员工通过在适当时机向住店宾客推介餐饮部的特色，促进餐饮产品的销售，为餐饮部提供客源。客房部下属的PA负责餐厅内地毯、家具、洗手间等的清洁及衣帽间、洗手间的正常使用；绿化部负责餐厅内花草盆栽的养护与更换；洗衣部、布草房负责餐饮部各种布草及员工制服的洗烫、收发。

餐饮部则为住店客人提供配套的餐饮产品，还负责客房小酒吧的酒水供应，并为住店宾客提供送餐服务。

2. 与公关营销部的协调合作

餐饮部与公关营销部的协调合作，主要体现在营业推广及促销工作中。公关营销部下属的公关部负责餐饮广告的设计、制作与宣传，餐饮部各种菜单、酒水单、宴会邀请函及美食节、大型会议宣传资料的设计制作，还负责特别餐饮活动的组织策划和接待安排。其下属的营销部则负责餐饮市场调研，制订和执行酒店营销计划。

餐饮部则需根据酒店各阶段整体的营销策略来调整菜单内容，提供配套的优质产品和服务，并及时将有关产品的销售情况反馈给营销部，主动提供创新产品资料，使公关营销部能获得准确的第一手资料。

3. 与财务部的协调合作

餐饮原料采购、毛利率制订、价格审议、售后结算等工作的审核，一般由餐饮和财务两部门共同完成。其中，财务部下属的收货部要负责购回食品原料的验收；收银组负责餐饮营业收入的收回和统计；会计组与餐饮部经理、厨师长一起负责食品和饮料的成本核算及销售价格制订。

餐饮部需向财务部提交各类准确的营业数据及报表，财务部据此审核分析，做出经营情况分析报告，以满足餐饮部管理工作的需要。

4. 与其他部门的协调合作

餐饮部应注意与工程部、保安部、人力资源部等部门的协调沟通。工程部负责厨房设备及餐厅空调、音响、照明等设备的维护及特别活动所需设备的安装。保安部负责各餐厅、宴会场所的安全及其来宾的人身及财物安全。人力资源部下属的人事部负责餐饮部员工的招聘、人事调动、奖惩、晋升及应急事故处理工作，其下属的培训部则负责餐饮部员工的入职培训、常规培训的组织和实施。

任务二　酒店餐饮部主要类型

一、中餐厅

我国星级酒店大多设一个至数个中餐零点厅提供中式菜肴，主要经营鲁菜、川菜、粤菜、淮扬菜、浙菜、闽菜、湘菜、徽菜等，装饰主题突出中式风格，使用中式家具，演奏中国民乐，服务人员穿中国式服装，一般提供午、晚两正餐服务(图2-6)。

图 2-6　中餐厅

二、西餐厅

我国星级酒店大多设一个或多个西餐厅，西餐大致可分为法式、英式、意式、俄式、美式等多种不同风格的菜肴，价格较为大众化，多采用自助形式，菜品以西餐为主，兼顾日式、韩式、印度、东南亚、墨西哥等以及当地餐饮特色；价格较昂贵的为零点西餐厅，主要经营法、意、俄式菜系，是西方饮食文化的缩影。西餐一般以刀叉为餐具，以面包为主食，多用长形桌台。西餐的主要特点是主料突出，形色美观，口味鲜美，营养丰富，供应方便等。正规西餐应包括头盘、汤、副菜、主菜、餐后甜品及饮品（图2-7）。

图 2-7　西餐厅

法式餐厅也称"扒房"，以供应法式菜为主，属高档西餐厅，多在高星级的酒店出现，布置豪华，环境优雅舒适，富有浪漫情调，背景音乐以钢琴、小提琴、萨克斯管、竖琴等西洋乐器现场演奏为主，餐桌用蜡烛或油灯照明。传统的扒房，要求以男性服务员为主，西装革履，具有绅士风度，注重礼节，用餐节奏缓慢。

三、咖啡厅

为了方便客人用餐、会客和非用餐时间段的餐饮消费，三星级以上的饭店都在一楼大堂附近提供简单西餐、当地风味快餐，并设置有自助餐服务的咖啡厅。咖啡厅的装饰主题以西式风格为主，并采用西式服务，如美式服务或自助式服务等（图2-8）。

图 2-8　咖啡厅

四、多功能厅（宴会厅）

大型多功能厅是宴会部面积最大的活动场所，功能齐全，既可举办大型中餐宴会、西餐宴会、冷餐酒会、鸡尾酒会，还可根据需要举办记者招待会、新闻发布会、时装展示会、学术会议等。

小宴会厅通常又称为包间，一般可以满足 1 至 3 桌小型中餐、西餐宴会和其他餐饮活动的需求，不受外界打扰，很受客人欢迎。每个小宴会厅都有自己的名称，装饰风格可以根据厅名而异（图 2-9）。

图 2-9　多功能厅（宴会厅）

五、风味特色餐厅

风味特色餐厅是高星级饭店为了让客人就餐有较大的选择余地，满足人们追求个性化生活、品味异域文化和满足好奇心等的需求，开设的主题鲜明、各具特色的餐厅（图 2-10）。

图 2-10　足球主题特色餐厅

六、酒吧

酒吧是公众休息、聚会、品味酒水的场所。一般配备种类齐全和数量充足的酒水、各种用途不同的载杯和供应酒品必需的设备及调酒工具。饭店内常见的酒吧类型有以下几种(图 2-11、图 2-12)。

(1)主酒吧(Main Bar)。

(2)酒廊(Lounge)。

(3)服务酒廊(Service Bar)。

(4)宴会酒吧(Banquet Bar)。

图 2-11 鸡尾酒

图 2-12 酒吧

七、酒店餐饮部所属厨房

1. 中式厨房

中式厨房与中餐厅配套,烹制有中国特色的各种菜肴及点心,包括烹制各大菜系的分厨房。

2. 西式厨房

西式厨房与西餐厅配套,包括扒房与西点房,烹制法式菜点,而扒房一般多为开放式,把烹制过程展示在宾客眼前。

3. 宴会厨房

宴会厨房承担大型的宴会、酒会及庆典活动的茶点。一般在大型酒店均设有宴会厨房,有些中小型酒店也设有宴会厨房,但平时不启用,遇到大型宴会时,才从其他厨房抽调人员进行烹制。

4. 咖啡厨房

咖啡厨房一般提供西式糕点。有时当咖啡厅担当西餐厅角色时,它也承担相应角色的任务。

5. 风味厨房

风味厨房一般烹制具有特别风味的食品，如烧烤、火锅、手抓等食品，所配备的厨师根据供应品种的变换而变动。

任务三　餐饮从业人员素质要求和服务礼仪规范

一、餐饮从业人员的素质要求

(一)思想方面

良好的思想素质是做好服务工作的基础。餐饮从业人员应具备的思想素质主要有以下几点。

1. 牢固的专业思想

餐饮从业人员须充分认识到餐饮服务工作对整个社会经济发展的重要作用，热爱本职工作，忠于职守，不断学习，开拓创新，具有"宾客至上、服务第一""来者都是客、一视同仁"等服务意识。

2. 高尚的职业道德

餐饮从业人员应始终把餐厅和宾客的利益放在第一位，服从领导，为人可靠，平易近人，性情开朗。同时，应具备热情待客、乐于助人的服务精神，文明礼貌、不卑不亢的职业风尚，诚信无欺、真实公道的经营作风，廉洁奉公、谦恭自律的优良品质，团结友爱、顾全大局的处事风格。

3. 良好的纪律修养

餐饮从业人员要自觉遵守法律法规及餐厅的各项规章制度，养成良好的习惯。

(二)知识方面

1. 基础文化知识

良好的文化素养、专业素养和广博的社会知识，不仅是做好餐饮服务工作的需要，而且能潜移默化地培养服务人员高雅的气质、广泛的兴趣、准确的判断能力和坚强的意志。餐饮从业人员应了解和掌握营销知识、保健知识、餐厅设备的使用和维修保养知识、旅游文史知识、旅游地理知识、民俗和法律知识、宗教知识、计算机应用知识、外语知识等。

2. 专业知识

餐饮从业人员应懂得餐饮服务工作中所需的各项专业知识，如菜肴酒水知识、烹饪知识、营养与卫生知识、顾客消费心理学知识、宴会知识、餐厅管理知识等，懂得各种服务礼节，并将问候、称呼、迎送、操作、应答礼节贯穿于各个具体的服务环节中。

3. 社会知识

广博的社会知识能满足客人就餐之外的需求，有助于为客人提供个性化增值服务。这些知识包括本酒店及关联企业的有关信息、本地区当前的热门话题和消费动向、城市发展和会展信息、周边的旅游资源及交通等信息、土特产及相关知识等。

(三)能力方面

1. 语言表达能力

《旅游饭店星级的划分及评定》中对饭店服务人员的语言要求为"文明、礼貌、简明、清晰，符合礼仪规范；对客人提出的问题无法解决时，应予以耐心解释，不推诿和应付。"餐饮服务人员在工作中，与客人和同事进行沟通、联系，都是通过语言来进行的。餐饮服务人员的语言要文明、简明、清晰，符合礼仪规范；对客人提出的问题暂时无法解决时，应耐心解释并于事后设法解决，不推诿和应付。同时，还要巧妙得体、委婉灵活、幽默风趣，使客人得到尊重与满足。另外，还应具备一定的外语水平。

2. 人际交往能力

餐饮服务是一种特殊的人际交往活动，服务人员应主动加强与客人的交往，加深对客人的了解，以客人乐于接受的方式进行服务。通过与客人的交往，营造出亲切、轻松的就餐环境，增进与客人的情感交流，提高客人对餐厅的满意度和忠诚度。这就要求餐饮服务人员能熟记客人的姓名、习惯和需要，能在客人提出消费需求前满足其要求，与客人建立长期友好的交往关系。

3. 操作技能

餐饮服务人员要懂得托盘、摆台、餐巾折花、斟酒、上菜、分菜餐饮六大操作技能及其他服务技能，懂得各种服务的规范、程序和要求，并能熟练运用在实际的服务过程中。

4. 推销能力

餐饮产品的生产、销售与客人的消费几乎是同步进行的，故餐饮从业人员需有强烈的推销意识和高超的推销技巧，能根据客人的喜好、习惯及消费能力，及时把握客人的消费需求，抓住适当时机，灵活推销，在满足客人需求的同时，尽量增加餐饮收入。

5. 随机应变能力

餐饮服务人员要头脑灵活、动作敏捷、观察敏锐、遇事镇定，善于从客人的衣着打扮、言谈举止、姿态表情中准确判断客人的身份、特征，能根据不同客人、不同情景、不同场合提供有针对性的服务，并善于应付各种突发事件。

6. 观察能力

一个优秀的服务人员应具备眼观六路、耳听八方的能力。通过观察，了解客人的就餐情况和即时需要，及时提供咨询和服务，满足客人生理和心理的需求。

7. 记忆能力

餐饮服务人员通过观察和服务，应该记住客人尤其是重要客人和老客户的就餐信息，如客人的姓名、单位、职位、饮食习惯等，当客人下次光临时，服务人员即可提供有针对性的服务，提高客人的满意程度。

8. 协作能力

餐饮服务工作需要团队协作精神。餐饮服务同样遵循"100－1＝0"的定律，需要全体员工的共同参与和配合。在餐饮服务工作中，服务人员在做好本职与本区域工作的同时，要与其他员工密切合作，整体协调、团队协作，尽力满足客人的需求。

(四)身体方面

良好的身体素质是做好服务工作的保证，因此，餐饮从业人员应具备以下身体素质。

1. 健康的体格

餐饮服务工作中的站立、行走、托盘、铺台等都要有一定的腿力、臂力和腰力，服务人员要有健康的体魄才能胜任此工作。同时，服务人员向宾客提供餐饮产品，为防止"病从口入"，要求餐饮工作人员定期体检，确保没有传染性疾病。

2. 端庄的仪表

仪表仪容是一种无声的语言。服务人员端庄大方的仪表会给宾客留下美好的印象。因此，餐饮从业人员的服饰、仪容、仪态、举止等要符合餐饮行业规范，并按《中华人民共和国食品卫生法》要求，做好个人卫生。

二、餐饮服务礼仪规范

(一)基本礼仪

1. 站姿

要求：自然、优美、轻松、挺拔。

要领：站立时身体保持头正、肩平、身直、挺胸、收腹，两眼自然平视，神情放松，面带微笑。女迎宾员站立时，双脚应呈"丁"字形，双膝与脚后跟均应靠紧，双手交握手指于小腹前。男迎宾员站立时，双脚可以呈 V 形，或双脚打开与肩同宽，双手交握手腕于小腹前或背后。站立时不得东倒西歪、歪脖、斜肩、弓背、O 腿等，双手不得交叉，也不得抱在胸口或插入口袋，不得靠墙或斜倚在其他支撑物上。

2. 走姿

要求：自然大方、优雅活力、神采奕奕。

要领：行走时身体重心可稍向前倾，昂首、挺胸、收腹，上体要正直，双目平视，面带微笑，肩部放松，两臂自然下垂摆动，前后幅度约 45°，步幅合适。女员工走一字线，男员工走平行线。行走时路线一般靠右行，不可走在路中间。行走过程中如遇客人，应自然注视对方，点头示意并主动让路，不可抢道而行。如有急事需超越时，应先向客人致歉再加快步伐超越，动作不可过猛；在路面较窄的地方遇到客人，应将身体正面转向客人；在来宾面前引导时，应尽量走在宾客的侧前方。行走时不能走"内八字"或"外八字"，不应摇头晃脑、左顾右盼、手插口袋、吹口哨、慌张奔跑或与他人勾肩搭背。

3. 手势

要求：优雅、含蓄、准确、有礼。

要领：在接待、引路、向客人介绍信息时要使用正确的手势，五指自然并拢伸直，掌心不可凹陷，掌心向上，以肘关节为轴。眼望目标指引方向，同时注意客人是否明确所指引的目标。切记不可只用食指指指点点，而应采用掌式。

4. 鞠躬

要求：优雅、适宜、准确。

要领：鞠躬前双眼礼貌地注视对方，以表尊重和诚意。鞠躬时必须立正，将上身挺直向前倾斜，目光随身体自然下垂到脚尖前 1.5 米处，一般以 15°～30°为宜，鞠躬完之后，再恢复到标准的站姿，目光再注视对方脸部。鞠躬的同时要问好，声音要热情、亲切。切记不可只点头、不看对方、头脑左右晃动或鞠躬幅度过大，或是边鞠躬边说与行礼无关的话。

5. 语言

语言常见的有："欢迎光临""请问有无预订""请问您几位""这边走，请""小心台阶""请问对这个餐位还满意吗""祝您用餐愉快""各位慢走，欢迎再次光临"等。

(二)仪容仪表规范

1. 着装规范

男装挺括，领口、衣扣严谨、齐全，领花或领带束戴端正，裤线挺直，布鞋应无尘土、无污渍，皮鞋应光亮，脚穿黑色或深色袜。衣袋中除放置笔、开瓶器、小夹子、点菜器等工作用具外，不放与工作无关的其他物品。衬衫在伸臂取送物品时袖口外露不超过 2 厘来。女装挺括、合体，衣扣严谨、齐全，领花或飘带系结端正。裤线挺直，裙装应配穿长袜(长袜颜色可根据各企业的工装进行配色，一般要求为肉色)，袜口、衬裤不得外露出裙装，袜子完好，无跳丝、无破洞。脚穿黑色鞋子，皮鞋应光亮，布鞋应无尘土、污渍(皮鞋、布鞋各企业可自定，整体要统一)。各式工装要合体，方便工作。重要宴会要求迎宾员、服务员佩戴礼宾手套。

男女服务员衣袋中除放置笔、开瓶器、小夹子、点菜器等工作用具外，不放与工作无关的其他物品，名牌应该佩戴于左前胸，胸卡端正、工号完整、字迹清晰，佩戴其他工作标志时，位置各企业自定，一般放在名牌上方整齐排列。

2. 仪容规范

男服务员应该保持面部整洁，每日剃须，不可蓄留胡子。男发型要求头发侧不盖耳，不可蓄留大鬓角。头发后不盖衣领，不留怪异发型，不可烫发。工作时间要求使用定型护发用品，保持发型美观、整洁。女服务员要求化淡妆，不可浓妆艳抹，应与肤色接近，眼影不可涂深色，口红不可涂深褐色，应以大红、深红、桃红、玫瑰红色口红为宜。女发型要求短发不可齐肩，长发要束起，发饰统一，刘海不可过眼，根据时间要求使用定型护发用品，保持发型美观、整洁。男女服务员牙齿保持洁净，上岗前不可食用有异味的食品，口气清新，工作期间禁止吸烟和喝酒，忌食用葱、蒜、韭菜等有刺激性气味的食物。保持手部清洁，不可留长指甲，不可涂抹指甲油，餐饮部服务人员不可佩戴饰物。

3. 携带工作用具规范

需携带打火机、笔、开瓶器、小夹子、点菜器、对讲机。上岗前应检查携带工具电池电量、各功能状态是否正常，做好工作用具的清洁。在使用对讲机工作时，通话必须使用耳机，讲话时使用工作用语，不讲与工作无关的话；遇有客人光临及客人问话时，应暂停对话及时接待客人。

二、餐饮从业人员的岗位晋升路径

餐饮部的管理层一般为基层督导层、中层管理层、高层管理层等几个管理层。其规模大小不同，具体管理层次可能有异。

（1）餐饮部前台岗位晋升路径一般为：服务员—领班—主管—各部副经理—各部经理—餐饮部副经理—餐饮部经理—餐饮副总监—餐饮总监。

（2）餐饮部后台岗位晋升路径一般为：厨工—领班—主管—厨师长—中厨/西厨行政总厨—餐饮总厨。

（3）餐饮部工勤岗位晋升路径一般为：洗碗工—库管—领班—主管。

项目小结

本项目通过介绍餐饮部组织结构、餐饮部各部门主要工作、餐厅的主要类型及与其他部门的协作，介绍餐饮部各岗位主要职责，使学生更好地了解餐饮部工作性质及工作内容。通过介绍餐饮从业人员素质要求和服务礼仪规范，以及餐饮从业人员的岗位晋升路径，使学生更好地掌握餐饮服务人员职业要求，做好职业规划。

课后练习

一、名词解释

1. 餐饮服务

2. 酒吧

3. 中餐厅

二、简答题

1. 简述餐厅的类型。

2. 简述餐饮服务人员的素质要求。

3. 简述餐饮部主要职能。

三、论述题

1. 餐饮从业人员的岗位晋升路径有哪些？

2. 餐厅服务基本礼仪规范有哪些？

项目三　餐饮服务基本技能

学习引导

　　本项目主要介绍餐饮服务人员必须掌握的各种服务技能，如托盘、斟酒、折花、摆台、上菜和分菜等。学习和掌握并巧妙运用这些基本技能，是做好餐饮服务的必要条件。

学习目标

　　1. 掌握托盘、斟酒、折花、摆台、上菜和分菜的相关知识。
　　2. 掌握托盘、斟酒、折花、摆台、上菜和分菜的基本技法。
　　3. 掌握托盘、斟酒、折花、摆台、上菜和分菜的服务程序。
　　4. 掌握酒文化、茶文化和咖啡相关知识。

案例导入

服务技能与服务意识同样重要

　　一日，某酒店来了几位客人，他们是给其中一位老先生过生日，服务员小李为客人服务。上菜的时候，小李将托盘撞在了老先生的头上，老人倒是没说什么，但孩子们很不高兴，责问小李："你怎么回事？碰到了别人怎么连个道歉都没有？"小李生硬地说："行了，对不起！"然后放下菜转身走了。这下更激怒了这一家人，马上叫来了经理，站起来和经理理论。经理诚恳地向老先生道了歉。

　　在餐饮服务中，餐饮服务技能与服务意识同样重要，熟练掌握餐饮服务基本技能的同时，掌握中西餐服务礼仪，才能做好餐饮服务。

任务一　托盘服务

托盘端托服务

一、托盘的种类

1. 按制作材料分

　　（1）木质托盘：一般较为笨重，而且容易发霉，不易清理。除在一些茶楼或特色餐厅使用外，其他餐厅较少使用。

　　（2）金属托盘：有银质托盘、铝质托盘、不锈钢托盘等。金属托盘较为高档，能够体现餐厅的气派和讲究，一般在豪华餐厅或特色餐厅使用，或者在一些 VIP 接待中使用，但盘面较滑，且容易发出声响。

（3）塑料托盘：这类托盘均采用防滑工艺处理，价格低、耐磨，相对普通，不能体现高级餐厅的服务规格。

（4）胶木托盘：是使用最为广泛的托盘，轻便、防滑、防腐、耐用、便宜，相比于塑料托盘更坚固、结实和美观。

2. 按形状分

按形状分，托盘有圆形、长方形、正方形、特殊形（椭圆、扇形等）四类。其中圆形托盘（图 3-1）、长方形托盘（图 3-2）是最常用的托盘，正方形托盘、特殊形托盘在一些西餐厅、快餐厅比较常用。

图 3-1　圆形托盘　　　　　　　　图 3-2　长方形托盘

3. 按规格的大小分

圆形托盘分为大号（直径 45～55 cm）、中号（直径 40～45 cm）、小号（直径 30～40 cm）三个规格。席间服务常用的托盘直径为 40 cm。

长方形托盘分为大号方形托盘（长 51 cm、宽 38 cm）、中号方形托盘（长 45 cm、宽 35 cm）、小号方形托盘（长 35 cm、宽 22 cm）等型号。

二、托盘的用途

大方托盘、中方托盘通常用于传菜、托送酒水和搬运盘碟、展示菜品等较重物品。

中圆托盘一般用于餐中服务，如摆台、酒水服务、撤换骨碟和换烟缸等。

小圆托盘、小方形托盘主要用来运送饮料和餐桌上的小器皿、湿巾、账单、收款、递送信件等。

异形托盘主要用于特殊的鸡尾酒会或其他庆典活动，在西餐中的咖啡厅、酒吧等使用比较多，而中餐较少使用。

运送物品时，应根据物品的种类选择合适的托盘，以提供规范化的餐厅服务，提高服务质量。

三、托盘服务及要领

（一）轻托服务及要领

轻托，因托盘被平托于左胸前又称"平托"或"胸前托"。轻托时托盘中所托物品较轻，一般在 5 kg 以下。这主要是在餐厅服务中用大小适宜的托盘端送体积较小、质量较轻的物品，并为客人提供上菜、斟酒和撤换餐具等服务。

操作要领：左手的大臂垂直，小臂与身体呈90°，平伸于胸前左侧，手肘离腰部5～10 cm（约一拳）。左手掌伸平，掌心向上，五指分开稍弯曲，使掌心微成凹形。用五指指尖和手掌根部6个力点托住托盘底部中间部位，掌心不与盘底接触，利用五指的弹性控制盘面的平稳。托起前，左脚在前，左手与左肘在同一平面，右手将托盘沿桌面拉到左手上。托盘平托于胸前，略低于胸部。

（二）重托服务及要领

重托，因托盘被托举于左肩之上又称"肩上托"。重托时盘中所托物品较重，一般重量在5 kg以上。目前餐厅中一般用小推车来运送大件物品，重托使用不多，但也应该掌握它的基本要领。

操作要领：双手将托盘移至服务台的边沿处，使托盘的1/3悬空，右手将托盘扶平、扶稳。上身前倾，双脚分开，双腿屈膝下蹲，腰部略向左前方弯曲。左手伸入托盘底部，五指分开，掌心向上伸平，用掌心和五指托住托盘底部的中心。起托后，在左手确定好重心后，右手协助左手向上用力将托盘慢慢托起。在托起的同时手腕和托盘向左后方（逆时针方向）旋转180°，使托盘在左旋转过程中送至左肩上方，手指指尖向后伸距肩约2 cm。左手托实、托稳后再将右手撤回呈下垂、站立姿势。托盘一旦托起上肩，手臂要始终保持均匀用力。要做到盘底不搁肩，盘前不靠嘴，盘后不靠发。行走时上身挺直，两肩平齐，注视前方，步履稳健平缓，遇障碍物绕而不停，保持动作、表情轻松、自然。

四、托盘操作程序与标准

托盘操作程序与标准见表3-1。

表3-1　托盘操作程序与标准

步骤	技能要求	操作规范
理盘	选择合适的托盘	根据物品的类型及重量选择不同的托盘
	检查托盘	检查托盘的平整度，托盘底变形不平不仅影响美观，而且易造成安全隐患。塑料托盘容易出现变色或斑痕，一来不雅观，二来客人容易对食品的卫生安全产生疑虑；塑料托盘还会有风化现象，容易造成操作不安全；因此，这类托盘应停止使用
	清洁托盘	用清洁干燥的抹布清洗托盘，先擦托盘内部，再擦其边缘，最后擦底部。重托的托盘要特别注意，所托物品经常与汤汁、菜品、碗碟接触，比较油腻，做好清洁工作是非常重要的
	准备托盘所需的物品	准备好托盘、防滑物品、专用抹布等，确定各种所需托运的酒水、碗碟、筷子、菜点等是否齐全、干净、符合要求
	垫上口布防滑	摆放物品前，对于没有防滑处理的托盘，在托盘内应铺垫潮湿干净的餐巾，或托盘垫布，或消过毒的专用盘巾。垫布的大小要与托盘相适应，垫布的形状可根据托盘形状而定。但无论是方形或圆形垫布，其外露部分一定要均等、美观，使整理铺垫后的托盘既整洁美观、方便适用，又可避免托盘内的物品滑动

步骤	技能要求	操作规范
装盘	根据物品的形状、体积、重量和使用顺序合理摆放	根据所用托盘的形状摆放。用圆形托盘时，摆放的物品应呈圆形；用长方形托盘时，摆放的物品应横竖成行。将物品按重量和高低由托盘的中心部位向四周依次放置，摆放均匀，以保持重心平衡。一般的原则是将高物、重物摆放在里面，低物、轻物摆放在外面；先取、先用的物品摆放在上、在前，后取、后用的物品摆放在下、在后。装盘时，还要使物与物之间留有适当的间隔，以免行走时发生碰撞而产生声响，或造成托盘不稳，或卸盘时不便等
起托	将托盘从桌面上托起，要保持托盘平稳	站于距工作台 30 cm 处（根据身高来调整距离），双脚分开，左脚向前迈出一步，双腿屈膝，腰与臂垂直，上身略向前倾，站稳，伸出左手掌心向上，指尖向前与工作台台面平行，伸出右手捏住托盘的边沿，将托盘的一端拖至工作台外，左手托住托盘中心位置，待托稳后，使托盘上升，并用右手调整托盘内的物品，确保平稳
行走	脚步轻快稳健，思想集中，精神饱满	托盘行走时，头正肩平，上身挺直，步伐稳健，目视前方，姿势优美，面带微笑。托盘行走中，根据所托物品的需要选用正确的步伐，一般使用常步、快步、碎步、垫步、跑楼梯步等。轻托时盘内物品无相互碰撞之声，汤汁无剧烈晃动、无外溢。托盘不要靠在胸前，注意行走时保持身体各部位的协调性，右臂随着步子自然摆动。重托时右手或扶助托盘前角，或自然摆动，并随时预防他人的碰撞
落托	动作轻缓，托盘平稳，盘内物品不倾斜，不倒地	落托是指将整个托盘放到工作台上。落托时，应左脚向前一步或半步，屈膝呈半蹲状，使盘面与台面处在同一平面，用右手小心地轻推托盘至台面；放稳后，开始按照从外到内的顺序，取用盘内物品。托盘行走至目的地后或服务过程中，用右手取用盘内物品，应按照前后、左右交替取用。取用时应注意随盘内物品变化，用左手手指的力量、与托盘的接触面和重心的调节来调整托盘重心

五、托盘服务的注意事项

1. 托盘姿势

托盘姿势的正确与否直接影响服务人员服务动作的美观效果、托盘安全和清洁卫生等。托盘起托后，大臂垂直于地面，与小臂呈 90°直角，手掌与小臂在同一平面，使托盘置于身体左侧。轻托中掌心要自然凹下去，重托时掌心与盘底接触。托盘时，做到站稳、端平、托举到位、高矮适中、快慢得当、动作协调、优美。

2. 托盘卫生

托盘时要注意卫生。轻托时，所托物品要避开自己的口鼻部位，托盘中需要讲话时，应将托盘托至身体的左外侧，避开自己的正前位。重托时，端托姿势要正确，托举到位，不可将所托物品贴靠于自己的头颈部位。

3. 托盘安全

(1)左手托盘，右手下垂，除起托和落托时右手扶托外，禁止右手扶托。右手扶托不当主要在于，一是服务姿势不雅观；二是遮挡行走视线；三是容易造成托盘失误。

(2)托盘行走时，目光应平视前方，切勿只盯托盘；服务中需取拿托盘内所托物品时，应做到进出有序，确保所托物品的平衡。

(3)托盘行走时，不能抢路、不能不让路、不能跑步前进。

任务考核

任务二　斟酒服务

一、斟酒服务规范

1. 准备酒水

斟酒服务

(1)开餐前备齐各种酒水饮料，酒水饮料要摆放整齐，注意将矮瓶、高瓶分放前后，做到既美观又便于拿取。

(2)酒水备齐后，将酒水瓶擦拭干净，特别要将瓶口部位擦净，同时检查酒水质量，发现瓶子破裂或酒水有变质现象时要及时调换。

(3)服务员要了解各种酒水的最佳奉客温度，并采取升温或降温的方法使酒品的温度适合客人饮用，这是向客人提供优质服务的重要内容之一。

①冰镇。许多酒的最佳饮用温度要求低于室温，如啤酒、香槟酒和有气葡萄酒的最佳饮用温度为4~8 ℃，白葡萄酒的饮用温度为8~12 ℃，因此，要求对这类酒水进行冰镇处理。

冰镇的方法通常为冰块冰镇和冰箱冷藏冰镇两种。冰块冰镇的方法：准备好需要冰镇的酒品和冰桶，将冰桶架放在餐桌的一侧，桶中放入冰块，冰块不宜过大或过碎，将酒瓶(酒标朝上，以防标签弄湿)插入冰块中，一般10余分钟后即可达到冰镇的效果。冰箱冷藏冰镇的方法则需要提前将酒品放入冷藏柜内，使其缓缓降至饮用的温度。

除用以上两种方法对饮用酒进行降温处理外，还可以对盛酒用的杯子进行降温处理，其方法是：服务员手持酒杯的下部，往杯中放一块冰块后轻轻旋转杯子，使冰块在杯内滑动以降低杯子的温度。

②温酒。某些酒品(如黄酒)在饮用前要升温至60 ℃左右喝起来才有独特的滋味，国外的部分酒品也有需升温后饮用的。

温酒的方法有水烫、浇煮、燃烧、将热饮料冲入酒液或将酒液注入热饮料升温四种，水烫和燃烧一般是当着客人的面操作。

2. 准备酒杯

餐桌上摆放酒水杯不仅能增添餐厅的用餐气氛，而且有含蓄地向客人推销酒水的作用，因此，餐厅服务员要做好斟酒前的酒水杯准备。

(1)根据客人所点的酒水配以相应的酒水杯。

(2)酒水杯摆放前应仔细检查，若发现有裂痕、缺口时应及时更换。

(3)清洁酒水杯时可先把杯子放在开水的蒸汽里熏一下，然后用干净餐巾裹住杯子里外擦拭，直至杯子光亮无痕迹为止。

3. 斟酒注意事项

(1)为客人斟酒不可太满，一般酒水斟至杯的 3/4 处为宜，瓶口不可碰杯口。

(2)斟酒时，酒瓶不可拿得过高，以防酒水溅出杯外。

(3)当因操作不慎将杯子碰倒时，立即向客人表示歉意，同时在酒水痕迹处铺上干净的餐巾，因此要掌握好酒瓶的倾斜度。

(4)因啤酒泡沫较多，斟倒时速度要慢，让酒沿杯壁流下，这样可减少泡沫。

(5)当客人祝酒讲话时，服务员要停止一切服务，端正肃立在适当的位置，不可交头接耳，要注意保证每位客人杯中都有酒水；讲话即将结束时，要向讲话者送上一杯酒，供祝酒之用。

(6)主人离位或离桌去祝酒时，服务员要托着酒，跟随主人身后，以便及时给主人或其他客人续酒；在宴会进行过程中，看台服务员要随时注意每位客人的酒杯，见到杯中酒水只剩下 1/3 时应及时添满。

(7)控制好斟酒量，白酒斟八成，红葡萄酒斟五成，白葡萄酒斟七成。香槟酒应分两次斟，第一次斟 1/3，待泡沫平息后，再斟 2/3。斟啤酒时，应使酒液顺杯壁滑入杯中，呈八成酒二成沫。

4. 示酒

示酒是斟酒服务的第一个程序，它标志着服务操作的开始。示酒一来可以避免差错，二来表示对客人的尊重。服务员站在点酒人的右侧，左手托瓶底，右手扶瓶颈，酒标朝向点酒人以便点酒人辨认酒标、品种。在点酒人确认了酒水的品种及质量后，服务员应使用正确的开瓶器开启酒瓶盖。

5. 开瓶

(1)开瓶时动作要轻，尽量减少瓶体的晃动。开启软木塞瓶盖时，如出现断裂危险，可将酒瓶倒置，利用酒液的压力顶住软木塞，同时再转动酒钻拔出软木塞。

(2)开启瓶塞后，要用干净的布巾擦拭瓶口，如软木塞发生断裂，还应擦拭瓶口内侧，以免残留在瓶口的木屑顺着酒液被斟入客人的酒杯中。开启瓶塞后，应检查瓶中酒液是否有质量问题，也可通过嗅闻瓶塞插入酒瓶部分的气味是否正常来判断。

(3)随手收拾开瓶后留下的杂物。开瓶后的封皮、木塞、盖子等杂物不要直接放在桌面上，应养成随手收拾的好习惯。

6. 桌斟

服务员站在点酒人的右侧，侧身用右手握酒瓶向杯中倾倒酒水。动作要领：右手叉开拇指，并拢四指，掌心贴于瓶身中部酒瓶商标的另一方，四指用力均匀，使酒瓶握稳在手中。采用这种持瓶方法可避免酒水晃动，防止手颤。此方法又分徒手斟酒和托盘斟酒。

(1)徒手斟酒时，服务员左手持瓶口布，背于身后，右手持酒瓶的下半部，小臂呈45°，商标朝外，正对宾客，右脚跨前，踏在两椅之间，斟酒在点酒人右边进行。向杯中斟酒时，上身略向前倾，当酒液斟满时右手利用腕部的旋转将酒瓶逆时针方向转向自己身体一侧，同时左手迅速、自然地将餐巾盖住瓶口，以免瓶口流酒。斟完酒后身体恢复直立状。向杯中斟酒时切忌弯腰、探头或直立。

(2)托盘斟酒时，左手托盘，右手持酒瓶斟酒，注意托盘不可越过点酒人的头顶，而应向后自然拉开，注意掌握好托盘的重心。具体操作：服务员站在点酒人的右后侧，身体微向前倾，右脚伸入两椅之间，侧身而立，身体不要紧贴点酒人；然后略弯身，将托盘中的酒水展示在点酒人的眼前，让点酒人选择自己喜好的酒水；待点酒人选定后，服务员直起上身，将托盘移至点酒人身后；托移时，左臂要将托盘向外托送，避免托盘碰到点酒人；最后，用右手从托盘上取下点酒人所需的酒水进行斟酒。

7. 捧斟

捧斟适用于酒会和酒吧服务。

(1)一手握瓶，一手将酒杯捧在手中，站在宾客的右侧，然后向杯内斟酒。

(2)斟酒动作应在台面以外的空间进行，然后将斟满的酒杯放置在宾客的右手处。

(3)捧斟适用于非冰镇处理的酒，捧斟的服务员要做到准确、优雅、大方。

二、斟酒的顺序

(1)主宾、副主宾、主人，然后依次按顺时针方向斟倒。

(2)两个服务员同时斟酒时，一个从主宾一侧开始，向左绕餐桌进行。一个从副主宾一侧开始，向左绕餐桌进行。给每位客人斟酒之前，先向客人示意。

三、各类酒水服务

(一)红葡萄酒的服务

1. 准备工作

客人点完酒后，服务员立即去酒吧取酒，将取来的红葡萄酒放置在铺好餐巾的红酒篮内，商标朝上。取送红葡萄酒时应尽量减少摇晃，以防沉淀物泛起。

2. 示酒

服务员将红葡萄酒放在酒篮中向点酒的客人示酒，商标朝上，让客人确认该瓶酒正是客人所点，同时询问客人现在是否可以开瓶。

3. 开瓶

有的客人会要求服务员事先开瓶，等待酒液与空气接触(醒酒)，因此服务员在示酒后应询问客人开瓶的时间。如果客人示意可以开瓶了，服务员可将酒从酒篮中取出，也可在篮中直接开瓶。服务员左手扶住酒瓶，右手用开酒刀沿瓶口外圈割开封口，然后用干净的口布将瓶口擦净，将酒钻从木塞中央部位缓缓旋入至适当位置，然后用酒钻的撑杆轻轻拔出木塞。

4. 斟酒

服务员将打开的红葡萄酒放回酒篮，商标朝上，然后用右手拿起酒瓶，站在主人的右侧，先在主人的杯中倒入少许红葡萄酒，让其品评和检验酒的质量。主人认可后，可按照女士优先、先宾后主的原则为客人斟酒。为所有的客人斟好酒后应将酒瓶放在点酒客人的右侧，商标朝向点酒客人，并随时为客人添加红葡萄酒。

(二)白葡萄酒的服务

1. 准备工作

客人点完酒后，服务员立即去酒吧取酒。准备好冰桶，在冰桶内放满2/3的碎冰和冰水，将酒瓶置于冰桶中，商标朝上，上盖一块折成长条形的餐巾，然后把冰桶放在点酒客人的右后侧。

2. 示酒

将酒瓶从冰桶中取出后擦干水迹，用另一块叠成条状的餐巾裹住瓶身，但必须使商标全部露出。左手托瓶底，右手持瓶颈，酒标朝上，站在点酒客人的右后侧让客人验酒并予以确认。

3. 开瓶

待客人确认并允许开瓶后，服务员将酒瓶放回冰桶，在冰桶中开瓶，开瓶方法与开红葡萄酒瓶相同。

4. 斟酒

白葡萄酒的斟酒服务与红葡萄的服务大致相同，但区别在于斟白葡萄酒时应用叠成条状的餐巾裹住酒瓶，须使商标全部露出来进行，一般斟至2/3杯为宜。斟酒完毕应将酒瓶放回冰桶，用一块叠成条状的餐巾盖住，并随时准备为客人斟酒。只要酒瓶中还有酒，就不能让客人的酒杯空着。

(三)香槟酒的服务

(1)准备工作、示酒与白葡萄酒的服务相同。

(2)开瓶。开香槟酒时，因瓶内有较大气压，故在软木塞的外面套有铁丝帽以防软木塞被瓶内的气压弹出。在开瓶时，首先用酒刀将瓶口的锡箔去除，然后用左手握住瓶身并用左手大拇指紧压软木塞，右手将捆扎瓶塞的铁丝帽拧开并取下，用一块洁净口布包住瓶塞顶部，左手依旧握住瓶颈，右手握住瓶塞并慢慢转动瓶身，借瓶内的气压逐渐将软木塞顶出。开瓶时，注意瓶口不要朝向客人。

(3)斟酒与白葡萄酒的服务大致相同，其区别在于每斟一杯酒最好分两次进行，先斟至杯的 1/3 处，待泡沫平息后再斟至杯的 2/3 处。斟酒完毕将酒瓶放回冰桶，用一块叠成条状的餐巾盖住，并随时为客人斟酒。

四、酒水相关知识

(一)按生产工艺分类

1. 发酵酒

发酵酒又称酿造酒或原汁酒，是借着酵母的作用，把淀粉和糖质原料的物质发酵糖化产生酒精成分而形成的酒。发酵酒是最自然的造酒方式，酒精度低，对人体的刺激性小。这类酒中含有很多营养成分。发酵酒可分为三类，水果发酵酒、谷物发酵酒和其他发酵酒。其中水果发酵酒是以植物的果实为原料酿造而成的低度发酵酒，以葡萄酒为主要代表。谷物发酵酒是以大米、糯米等为原料酿造而成的发酵酒，主要有啤酒、黄酒、清酒等品种。黄酒是我国特有的发酵酒。黄酒按生产方法的不同可分为淋饭酒、摊饭酒和喂饭酒。清酒是黄酒的变种，也是一类低度的米酒。另外，还有以苹果、梨、草莓等水果为原料酿造的其他水果酒。

2. 蒸馏酒

蒸馏酒的原料一般是富含天然糖分或容易转化为糖的淀粉等物质，如蜂蜜、甘蔗、甜菜、水果和玉米、高粱、稻米、麦类、马铃薯等。糖和淀粉经酵母发酵后产生酒精，利用酒精的沸点(78.5 ℃)和水的沸点(100 ℃)不同，将原发酵液加热至两者沸点之间，就可从中蒸馏出并收集到酒精成分和香味物质。

用特制的蒸馏器将酒液、酒醪或酒醅加热，由于它们所含的各种物质的挥发性不同，在加热蒸馏时，在蒸汽中和酒液中，各种物质的相对含量有所不同。酒精(乙醇)较易挥发，则加热后产生的蒸汽中含有的酒精浓度增加，而酒液或酒醪中酒精浓度就下降。收集酒气并经过冷却，得到的酒液虽然无色，气味却辛辣浓烈。其酒度比原酒液的酒度要高得多，一般的酿造酒，酒度低于 20％，蒸馏酒则可高达 60％以上。中国的蒸馏酒主要是用谷物原料酿造后经蒸馏得到的。

现代人们所熟悉的蒸馏酒分为白酒(也称烧酒)、白兰地、威士忌、伏特加酒、朗姆酒和金酒等。

(1)中国白酒。中国白酒具有悠久的生产历史，品种繁多，风格独特，是以高粱、玉米、大米等为原料，以酒为糖化剂，采用复式发酵法生产的一种烈性蒸馏酒。由于原料和生产工艺的差别，所以中国白酒具有 5 种基本香型，它们是以茅台酒为代表的酱香型、以泸州老窖为代表的浓香型、以汾酒为代表的清香型，以桂林三花酒为代表的米香型及以董酒、西凤酒等为代表的其他香型。

(2)白兰地。白兰地是水果蒸馏酒的典型代表，因其酒基的不同而分为几大类。其中法国的干邑和雅文邑是世界上最著名的两大葡萄白兰地产地。另外，还有其他水果蒸馏成的白兰地，其中最有影响力的是苹果白兰地、樱桃白兰地、梨白兰地等。

1909 年 5 月 1 日，法国酒法明确规定，只有在科涅克地区 36 个市所产的白兰地才可命名为科涅克。干邑的著名品牌：RemyMartin，Martell、Hennessy、Courvoisier。

雅文邑位于法国加斯科涅地区，是继干邑之后法国第二大著名的白兰地产地。其显著特点是风格稳健沉着，浓郁醇厚。雅文邑的著名品牌：Chabot、Janneau、Sauval、Semp。

（3）威士忌。以大麦、黑麦、玉米等为原料，糖化发酵后蒸馏得到原酒，然后放入橡木桶中陈酿，得到呈琥珀色的威士忌。国际上经常按国家分类，分为苏格兰威士忌、爱尔兰威士忌、加拿大威士忌、美国威士忌、日本威士忌。其中苏格兰威士忌以生产混合威士忌为主，呈棕黄色，同时散发着明显的麦芽香和烟熏味。威士忌的品牌主要有 Johnnie Walker、Chivas Regal、J&B。

（4）伏特加。伏特加酒以谷物或马铃薯为原料，经过蒸馏制成高达 95 度的酒精，再用蒸馏水淡化至 40～60 度，并经过活性炭过滤，使酒质更加晶莹澄澈，无色且清淡爽口，使人感到不甜、不苦、不涩，只有烈焰般的刺激，形成伏特加酒独具一格的特色。

（5）金酒。金酒，又叫杜松子酒(Geneva)或琴酒，最先由荷兰生产，在英国大量生产后闻名于世，是用大麦、黑麦、燕麦、玉米为原料，加入杜松子调香而成。金酒原产于荷兰，后来在英格兰大量生产，有味道香浓的荷兰金酒和味道干爽的伦敦干金酒，前者常用来纯饮，后者常作为基酒调制成各种混合饮料。金酒的著名品牌有 Beefeater、Gordon's。

（6）朗姆酒。朗姆酒是以甘蔗糖蜜为原料生产的一种蒸馏酒，也称为糖酒、兰姆酒、蓝姆酒，原产地在古巴，口感甜润、芬芳馥郁。朗姆酒是用甘蔗压出来的糖汁，经过发酵、蒸馏而成。根据不同的原料和不同酿制方法，朗姆酒可分为朗姆白酒、朗姆老酒、淡朗姆酒、朗姆常酒、强香朗姆酒等，含酒精 38%～50%，酒液有琥珀色、棕色，也有无色的。朗姆酒的著名品牌有 Matusalen、Havana Club、Bacardi。在出产国和地区，人们大多喜欢喝纯朗姆酒，不加以调混。而在美国，一般把朗姆酒用来调制鸡尾酒。朗姆酒的用途很多，可用作甜点的调味品等。

（7）特基拉酒(龙舌兰酒)。龙舌兰酒是墨西哥的国酒，被称为墨西哥的灵魂，是在墨西哥开奥运会时，开始变得为世界所知的。该酒是以龙舌兰（Agave）为原料经过蒸馏制作的一款蒸馏酒。龙舌兰酒常常用来当作基酒调制各种鸡尾酒，常见的鸡尾酒有特基拉日出、斗牛士、霜冻玛格丽特等。

3. 配制酒

配制酒是指在各种酿造酒、蒸馏酒或食用酒精中加入一定量的水果香料、药材等浸泡后，经过滤或蒸馏而得的酒，如竹叶青、药酒、人参酒、利口酒、味美思等。

(二)按酒精含量分类

（1）高度酒：可分为高度白酒(酒精含量在 50%以上)、降度白酒(又称中度白酒，为 40～50 度)和低度白酒(40 度以下)。

（2）低度酒：由于不同酒之间的酒精含量相差很大，缺乏统一的分类方法，一般来说，啤酒、葡萄酒和其他一些果味酒被认为是低度酒。

(三)按原材料分类

(1)粮食酒：以粮食为原料生产的酒，如高粱酒、糯米酒、苞谷酒等。

(2)果酒：果酒是用果类为原料生产的酒，大多以果实名称命名，如葡萄酒、山楂酒、苹果酒、荔枝酒等。其特点是色泽娇艳，果香浓郁，酒香醇美，营养丰富。

(3)代粮酒：就是用粮食以外的其他淀粉原料或含糖原料生产的酒，习惯称为代粮酒。如用薯干、木薯等为原料生产的酒。

(四)葡萄酒相关知识

葡萄酒(Wine)是以葡萄为原料发酵制成的酒，是西餐厅最主要的佐餐酒。

1. 葡萄酒的分类

葡萄酒按照不同的分类方式分成各种不同的酒。具体见表3-2。

表3-2　葡萄酒主要种类

分类方式	细分项	内容
按葡萄酒中含糖量分类	干葡萄酒	酒的糖分几乎已发酵完，是指每升葡萄酒中含总糖低于4克。饮用时觉不出甜味，酸味明显，如干白葡萄酒、干红葡萄酒、干桃红葡萄酒
	半干葡萄酒	是指每升葡萄酒中含总糖在4～12克。饮用时有微甜感，如半干白葡萄酒、半干红葡萄酒、半干桃红葡萄酒
	半甜葡萄酒	是指每升葡萄酒中含总糖在12～50克，饮用时有甘甜、爽顺感
	甜葡萄酒	是指每升葡萄酒中含总糖在50克以上，饮用时有明显的甜醉感
按酿造方法分类	天然葡萄酒	是指完全采用葡萄原料进行发酵，发酵过程中不添加糖分和酒精，选用提高原料含糖量的方法来提高成品酒精含量及控制残余糖量
	加强葡萄酒	发酵成原酒后用添加白兰地或食用酒精的方法来提高酒精含量，称为加强葡萄酒。既加白兰地或酒精，又加糖以提高酒精含量和糖度的称为加强甜葡萄酒，我国称为浓甜葡萄酒
	加香葡萄酒	采用葡萄原酒浸泡芳香植物，再经调配制成，属于开胃型葡萄酒，如味美思、丁香葡萄酒、桂花陈酒；或采用葡萄原酒浸泡药材，精心调配而成，属于滋补型葡萄酒，如人参葡萄酒
	葡萄蒸馏酒	采用优良品种葡萄原酒蒸馏，或发酵后经压榨的葡萄皮渣蒸馏，或由葡萄浆经葡萄汁分离机分离得到的皮渣加糖水发酵后蒸馏而得。一般再经细心调配的称为白兰地，不经调配的称为葡萄烧酒
按酒精含量分类	静态葡萄酒（或无泡酒）	分红、白二色。这类酒被称为桌酒，酒精含量为14度以下
	起泡葡萄酒	产地有香槟、勃艮第、美国等，酒精含量不超过14度
	加强葡萄酒	种类有雪莉、波特、马得拉、马沙拉、马拉加等，酒精含量为14～24度
	加香料葡萄酒	有意大利和法国产的红、白味美思酒及有奎宁味的葡萄酒等，酒精含量为15.5～20度

2. 葡萄酒的餐酒搭配三大原则

通用的餐酒搭配认知是"红酒配红肉，白酒配白肉"，这是正确的大方向，容易理解也方便记忆。但当你想要进行更为精准的餐酒搭配，为一款酒体饱满、单宁充沛、果香充盈的红葡萄酒挑选最佳的餐品，或为一桌麻辣风味的菜肴选择适宜的葡萄酒时，通用法则可能就不够了。事实上，餐酒搭配是一件足以让人经年累月为之不断研究的事情，当不同风味的食物遇上风格各异的葡萄酒时，能产生许多种因人而异的美妙搭配。记住以下这三大准则并进行尝试、运用，能大大提高餐酒搭配的匹配度和愉悦度。

(1)注重味觉协调，不过分突出某一种元素。在选择合适的葡萄酒来搭配食物时，需要充分考虑到食物中添加的配料或香料。不同的配料与香料会直接影响到食物的味道和口感，一些口味较重的调料也会盖过葡萄酒的风味，使餐酒搭配索然无味。一般来说，较酸的食物搭配酸度较高的葡萄酒；较辣的食物搭配甜型葡萄酒；较咸的食物搭配甜酒或起泡酒；较甜的食物搭配甜度更高的葡萄酒；较油腻的食物可搭配单宁充沛的葡萄酒。

(2)匹配浓郁度相当的食物和葡萄酒。将浓郁度相当的食物和葡萄酒进行搭配，也是一个简单直接的方法，它能在一定程度上保证餐酒搭配的平衡和谐。具体来说，就是对沙拉、蔬菜、鱼肉和水煮蛋等清淡的食物匹配清新轻盈的葡萄酒；用酒体和风味适中的葡萄酒佐以烤鸡和奶油意面等食物；将酒体强劲、醇香浓郁的葡萄酒搭配口感丰满浓郁的食物，如烩牛肉和香辣咖喱等。

(3)以食物的主要风味决定搭配用酒。如果所搭配的食物风味比较复杂，在挑选葡萄酒时，建议以食物最主要、最突出的风味做比较权衡，从而决定最终的搭配用酒。如泰国的冬阴功汤，既有柠檬的酸和咖喱的浓香辛辣，又有大虾和草菇的鲜甜，还有各种酱料的浓厚风味，味道十分复杂，但冬阴功汤的酸辣最为突出，可选择具有较高酸度、半干型或甜型的德国晚采收葡萄酒或精选雷司令葡萄酒与之搭配。

五、各类酒水最佳饮用温度

(1)啤酒。啤酒的最佳饮用温度在 8～11 ℃，高级酒的饮用温度在 12 ℃左右，除冬季外，啤酒一般低于室温饮用更佳。服务人员应视自然温度的高低，确定啤酒是否需要冰镇，冰镇啤酒饮用温度为 4～7 ℃。

(2)白酒。大多数顾客习惯冷饮白酒，但有些顾客则喜欢温饮。温白酒是将白酒放入事先备好的温酒器内用热水加温，酒温一般掌握在 30～35 ℃即可。

(3)黄酒。一年四季人们都喜欢热饮黄酒，并用具有保温性能的陶瓷酒具盛放黄酒。温酒的方法是将酒注入温酒壶内。用开水烫热，饮用温度以 30～40 ℃为佳，温酒时的温度达到 40～45 ℃即可，不可用烧烤和燃烧的方法，以免酒温太高使酒香挥发而影响酒的品质。

(4)葡萄酒。不同类型的葡萄酒饮用温度有所差别。红葡萄酒一般饮用温度基本与室温相同，白葡萄酒(干型)饮用的温度宜在 8～12 ℃，因此在饮用这类酒时，应视其自然温度高低确定是否需用冰桶冰酒。优质白葡萄酒的饮用温度为 15 ℃左右，甜白葡萄酒的饮用温度为 10～12 ℃。

(5)香槟酒和气泡酒。香槟酒和气泡酒的饮用温度为 7 ℃左右。

六、餐酒具的清洁保养

餐酒具洗涤可以减少微生物的绝对数量、去除微生物赖以生存的营养物质并能增强杀菌效果。

1. 餐酒具的洗涤

洗、刷、冲是餐酒具洗涤的三个步骤。洗是将餐酒具上的食物残渣去除。刷是在50 ℃左右的碱水或含洗涤剂的水中洗刷，将餐的污物、油垢去除干净。冲是用洁净的水将餐酒具上的碱或洗涤剂冲洗干净。

洗刷餐酒具应使用专用水池，不得与清洗蔬菜、肉类等其他水池混用。

2. 洗涤剂的使用

餐酒具洗涤时可用普通的自来水或使用含洗涤剂的水溶液。水具有良好的溶解力、分散力，但水作为洗涤剂难以去除污垢和油垢。因此，在单用水进行洗涤餐酒具时，最好使用热水并加以压力喷射等措施以提高洗涤效果。

洗涤剂水溶液能有效地洗涤油污和其他种类的污垢。洗涤时要注意洗涤剂的浓度、保质期、温度和用量。洗涤餐酒具所使用的洗涤剂必须符合食品用洗涤剂的食品安全标准和要求。合格的餐酒具用洗剂洗涤后使用起来是安全的，但洗涤剂具有易吸附残留在清洁物体上的特性。人与残留的洗涤剂长期直接或间接接触，即使残留量很少，长年累月也会对机体产生不利影响。因此，必须最大限度地减少洗涤剂的吸附、残留，在使用洗涤剂后及时用流动水进行冲洗。

3. 餐酒具的清洁

《餐饮业食品卫生管理办法》(中华人民共和国卫生部①令第 10 号)第五章规定了餐饮具的卫生要求，具体条款如下。

第二十四条：餐饮具使用前必须洗净、消毒，符合国家有关卫生标准。未经消毒的餐饮具不得使用。禁止重复使用一次性的餐饮具。

第二十五条：洗刷餐饮具必须用专用水池，不得与清洗蔬菜、肉类等其他水池混用。洗涤、消毒餐饮具所使用的洗涤剂、消毒剂必须符合食品用洗涤剂、消毒剂的卫生标准和要求。

第二十六条：消毒后的餐饮具必须贮存在餐饮专用保洁柜内备用。已消毒和未消毒的餐饮具应分开存放，并在餐饮具贮存柜上有明显标记。

任务考核

---

①注释：原为中华人民共和国卫生部，现更名为中华人民共和国国家卫生健康委员会。

任务三　折花

　　餐巾又名口布，不仅是餐厅中常备的一种服务用品，也是一种装饰美化餐台的艺术品。餐巾一般以餐巾折花的形式出现在餐桌上，或插在水杯内(称为杯花)，或放置在盘碟内(称为盘花)，供客人在进餐过程中使用。餐巾折花是餐饮服务的重要技能之一，美观的餐巾折花能够烘托用餐气氛，给客人视觉上美的享受。餐巾直接接触客人的手和嘴，因此在卫生程度上要特别注意。餐巾折花美观大方即可，避免由于多次的折叠接触带来卫生问题。

　　餐巾折花(图3-3)对烘托餐台气氛、装饰美化餐台具有重要作用，是服务艺术和优质服务的组成部分。餐巾折花一般分为杯花和盘花，杯花一般应用在正式的宴会中，不同的宴会有相对稳定的餐巾花搭配和设计，其特点是折叠的技法复杂，程序较多，操作有一定的技巧，服务规范，造型别致和多种多样；盘花一般应用在西餐和中餐零点餐厅中，其特点是折叠简单，操作方便，服务简单，造型简洁明快，餐巾折痕较少，造型完整，成型后不会自行散开。

图 3-3　中餐折花

一、餐巾折花步骤

(一)选择餐巾折花的造型

　　(1)植物花：主要是模仿植物的花、叶、茎、果实等，是餐巾花中最重要的一类。如荷花、月季、玫瑰、荷叶、竹笋、玉米等。

　　(2)动物花：主要模仿鱼、虫、鸟、兽等的整体形态或局部特征。例如，孔雀、凤凰、鸽子、鸳鸯、仙鹤、海鸥等飞禽造型，也有白兔、松鼠等走兽造型，还有蝴蝶、蜻蜓等昆虫造型，以及金鱼、对虾、海螺等。

　　(3)实物花：模仿生活中的各种实物形态而折成的花，如花篮、领带、折扇、风帆、马蹄、帽子等。

　　(4)抽象花：近年来一些个性餐厅和设计酒店中的餐饮服务中出现的餐巾花。

(二)选择餐巾的种类

1. 全棉和棉麻混纺餐巾

全棉和棉麻混纺餐巾的优点是吸水性强、触感好、色彩丰富；缺点是易褪色、寿命短、不够挺括，每次洗完需要上浆后使用。

2. 化纤餐巾

化纤餐巾的优点是色彩丰富，不易褪色，价格适中，洗后挺括；缺点是吸水性差，触感不好。

3. 维萨餐巾

维萨餐巾的优点是色彩鲜艳丰富，洗后挺括，不褪色，耐用；缺点是价格高。

(三)餐巾折花的选择标准

(1)结合宴会主题选择合适材质和色彩的餐巾。
(2)餐巾要干净、平整，无破损。

(四)餐巾折花的制作

(1)在操作前，要洗干净双手，不留长指甲。
(2)操作中，不要多说话，以防唾沫玷污餐巾，也不能用嘴咬餐巾。
(3)折花时，角度要算准，折褶要均匀，力争一次成型，同时要姿态正确、手法灵活、用力得当。
(4)折花要简单、美观，拆用方便，造型生动。

(五)餐巾折花摆放

(1)主位花要插摆在主位上。
(2)将观赏面朝向客人席位。
(3)插入杯中的餐巾花要掌握好深浅度，并注意杯内餐巾的整齐。
(4)形态相似的餐巾花型要错开并对称摆放。
(5)各餐巾花之间的距离要均匀，餐巾花不能遮挡台上用品，不能影响服务操作。
(6)餐巾花要放正放稳，保持折痕清晰。

(六)折花基本技法

(1)折叠：叠是最基本的餐巾折花手法，几乎所有折花都可用到，要熟悉基本造型，叠时要看准折缝线和角度一次叠成，避免反复，否则餐巾上会留下折痕，影响挺括、美观。
(2)推折：推是折褶(打折)时运用的一种手法，就是将餐巾叠面折成褶裥的形状，使花型层次丰富、紧凑、美观。
(3)卷：卷包括平行卷和斜角卷，是将餐巾卷成圆筒形并制出各种花型的一种手法。平行卷要求两手用力均匀，同时平行卷动，餐巾两头形状一样；斜角卷要求两手能按所卷角度的大小，互相配合。
(4)穿：是指用工具从餐巾的夹层折缝中边穿边收，形成皱褶使造型更加逼真美观的一种手法。另外，有的花型在穿之前不折裥，而将筷子直接穿入，再将折巾从两头向中间挤压而成皱纹。这种"挤皱"的方法，常用来折制花的卷叶。穿用的工具要光滑、洁净。皱折要均匀。

（5）攥：是为了使叠出的餐巾花半成品不易脱落走样，一般用左手攥住餐巾的中部或下部，然后再用右手操作其他部位，攥在手中的部分不能松散。

（6）翻：是指将餐巾的巾角从下端翻折至上端、两侧向中间翻折、前面向后面翻折，或将夹层里面翻到外面等，以构成花、叶、芯、翅、头颈等形状。

（7）拉：就是牵引，是在翻的基础上，为使餐巾造型挺直而使用的一种手法，如折鸟的翅膀、尾巴、头颈，花的茎叶等。通过拉的手法可使折巾的线条曲直明显、花型挺括而有生气。

（8）掰：一般用于制作花束，如月季花。掰是将餐巾叠好的层次，用右手按顺序一层层掰出花瓣，掰时不要用力过大，掰出的层次或褶的大小距离要均匀。

（9）捏：主要是做鸟或其他动物的头所使用的方法。操作时，用一只手的拇指、食指、中指进行。常见的鸟头形状有上翘嘴型、平尖嘴型、向下嘴型、弯角嘴型、先翻后捏而成的嘴型及特殊嘴型。

（七）几款餐巾折花的折法

1. 仙鹤（图3-4）

（1）展开餐巾，平铺在桌面上（图3-5）。

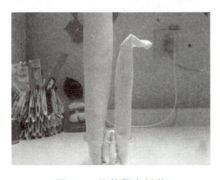 

图 3-4　仙鹤餐巾折花　　　　　　　图 3-5　展开餐巾

（2）一只手按住左侧下方的角，另一只手抓住右侧下方的角开始卷，卷至正方形餐巾的对角线处（图3-6）。

图 3-6　卷至对角线处（1）

（3）同样，左手按住原来固定的角，右手抓住左侧上方的角开始卷，卷至对角线处（图 3-7）。

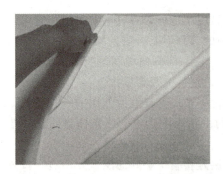

图 3-7　卷至对角线处(2)

（4）将卷好的长条翻转过来，然后从头部在 1/3 处往上翻折(图 3-8)。

图 3-8　往上翻折

（5）接着，在图 3-9 所示的大拇指所捏部位压折，再往上翻折，确保头的部分是身体部分的 2/5。

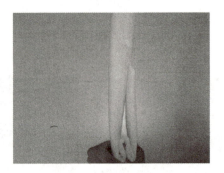

图 3-9　压折再往上翻折

(6)捏好鸟头,固定在酒杯中(图3-10)。

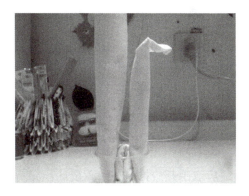

图3-10　固定在酒杯中

2. 蝴蝶(图3-11)

(1)展开餐巾,平铺在桌面上(图3-12)。

　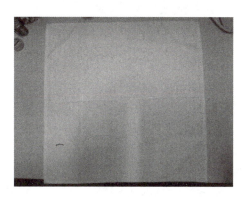

图3-11　蝴蝶餐巾折花　　　　　　　图3-12　展开餐巾

(2)将餐巾的一边往中线折去,同样的另一边也是如此(图3-13)。

图3-13　两边往中线折

（3）用一只手按着中点，把每个角沿着每个小格的对角线压折（图3-14）。

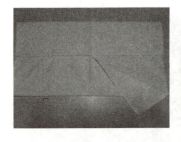  

图3-14　每个角沿对角线压折

（4）将餐巾翻转过来，然后双手开始推、捏。重复此步骤8次（图3-15）。

 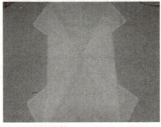 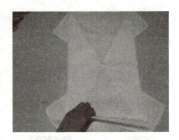

图3-15　重复推、捏

（5）推捏之后在中间处对折捏好，固定在酒杯中（图3-16）。

图3-16　对折后固定在酒杯中

3. 荷花（图3-17）

图3-17　荷花餐巾折花

(1)平铺桌布,反面朝上(图 3-18)。

图 3-18 平铺桌面

(2)中间对折(图 3-19)。

图 3-19 中间对折

(3)再次对折为正方形(图 3-20)。

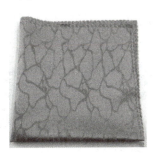

图 3-20 再次对折

(4)从正方形对角挤出一个凸起的折痕(图 3-21)。

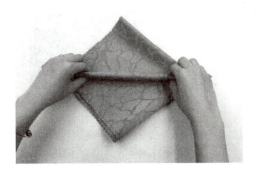

图 3-21 挤出折痕

（5）右手捏在餐巾花中间部位（图3-22）。

图 3-22　捏住中间部位

（6）左手将底角向上折1/3（图3-23）。

图 3-23　向上折 1/3

（7）翻折底角包紧四角巾作为底部（图3-24）。

图 3-24　翻折底角

（8）将底部插进杯中（图3-25）。

图 3-25　插入杯中

(9)对称拉开四角巾，整理成型(图 3-26)。

图 3-26　整理成型

(10)餐巾折花的服务规范见表 3-3。

表 3-3　餐巾折花服务规范

准备工具	1.托盘　2.酒杯和盘子　3.装饰环等　4.餐巾	
步骤	动作规范	要求
1　选择餐巾	餐巾要干净、平整，无破损	(1)结合宴会主题选择材质和色彩合适的餐巾。 (2)仔细认真
2　餐巾折花	(1)折花时，角度要算准，折褶要均匀，力争一次成型，同时要姿态正确、手法灵活、用力得当。 (2)折花要简单、美观，拆用方便，造型生动	(1)在操作前，要洗干净双手，不留长指甲。 (2)操作中，不要多说话，以防唾液玷污餐巾，也不能用嘴咬餐巾
3　餐巾折花的摆放	(1)插入杯中的餐巾花要掌握好深浅度，并注意杯内餐巾的整齐。 (2)形态相似的餐巾花型要错开并对称摆放。 (3)各餐巾花之间的距离要均匀，餐巾花不能遮挡台上用品，不能影响服务操作	(1)主位花要插摆在主位上 (2)将观赏面朝向客人席位。 (3)餐巾花要放正放稳，保持折痕清晰

任务考核

任务四 中餐摆台

一、摆台的分类及要求

摆台主要是指餐桌席位的安排和台面的摆设，可分为中餐摆台和西餐摆台两大类。根据各地宾客饮食习惯的不同，宾客就餐的形式、规格的不同，所摆设的餐具种类、件数及台面的造型都有所不同，而且各饭店均有各自独特的摆台方式，不可能完全统一，但是，所摆设的台面必须遵循整洁有序、尊重习俗、适应需求、配套齐全、方便就餐、方便服务、形式多样、艺术美观的原则。因此，摆台总的要求如下。

(1)所摆设的台面要确保卫生，从台布、餐具、餐巾乃至餐椅，都要符合卫生要求。

(2)餐台、餐椅的排列要整齐有序，既便于宾客就餐和活动，又确保服务工作的顺利进行。

(3)台面设计要尊重宾客的风俗习惯，符合宾客的礼仪形式。

(4)根据就餐形式和规格设计台面，配备餐具和用具。

(5)餐台的设计要符合宴席的性质，力求造型逼真、艺术、美观。

(6)餐具摆放要有条理，先后有序，操作顺手。

二、中餐摆台人员的仪表和仪态

(1)摆台前，服务人员要洗手消毒，及时发现和更换破损或不洁的餐具。摆台的工作人员须穿着制服，干净整齐，头发应干净、整齐，不能蓬头垢面。男服务员不能留刘海，女服务员不能披头散发，并且不能浓妆艳抹。指甲都要保持干净，不能留长而且不能涂色，不佩戴任何首饰。

(2)拿取餐具时一律使用托盘。用干净的垫盘方巾铺垫，左手托盘，右手拿取餐具。

(3)拿酒杯、水杯时应握住杯脚部，拿银器及不锈钢器皿时应拿柄部及边沿；拿瓷器时应尽量避免手指与边缘的接触，减少污染；落地后的餐具，未经清洗消毒不得继续使用。

二、中餐摆台

各地区、各饭店的中餐摆台基本相同。在摆台时，主要依据餐厅档次、就餐规格和就餐需要来选择相应的餐具进行摆设。中餐摆台所使用的餐具通常有餐碟(又称骨碟)、陈碟、筷架、筷子、汤碗、汤勺、不锈钢制的长柄勺(用作个人餐具或公用餐具)；中餐饮具通常为水杯(也称啤酒杯)、红酒杯、白酒杯(也称烈性酒杯)；公用餐具，如公筷公勺；其他还有调味品、牙签、席签(座次卡)、台签(席次卡)、花瓶、烟灰缸等。

(一)中餐摆台要求

(1)所有操作必须从主宾位起按顺时针方向进行(铺设台裙、台布在副主人位)。

(2)所有布件和餐具等要干净卫生，餐具摆放距离要相等、规范，图案或花纹要对正。摆放的餐具要相对集中和整齐，餐具配套齐全，桌面整体搭配风格一致，台面要有艺术性。

(3)折叠餐巾花要注意客人的风俗习惯，避其忌讳。

(二)中餐摆台服务流程

中餐摆台服务流程如图 3-27 所示。

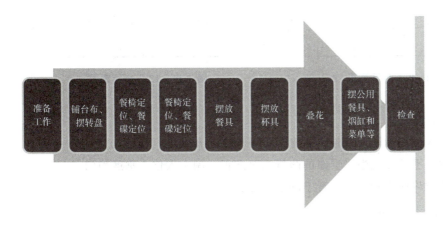

中餐摆台

图 3-27　中餐摆台服务流程

1. 准备工作

(1)检查仪容仪表。

(2)检查物品是否齐全。以 10 人座位宴会台面所需物品为例：直径 180 厘米圆桌面 1 个、中餐椅 10 把、工作台 1 个、台布和装饰布各 1 张、餐巾 10 张、托盘 2 个、骨碟 10 个、味碟 10 个、筷子 10 双、筷架 10 个、牙签 10 份、饭羹 10 把、饭碗 10 个、瓷羹 10 把、白酒杯 10 个、红酒杯 10 个、水杯 10 个、菜单 2 份、烟灰缸 5 个、公筷 2 双、公勺 2 把、公筷公勺架 2 个。

(3)检查台布、口布是否完好，餐具是否有破损。

2. 确定席次

席次是指同一餐桌上的席位高低。排列席次的原则如下。

(1)面门为上。即主人面对餐厅正门。有多位主人时，双方可交叉排列，离主位越近地位越高。

(2)主宾居右。即主宾在主位(第一主位)右侧。

(3)好事成双。即每张餐桌人数为双数，吉庆宴会尤其如此。

(4)各桌同向。即每张餐桌的排位均大体相同。

中式宴会的席次安排如图 3-28、图 3-29 所示。

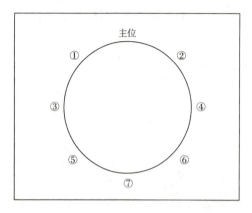

图 3-28　8 人台示意图　　　图 3-29　12 人台示意图

3. 铺台布、摆转盘

(1)站在副主人位用撒网式或推拉式将台布一次性抖开到位。

(2)台布居中，平整无气泡，桌布的凸折线对准正、副主人位，垂度均匀。

(3)在副主人位将底座和转盘放置于圆桌中心位置。

4. 餐椅定位、骨碟定位

(1)主宾位置开始拉椅定位，膝盖辅助，双手抚椅背提起拉出，使椅子中心与桌布的凸折线对齐，餐椅间距均匀紧凑呈圆形状。

(2)餐椅座面边缘与台布下垂部分距离为 1.5 厘米。

(3)骨碟定位：手拿骨碟边缘部分从主人位开始按顺时针方向操作，餐碟中心与桌布的凸折线对齐，餐碟边缘距离桌边 1 厘米，餐碟间距均匀相等。

5. 摆放餐具

(1)将味碟放置于餐碟正上方，相距 1 厘米；汤碗、调羹摆放在味碟左侧 1 厘米处，勺柄向正左，味碟和汤碗的中心在一条直线上。

(2)将筷架放置于餐碟右侧，筷架、味碟、汤碗、调羹在同一直线上。

(3)摆放筷子、饭羹于筷架上，饭羹距展示餐碟 3 厘米，筷子柄距桌边 1 厘米(牙签同等)。牙签正面向上，底部与饭羹齐平，置于筷子与饭羹之间。

6. 摆放杯具

将红酒杯置于味碟上方 2 厘米处，右侧放置白酒杯，左侧放置水杯，杯肚相隔 1 厘米，三杯中心成斜直线，向右水平成 30°。

7. 折花

(1)在工作台托盘内，叠 5 种不同口布花，本项目中正、副主人位可采用百合样式，其他宾客可采用马蹄莲、荷花、孔雀开屏、和平鸽等动、植物样式。

(2)主位除外，巾花观面朝向客人，其他造型口布花头朝向红酒杯。

(3)巾花挺拔，造型美观，款式新颖，难易适宜。

(4)操作手法卫生，巾花深度适当，置于水杯处的深度相等。

8. 摆公用餐具、烟缸和菜单等

(1)将公用餐具摆放在正、副主人位正上方。

(2)烟缸、装饰物：从主人位右侧开始按顺时针方向，两个座位摆一个烟缸，从副主人位将台面装饰物放置转盘中心。装饰物放置台面正中。

(3)菜单放置在正、副主人位筷架右侧。

9. 检查

(1)检查台面是否已经摆放整齐。

(2)检查台面上餐具是否都完好。

(3)检查是否有遗留物品未摆放。

(4)检查台面餐巾花是否突出主人、副主人。

(三)注意事项

(1)摆台效果要求：台面各种餐具、用具摆放整齐一致，布局合理、美观，间距均等，摆放位置准确，花纹图案对正，台面用具洁净、无破损，如图 3-30、图 3-31 所示。

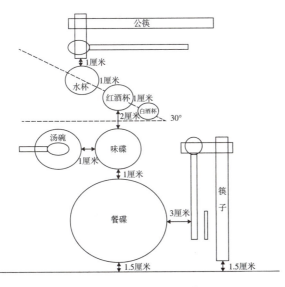

图 3-30　中餐宴会摆台单餐位示意图

图 3-31　中餐摆台照片

(2)摆放餐具应从主人位开始，按顺时针顺序摆放。

(3)注意使用正确的托盘端托姿势。

(4)装盘及餐具摆放时注意手法、清洁、卫生。

(5)摆放汤碗时手指不能放入碗中，应手拿边缘。

(6)摆放杯具时，应手拿杯底，轻拿轻放，注意安全。

（四）中餐摆台服务规范

中餐摆台评分规则见表3-4。

表 3-4　中餐摆台评分表

项目	项目评分细则	分值	扣分	得分
仪容仪态（10分）	制服干净整洁，熨烫挺括合身，符合行业标准	1		
	工作鞋干净，且符合行业标准	1		
	具有较高标准的卫生习惯；男士修面，胡须修理整齐；女士淡妆	1		
	身体部位没有可见标记；不佩戴过于醒目的饰物；指甲干净整齐，不涂有色指甲油	1		
	合适的发型，符合职业要求	1		
	所有工作中的站姿、走姿标准低，仪态未能展示工作任务所需的自信（1分）；所有工作中的站姿、走姿一般，对于有挑战性的工作任务时仪态较差（2分）；所有工作中的站姿、走姿良好，表现较专业，但是仍有瑕疵（3~4分）；所有工作中的站姿、走姿优美，表现非常专业（5分）	5		
宴会摆台（45分）	巡视工作环境，进行安全、环保检查	0.5		
	检查服务用品，工作台物品摆放正确	0.5		
	台布平整，凸缝朝向正、副主人位	0.5		
	台布下垂均等	0.5		
	装饰布平整且四周下垂均等	1		
	从主人位开始拉椅	1		
	座位中心与餐碟中心对齐	1		
	餐椅间距均等	1		
	餐椅座面边缘与台布下垂部分相切	1		
	餐碟间距均等	1		
	相对餐碟、餐桌中心、椅背中心五点一线	1.5		
宴会摆台（45分）	餐碟距桌沿1.5厘米	4		
	餐碟拿取手法正确、卫生（手拿餐碟边缘部分）	0.5		
	味碟位于餐碟正上方，相距1厘米	4		
	汤碗位于味碟左侧，与味碟在一条直线上，汤碗、汤勺摆放正确、美观	2.5		
	筷架摆在餐碟右边，位于筷子上部三分之一处	1		
	筷子、长柄勺摆在筷架上，长柄勺与餐碟距离均等	1		

项目	项目评分细则	分值	扣分	得分
宴会 摆台 (45分)	筷子的筷尾距餐桌边1.5厘米，筷套正面朝上	4		
	牙签位于长柄勺和筷子之间，牙签套正面朝上，底部与长柄勺齐平	0.5		
	葡萄酒杯在味碟正上方2厘米	1		
	白酒杯摆在葡萄酒杯的右侧，水杯位于葡萄酒杯左侧，杯肚间隔1厘米	4		
	三杯成斜直线	1		
	摆杯手法正确、卫生(手拿杯柄或中下部)	1		
	使用托盘操作(台布、桌裙或装饰布、花瓶或其他装饰物和主题名称牌除外)	1		
	按照顺时针方向进行操作	1		
	操作中物品无掉落	1.5		
	操作中物品无碰倒	1.5		
	操作中物品无遗漏	1		
	操作不熟练，有重大操作失误，整体表现差，美观度较差，选手精神不饱满(0分)； 操作较熟练，有明显失误，整体表现一般，美观度一般，精神较饱满(1分)； 操作较熟练，无明显失误，整体表现较好，美观度优良，精神较饱满(2~3分)； 操作很熟练，无任何失误，整体表现优，美观度高，精神饱满(4~5分)	5		
餐巾 折花 (10分)	餐巾准备平整、无折痕	1		
	花型突出主位	1		
	使用托盘摆放餐巾	1		
	餐巾折花手法正确，操作卫生	2		
	花型不美观，整体不挺括，与主题无关，无创意(0分)； 花型欠美观，整体缺少挺括，与主题关联度低，缺少创意(1分)； 花型较美观，整体较挺括，与主题有关联，有创意(2~3分)； 花型美观，整体挺括、和谐，突显主题，有创意(4~5分)；	5		
主题 创意 设计 (15分)	台面物品、布草(含台布、餐巾、椅套等)的质地环保，符合酒店经营实际	1		
	台面布草色彩、图案与主题相呼应	0.5		
	现场制作台面中心主题装饰物	1.5		
	中心主题装饰物设计规格与餐桌比例恰当，不影响就餐客人餐中交流	1		
	选手服装与台面主题创意呼应、协调	1		

项目	项目评分细则	分值	扣分	得分
主题创意设计（15分）	中心主题创意新颖性差，设计外形美观度差，观赏性差，文化性差（0分）； 中心主题创意新颖性一般，设计外形美观度一般，观赏性一般，文化性一般（1分）； 中心主题创意较新颖，设计外形较美观，具有较强观赏性及文化性（2～3分）； 中心主题创意十分新颖，设计外形十分美观，具有很强的观赏性及文化性（4～5分）	5		
	整体设计未按照选定主题进行设计，整体效果较差，不符合酒店经营实际，应用价值低（0分）； 整体设计依据选定主题进行设计，整体效果一般，基本符合酒店经营实际，具有一定的应用价值（1分）； 整体设计依据选定主题进行设计，整体效果较好，符合酒店经营实际，具有较好的市场推广价值（2～3分）； 整体设计依据选定主题进行设计，整体效果优秀，完全符合酒店经营实际，具有很好的市场推广价值（4～5分）	5.0		
菜单设计（10分）	菜单设计的各要素（如颜色、背景图案、字体、字号等）与主题一致	1		
	菜品设计能充分考虑成本因素，符合经营实际	1		
	菜品设计注重食材选择，体现鲜明的主题特色和文化特色	1		
	菜单外形设计富有创意，形式新颖	1		
	菜品设计（菜品搭配、数量及名称）合理，符合主题	1		
	菜单设计整体创意较差，艺术性较差，文化气息较差，设计水平较差，不具有可推广性（0分）； 菜单设计整体创意一般，艺术性一般，文化气息一般，设计水平一般，具有一定推广性（1分）； 菜单设计整体较有创意，较有艺术性和文化气息，设计水平较高，具有较强的可推广性（2～3分）； 菜单设计整体富有创意，富有艺术性和文化气息，设计水平高，具有很强的可推广性（4～5分）	5		
主题创意说明书（10分）	设计精美，图文并茂，材质精良，制作考究	2.5		
	文字表达简练、清晰、优美，能够准确阐述主题	1		
	创意说明书制作与整体设计主题呼应，协调一致	1.5		
	创意说明书结构较混乱，层次不清楚，逻辑不严密（0分）； 创意说明书结构欠合理，层次欠清楚，逻辑欠严密（1分）； 创意说明书总体结构较合理，层次较清楚，逻辑较严密（2～3分）； 创意说明书总体结构十分合理，层次十分清楚，逻辑十分严密（4～5分）	5		
合计		100		

任务考核

任务五　西餐摆台

西餐摆台可分为西餐早餐摆台、西餐零点摆台和西餐宴会摆台，台型一般以正方形和长方形为主，有时也会用圆形台，具体摆台方式是根据餐厅提供的菜品相应地摆放餐用具。

一、西餐摆台的工作标准及程序

1. 标准

保证所有的瓷器、扁平餐具和玻璃器皿都清洁无污渍、无破损。手持任何餐具时都应注意尽量握住其底部或边缘，保证桌面的整洁。

2. 程序

(1)正确摆放刀叉、面包盘等餐具，同时保证餐具清洁，不得用手直接接触刀面和叉顶端。

(2)摆放三杯(水杯、红葡萄酒杯、白葡萄酒杯)，同时保证酒杯洁净无破损、无水迹、无指印、无异味。

(3)将口布摆放于展示盘内的正中间。

(4)最后进行仔细检查。检查各种摆台用具是否齐全、摆放正确，不锈钢餐具必须擦拭干净、光洁、无异物，展示盘和面包盘必须洁净、无水迹、无指印。

二、西餐主要用具

1. 服务用具

服务用具是指对客人的服务过程中，服务员使用的工具，包括某些特殊菜肴使用的特殊工具。常见的服务用具主要有以下几类。

(1)勺类用具。

①长柄汤勺，为客人分汤时使用。

②沙拉服务匙，为客人分派沙拉时使用。

(2)刀类用具。

①服务用鱼刀，分鱼或现场烹制鱼类食品时使用。

②奶酪刀，是专门用来切割奶酪的长刃刀具。

③蛋糕刀，与餐叉类似，主要用来切割蛋糕等糕点。

④切割用刀，为客人现场切割大块肉类食品时的专用工具。

(3)叉类用具。

①服务用鱼叉，分鱼或现场烹制鱼类食品时使用。

②切割用叉，为客人现场切割大块肉类食品时使用。

③色拉服务叉，为客人分派色拉时使用。

(4)装盛用具。

①蔬菜斗，又称沙司斗。

②盅，有果酱盅、蛋盅、盐盅、洗手盅、白脱盅、糖盅等。

(5)特殊菜品用具。蜗牛夹和叉，通心面夹，龙虾夹、钳和叉，坚果捏碎器等。

2. 客用餐具

客用餐具主要是指摆放在餐桌上供客人就餐时使用的各种用具。

(1)餐刀。餐刀按外形大小及用处可分为鱼刀、正餐刀(主菜刀，又称为热菜刀)、开胃品刀(冷菜刀)、黄油刀、甜品刀、面包刀等。

①鱼刀：是食用鱼类菜肴的专用餐具。

②沙拉刀：也称头盘刀，主要在头盘及食用沙拉时使用。

③正餐刀：是西餐的主要餐具，主要在食用主菜时使用。

④黄油刀：其外观特点是体形较小，刀片与刀把不在同一水平线上。主要用于分挑黄油或果酱。

(2)匙。匙也称为勺，按外形大小及用处可分为冰淇淋匙、汤匙、沙司匙、咖啡匙、茶匙、甜品匙。

①冰淇淋匙：食用冰淇淋的专用餐具。

②汤匙：西餐喝汤的专用餐具，其头部呈圆形。

③沙司匙：在服务沙拉或主菜时，帮助客人浇汁的用具。

④咖啡匙：饮用咖啡时的专用工具。

⑤茶匙：饮用红茶时用于搅拌淡奶和糖的工具。

⑥甜品匙：用来食用布丁等各种甜品。

(3)餐叉。依照大小、外形和用处的不同可分为海鲜叉、鱼叉、正餐叉、龙虾叉、蜗牛叉、生蚝叉、甜品叉等(图 3-32)。

①海鲜叉：又称小号叉，主要用于吃海鲜等菜品，也可用于吃小盘菜、点心、水果等。

②正餐叉：是西餐的主要餐具，主要在食用主菜时使用，也可作为分菜叉使用。

③沙拉叉：也称头盘叉，主要在头盘及食用沙拉时使用。

④甜品叉：食用餐后甜点、果盘等的专用叉。

图 3-32　西餐中使用的各类刀叉

(4) 杯。西餐特别讲求饮品与杯子的对应。根据不同的使用目的，西餐中经常使用的杯子主要可分为水杯、白兰地杯、香槟杯，红葡萄酒杯、白葡萄酒杯、甜酒杯、雪利酒杯等。

(5) 盘。按照用途可分为面包黄油碟，沙拉、甜点盘，主菜用餐盘、汤匙或汤杯。欧式用大汤盘盛汤，美式则有时用较小的带盖的汤杯盛汤。盛装菜肴时热食类应用温盘，冷食类要用冷盘，并保持洁净，应按类别进行保管(图 3-33)。

图 3-33　西餐中的各类餐盘

(6) 夹。主要是夹取一些菜肴的用具，包括蜗牛夹、糖夹、坚果夹、冰夹等。

3. 餐桌服务用品

(1) 洗手盅：客人食用带壳食品后的洗手用具。

(2) 芥末盅：专门用来装调味品芥末的。

(3) 胡椒磨：用来现磨胡椒或花椒的工具，使用时左右拧转便可磨出胡椒等佐料。

(4) 其他常见的还有盐瓶、胡椒瓶、带盖黄油碟、酒瓶垫、油醋架、糖盅、酱汁盅、沙拉碗、茶壶、咖啡杯、汤碗和大汤碗等。

三、西餐宴会摆台流程

西餐宴会摆台时要按照一底盘、二餐具、三酒水杯、四调料用具、五艺术摆设的程序进行。

1. 西餐宴会摆台的物品准备

以西餐宴会六人台摆台为任务，同学们需准备：

(1) 防滑托盘(2 个，含装饰盘垫或防滑盘垫)；

(2) 台布(2 块)：200 厘米×165 厘米；

(3) 餐巾(6 块，可加带装饰物)：56 厘米×56 厘米；

(4) 装饰盘(6 只)：7.2～10 寸；

(5) 面包盘(6 只)：4.5～6 寸；

(6) 黄油碟(6 只)：1.8～3.5 寸；

(7)主菜刀(肉排刀)、鱼刀、开胃品刀、汤勺、甜品勺、黄油刀(各 6 把);

(8)主菜叉(肉叉)、鱼叉、开胃品叉、甜品叉(各 6 把);

(9)水杯、红葡萄酒杯、白葡萄酒杯(各 6 个);

(10)花瓶、花坛或其他装饰物(1 个);

(11)烛台(2 座);

(12)盐瓶、胡椒瓶(各 2 个);

(13)牙签盅(2 个);

(14)西餐长台(长 240 厘米×宽 120 厘米,高度为 75 厘米)、西餐椅(6 把)、工作边台。

2. 座次安排

一般家庭式西餐宴会的座次安排,主人的座位应正对厅堂入口,便于其纵观全厅。长台两端分别设主人位和副主人位(女主人位),男女宾客穿插落座,夫妇穿插落座。这样的席位安排只有主客人之分,没有职务之分。

若属于正式宴会,双方都有一位重要人物参加,那么第一主宾要坐在第一主人的右侧,第二主宾坐在第二主人右侧,次要人物由中间向两侧依次排开。

若正式宴会双方首要人物都带夫人参加,可以参考法式座次及英式座次来进行安排。法式座次安排:主宾夫人坐在主人右侧,主宾坐在主人夫人右侧。英式座次安排:主人夫妇各坐两头。主宾夫人坐在主人右侧位,主宾坐在主人夫人右侧位,其他男女穿插依次坐中间。

3. 铺台布

西餐宴会一般使用数张方桌拼接而成。铺台布的顺序应由里向外铺,目的是要让每张台布的接缝朝里,避免步入餐厅的客人看见。铺好的台布要求中线相接,呈一条直线,台布两侧下垂部分美观整齐,两边均匀。

4. 摆餐椅

餐椅对正餐位,餐椅边与下垂台布相距 1 厘米,餐椅呈直线排开,餐椅间距要相等。

5. 摆餐具

(1)摆餐盘。与中餐摆台一样,从主人位开始顺时针方向在每个席位正中摆放餐盘;注意店徽等图案摆正,盘边距桌沿 2 厘米,盘与盘之间的距离相等。

(2)摆刀叉。在餐盘的右侧从左到右依次摆放主餐刀、鱼刀、汤匙、开胃品刀。刀口朝左,匙面向上,刀柄、匙柄距桌沿 2 厘米。餐盘左侧从右到左依次摆放主餐叉、鱼叉、开胃品叉,叉面朝上,叉柄距桌沿 2 厘米。鱼刀、鱼叉要向前凸出 4 厘米。

(3)摆水果刀叉(或甜品叉)、甜品匙。在餐盘的正前方横摆甜品匙,匙柄朝右。甜品匙的前方平行摆放水果叉(或甜品叉),叉柄朝左。水果叉的前方平行摆放水果刀,刀柄朝右。

(4)摆面包盘、黄油刀和黄油盘。开胃品叉的左侧摆放面包盘,面包盘中心与餐盘中心在一条直线上,盘边距开胃品叉 1.5 厘米,在面包盘上右侧边沿处摆放黄油刀,刀刃朝左。黄油盘摆放在黄油刀尖上方3厘米处。

6. 摆玻璃杯具

冰水杯摆放在主餐刀顶端，依次向右摆放红葡萄酒杯、白葡萄酒杯，三杯呈斜直线，与水平线呈45°角；如果有第四种杯子则占白葡萄酒杯的位置，白葡萄酒杯顺次向后移动，杯子依然呈斜直线，各杯相距1.5厘米。

7. 折餐巾花

将叠好的盘花摆放在餐盘正中位置，注意主人位上放置有高度的盘花，另外，注意式样的搭配。

8. 摆公用物品

盐瓶、胡椒瓶、牙签筒按四人一套的标准摆放在餐台中线位置上。烟缸从主人右侧摆起，每两人之间放置一个，烟缸的上端与酒具在一条直线上。菜单最少每桌摆放2份，高级宴会可每座摆放一份。插花或烛台等装饰品摆放在长台的中线上(图3-34)。

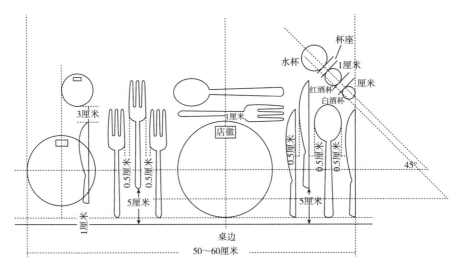

图3-34 西餐摆台平面示意图

9. 西餐摆台服务规范

西餐摆台服务规范见表3-5。

表3-5 西餐宴会摆台服务规范

项目	项目评分细则	分值	扣分	得分
台布 (6.5分)	台布中凸线向上，两块台布中凸线对齐	1分		
	两块台布面重叠5厘米	1分		
	主人位方向台布交叠在副主人位方向台布上	0.5分		
	台布四边下垂均等	2分		
	铺设操作最多四次整理成形	2分		

项目	项目评分细则	分值	扣分	得分
席椅定位 (3分)	摆设操作从席椅正后方进行	0.6分(每把0.1分)		
	从主人位开始按顺时针方向摆设	0.6分(每把0.1分)		
	席椅之间距离基本相等	0.6分(每把0.1)分		
	相对席椅的椅背中心对准	0.6分(每把0.1分)		
	席椅边沿与下垂台布相距1厘米	0.6分(每把0.1分)		
装饰盘 (4.6分)	从主人位开始顺时针方向摆设	0.4分		
	盘边距离桌边1厘米	1.2分(每个0.2分)		
	装饰盘中心与餐位中心对准	1.2分(每个0.2分)		
	盘与盘之间距离均等	1.2分(每个0.2分)		
	手持盘沿右侧操作	0.6分(每个0.1分)		
刀、叉、勺 (10.8分)	刀、勺、叉由内向外摆放，距桌边距离符合标准(标准见最后"备注")	5.4分(每件0.1分)		
	刀、勺、叉之间及与其他餐具间距符合标准(标准见最后"备注")	5.4分(每件0.1分)		
面包盘、黄油刀、黄油碟 (4.8分)	摆放顺序：面包盘、黄油刀、黄油盘	1.8分(每件0.1分)		
	面包盘盘边距开胃品叉1厘米	0.6分(每件0.1分)		
	面包盘中心与装饰盘中心对齐	0.6分(每件0.1分)		
	黄油刀置于面包盘右侧边沿1/3处	0.6分(每件0.1分)		
	黄油碟摆放在黄油刀尖正上方，相距3厘米	0.6分(每件0.1分)		
	黄油碟左侧边沿与面包盘中心成直线	0.6分(每件0.1分)		
杯具 (10.8分)	摆放顺序：白葡萄酒杯、红葡萄酒杯、水杯(白葡萄酒杯摆在开胃品刀的正上方，杯底中心在开胃品刀的中心线上，杯底距开胃品刀尖2厘米)	1.8分(每个0.1分)		
	三杯呈斜直线，向右与水平线成45°角	6分(每组1分)		
	各杯身相距约1厘米	1.2分(每个0.1分)		
	操作时手持杯中下部或颈部	1.8分(每个0.1分)		
花瓶(花坛或其他装饰物)(2分)	花瓶(花坛或其他装饰物)置于餐桌中央和台布中线	1分		
	花瓶(花坛或其他装饰物)的高度不超过30厘米	1分		
烛台 (2分)	烛台与花瓶(花坛或其他装饰物)相距20厘米	1分(每座0.5分)		
	烛台底座中心压台布中凸线	0.5分(每座0.25分)		
	两个烛台方向一致，并与杯具所呈直线平行	0.5分(每座0.25分)		
牙签盅 (1.5分)	牙签盅与烛台相距10厘米	1分(每个0.5分)		
	牙签盅中心压在台布中凸线上	0.5分(每个0.25分)		

项目	项目评分细则	分值	扣分	得分
椒盐瓶 (3分)	椒盐瓶与牙签盅相距2厘米	1分(每组0.5分)		
	椒盐瓶两瓶间距1厘米,左椒右盐	1分(每组0.5分)		
	椒盐瓶间距中心对准台布中凸线	1分(每组0.5分)		
餐巾盘花 (3分)	在装饰盘上褶,在盘中摆放一致,左右呈一条直线	2分		
	造型美观、大小一致,突出正、副主人	1分		
倒水及斟酒 (12分)	为三位客人斟倒酒水(其中餐台长边2人,短边1人)	2分		
	口布包瓶,酒标朝向客人,在客人右侧服务	1分		
	倒水及斟酒的顺序:水、白葡萄酒、红葡萄酒	1.5分		
	斟倒酒水的量:水4/5杯;白葡萄酒2/3杯;红葡萄酒1/2杯	4.5分		
	斟倒酒水时每滴一滴扣1分,每溢一滩扣3分	3分		
托盘使用 (2分)	餐件和餐具分类按序摆放,符合科学操作	1分		
	杯具在托盘中杯口朝上	1分		
综合印象 (24分)	台席中心美观新颖、主题灵活	8分		
	布件颜色协调、美观	4分		
	整体设计高雅、华贵	6分		
	操作过程中动作规范、娴熟、敏捷、声轻,姿态优美,能体现岗位气质	6分		
合计		90分		

操作时间: 分 秒	超时: 秒	扣分: 分
物品落地、物品碰倒、物品遗漏: 件		扣分: 分
实际得分		

任务考核

任务六 上菜和分菜服务

一、上菜

(一)中餐上菜

1. 上菜位置的选择

中餐宴会上菜一般选择在陪同和翻译之间进行,也有的在第二主人右边进行。这样有利于翻译和第二主人向来宾介绍菜肴口味及名称。中餐便餐上菜可以选择在对宾客最少干扰的位置上。

2. 上菜时机的选择

上菜要掌握好时机，一般根据餐别、各地的上菜规矩和习惯，根据宾客的要求和进餐的快慢灵活掌握。

中餐宴会是在开宴前就把第一道冷菜摆上餐桌，来宾入席，当冷盘吃到一半时，开始上热炒菜和大菜，当上最后一道菜时，应低声告诉第二主人"菜已上完"，以便主人选时机请客人干杯。中餐宴会，若宾主有祝酒词，通常在第一道菜基本吃完后，主人出来讲话，宾、主两人讲话大约 15 分钟，这时应通知厨房，并控制好上菜时间。

3. 上菜的顺序

中餐宴会的上菜顺序，原则上是根据宴会的种类和各地传统习惯来决定的，但安排是否合理、是否科学，对宾客的就餐情绪、生理要求乃至整个宴会的效果影响是很大的。中餐宴会上菜的一般原则如下：

(1)先上冷菜，后上热菜。

(2)上热菜时，先上重点菜，后上一般菜。

(3)先上本店名菜和时令菜，后上其他菜。

(4)先上咸辣菜，后上甜味菜。

(5)先上浓味菜，后上淡味菜。

(6)适当穿插一些汤汁略多的烩、煮菜。

(7)在宾客就餐即将完毕时上水果。

4. 上菜注意事项

(1)上整形菜。我国传统的礼貌习惯是"鸡不献头、鸭不献掌、鱼不献脊"，即上菜时应将脯(腹)部朝向主宾，或根据当地的风俗习惯来摆放。

(2)摆冷菜。主冷菜、工艺冷菜等应摆在餐桌中央，将最佳欣赏面朝向主人。其他冷菜对称摆在主冷菜周围，摆放时注意荤素、色彩、口味及形状的合理搭配，盘与盘之间的距离要相等。

(3)摆热菜。热菜中的主菜摆在餐桌中间。高档的菜或有特殊风味的菜要先摆在靠近主宾的位置上，每上一道菜，都要将桌上的菜肴进行一次位置上的调整。将剩菜移向第二主人一边，将新上的菜放在主宾前面，以示尊重来宾。台面菜肴要保持"一中心""二平放""三三角""四四方""五梅花"的形状，以使台面始终保持整齐美观。

5. 注意上菜速度和节奏

在整个上菜过程中，服务人员要细心观察宾客的食用情况，既能让宾客逐个品尝菜肴，又不使菜肴跟不上用餐进度造成席面冷场。

6. 菜肴作料的跟用

上菜时菜肴作料的跟用可以弥补烹饪过程中不便调味或调味不足之处，可以满足顾客的多种口味需要；可以起到点缀菜点、美化席面的作用。因此，作料的跟用要做到因料而配、因风味而配、因量而配、因时而配，使作料发挥应有的作用，达到人们享受美食的目的。

常见菜肴作料跟用的形式有以下五种：

(1)将一种或数种作料分别盛入味碟或味瓶中，在上菜之前就摆在餐桌上，上菜时由宾客自取、自配、自用；

(2)将作料和菜肴一同端上餐桌，由服务人员将作料拌撒在菜上或汤中；

(3)将菜肴作料摆放在菜盘四周，随菜一同端上餐桌，供宾客选择食用；

(4)将随菜单跟用的多种作料分别盛碟上席，由宾客自己调配；

(5)为了配合宾客的不同口味，在每位宾客席前均配一味碟。

服务人员端菜上台后，应跟上菜点所需的各种作料，切勿遗漏。某些特殊菜肴，如清蒸河海鲜鱼、串烤家禽野味、粤菜烤乳猪、清真涮羊肉、京帮挂炉烤鸭等，都要在用餐时加入作料调味。

(二)西餐上菜

西餐上菜的顺序和菜品如下。

(1)头盘。西餐的第一道菜是头盘，也称为开胃品。因为目的是开胃，所以开胃菜一般都有特色风味，味道以咸和酸为主，而且数量少，质量较高。开胃品常见的品种有大虾、沙拉、鱼子酱、鹅肝、熏蛙鱼、奶油鸡酥盒等。

(2)汤。与中餐不同，西餐的第二道菜就是汤。常见的有牛尾清汤、各式奶油汤、海鲜汤、意式蔬菜汤、俄式罗宋汤等。

(3)副菜。鱼类菜肴一般作为西餐的第三道菜，也称为副菜。品种包括各种淡/海水鱼类、贝类及软体动物类。通常水产类菜肴与蛋类、面包类、酥盒菜肴都称为副菜。因为鱼类等菜肴的肉质鲜嫩，比较容易消化，所以放在肉类菜肴的前面。

(4)主菜。肉、禽类菜肴是西餐的第四道菜，也称为主菜。肉类菜肴的原料取自牛、羊、猪等各个部位的肉，其中有代表性的是牛肉或牛排。牛排按其部位又可分为沙朗牛排(也称西冷牛排)、菲利牛排、T骨牛排、薄牛排等。其烹调方法常用的有烤、煎、铁扒等。肉类菜肴配用的调味汁主要有西班牙汁、浓烧汁精、蘑菇汁、白尼斯汁等。禽类菜肴的原料取自鸡、鸭、鹅，通常将兔肉和鹿肉等野味也归入禽类菜肴。禽类菜肴品种较多的是鸡，包括山鸡、火鸡、竹鸡，可煮、炸、烤、焗，主要的调味汁有黄肉汁、咖喱汁、奶油汁等。

(5)蔬菜类菜肴。蔬菜类菜肴可以安排在肉类菜肴之后，也可以和肉类菜肴同时上桌；可作为一道菜，也可作为一种配菜。蔬菜类菜肴在西餐中称为沙拉。和主菜同时服务的沙拉称为蔬菜沙拉，一般用生菜、西红柿、黄瓜、芦笋等制作而成。沙拉的主要调味汁有油醋汁、法国汁、千岛汁、奶酪沙拉汁等；还有一些蔬菜是熟的，如花椰菜、煮菠菜、炸土豆条等。熟食的蔬菜通常作为配菜，和主菜的肉食类菜肴一同摆放在餐盘中上桌。沙拉除了用蔬菜制作，还有一类是用鱼、肉、蛋类制作的，这类沙拉一般不加调味汁，在进餐顺序上可以作为头盘。

(6)甜品。西餐的甜品是在主菜后食用的，可以算作第六道菜。它包括所有主菜后的食物，如布丁、煎饼、冰淇淋、奶酪、水果等。

(7)咖啡或茶。西餐的最后一道是饮料，即咖啡或茶。喝咖啡一般要加糖和淡奶油。茶一般要加香桃片和糖。

二、分菜

1. 常见分菜顺序和方法

分菜的顺序应是先宾后主，即先给主宾分让，然后按顺时针方向依次分让。

在餐饮服务中，如在客人左边操作，则逆时针方向作业；如在客人右边操作，则顺时针方向作业。这样，既方便安全，又能提高服务效率，还能给宾客一种流畅、舒适的节奏感，切忌死板地按一个模式操作。

(1)桌面分菜。桌面分菜是餐宴中比较常见的分菜服务，即服务员站在客人的左侧，左手托盘，右手拿叉和勺，将菜在客人的左边派给客人，一般适用于分热炒菜和点心。

(2)服务桌分菜。服务桌分菜服务即先将菜品放在客人就餐的餐桌上，为客人介绍菜品的特色，然后拿到服务桌将菜品分装到不同的餐碟，再一一为客人派送。

2. 分菜前的准备工作

传菜员将菜托送至边台，值台员左手垫干净餐巾将热菜托起。若是长盘，则顺放于左前臂上，用左手指尖勾住盘底边防止下滑，右手持服务叉、勺，在客人观赏菜式后开始分让。菜品端上餐台之前，值台的餐厅服务员要准备好分菜所用的各种餐具及工具。

(1)分菜餐具的准备。分炒菜前，应准备分菜所需数量的骨碟；分汤菜前，应准备分汤菜所需数量的汤碗与长把汤匙；分蟹类菜肴时，应按相应的人数准备好骨碟与蟹钳等。

(2)分菜工具的准备。分菜服务前，应将分菜所需的工具、用具准备齐全，如分菜所需的餐刀、餐叉、餐勺、筷子、汤匙及垫盘、布巾等。

3. 分菜的工具

中餐宴会的分菜工具有分菜叉(服务叉)、分菜勺(服务勺)、公用勺、公用筷、长把汤勺等。

(1)服务叉、服务勺的用法。值台员用右手握住叉和勺把的后部，勺心向上，叉的底部朝向勺心。在夹菜肴和点心时，主要依靠手指来控制；右食指插在叉把和勺把之间，与拇指配合捏住叉把；其余三指控制勺把，无名指和小指起稳定作用，中指支撑勺把中部。分带汁的菜时，用位置在下的服务勺盛汁。

(2)公用勺、公用筷的用法。值台员站在翻译位或第二主人右侧的位置上，右手握公筷，左手持公勺，相互配合将菜肴分到宾客餐碟之中。

(3)长把汤勺分汤菜。汤中有菜时，还须用公筷配合操作。

4. 菜肴展示

当传菜员将菜由厨房送至前台后，值台餐厅服务员在分菜服务前，应将菜肴端至客人面前(放在餐台上或端托在手上)向客人展示。展示的同时，要向客人介绍菜肴的特点、烹调方法等有关内容。当客人观赏后方可进行分菜服务。展示菜肴时，餐厅服务员应将菜肴的看面朝向主宾，利用转台的旋转，按顺时针方向徐徐转动餐台一周后，再将菜肴分让给客人；如端托展示时，应用左手端托、右手扶托，将菜托至与餐台平行的高度，服务员站立的位置应是第一主宾或第一主人视线的最佳位置，同时又要照顾到其他客人，如可选在第一主人或第一主宾斜对面进行菜肴展示。使用礼貌用语(如"请稍等，我来分一下这道菜")，然后再进行分派。

5. 分菜的基本要求

(1)值台员在分菜时要挺胸收腹，不依不靠，呼吸均匀，姿态优雅。向客人展示菜点，在介绍名称和特色后，方可分让。大型宴会，每桌服务人员的派菜方法应一致。

(2)分菜时留意菜肴的质量和菜内有无异物，及时将不合标准的菜送回厨房更换。另外，应将有骨头的菜肴(如鱼、鸡等)的大骨头剔除。

(3)分菜时要胆大心细，掌握好菜的份数与总量，做到分派均匀。

(4)西餐主菜分量重、品种多，分主菜时，尤其要注意荤素搭配均匀，绝对不允许将菜肴或汤汁溅到宾客身上，凡配有佐料的菜，在分派时要先上佐料再分到餐碟里。

6. 分菜的方法及注意事项

分菜时要做到心中有数，掌握好菜点数量，使每位宾客都能均匀地分到一份，并将菜肴中最优质部分分让给主要宾客。分让有卤汁的菜肴时要带些卤汁，但应注意，不要让卤汁弄出盘外或滴在宾客身上；头、尾、残骨等不宜分给宾客；叉、勺不要在盘上刮出响声。分菜时，动作要协调利落，在保证分菜质量的前提下，以最快的速度、用最短的时间完成分菜工作。

(1)桌上分让式。值台员站在宾客左侧操作。操作时站立要稳，身体不能倾斜或倚靠宾客，脸斜侧与菜盘呈一条直线，腰部略弯，用右手使用服务叉、服务勺进行分让；分菜时呼吸要均匀，可以边分边向宾客介绍菜点的名称、风味，讲话时头部不要距离宾客太近；给每位宾客分菜的数量、色彩要搭配均匀。每道菜分完后可略有剩余，有的地区则要求恰好全部分完。

(2)两人合作式。值台员站立在主人右侧第三人处，即翻译和陪同之间，右手持公用筷，左手持长把公用勺，另一位值台员将每位宾客的餐碟移到值台员近处或转台上。值台员将上到餐台中央的热菜一一分到每个餐碟内，再由另一位值台员将盛有菜点的餐碟移送到每位宾客的席位。

(3)旁桌式分菜。旁桌式分菜多用于宴会服务。由值台员将菜端上台，介绍菜式、供客观赏后，端回边台。值台员在边台上将菜分到餐碟内，然后用托盘托送，依次从宾客右侧将餐碟送到每位宾客面前。

7. 特殊菜肴的分让方法

(1)汤类菜肴的分让方法：先将盛器内的汤分进客人的碗内，然后再将汤中的原料均匀地分入客人的汤碗中。

(2)造型菜肴的分让方法：将造型的菜肴均匀地分给每位客人。如果造型较大，可先分一半，再分另外一半。也可将食用的造型物均匀地分给客人，不可食用的，分完菜后撤下。

（3）卷食菜肴的分让方法：一般情况是由客人自己取拿卷食。在老人或儿童多的情况下，则需要分菜服务。方法是服务员将吃碟摆放在菜肴的周围，放好铺卷的外层，然后逐一将被卷物放于铺卷的外层，最后逐一卷上送到每位客人面前。

（4）拔丝类菜肴的分让方法：拔丝类菜肴必须配上凉开水。分让时用公将菜肴夹起，迅速放入凉开水中浸一下，然后送入宾客餐盘中，分让动作要连贯、快速，做到即拔、即上、即浸、即食。

三、上菜和分菜的规范

上菜和分菜的规范见表3-6至表3-8。

表3-6　上菜规范和注意事项

序号	要点	规范	注意事项
1	上菜的位置	同一餐桌上菜位置不能随意更换；上菜位置的选择不能对就餐客人造成干扰；提前规避因上菜位置的不当而可能发生的意外事件	零点餐上菜的服务比较灵活，服务员应注意选择比较宽敞的位置上菜，以不打扰客人为宜，切忌在老人、儿童或女士旁边上菜；中餐宴会上菜一般选在陪同和次要客人之间，或者副主人的右侧（有利于副主人向客人介绍菜肴），并始终保持在一个位置上菜
2	上菜的时间	不影响客人正常交流，火候菜上菜要及时	冷盘应在客人点菜10分钟内上桌；宾客较少时，一般30~45分钟上完全部菜品
3	菜品介绍	通俗易懂，增加食欲	介绍时根据食材、烹饪方式、典故等取材，介绍语言通俗易懂，使用普通话，多用礼貌用语，禁用低俗语；介绍时机一般在菜品递送到餐桌后，向后退两步，避免介绍时口水溅到菜肴上
4	上菜时身体姿势	要平稳轻松，保证托盘不晃动，身体不摇摆	单手端托或双手端托的菜肴都采取正对餐桌的姿势上菜，另一只手调整转盘或其他菜肴，以便把菜品放在合适的位置上，必要时可协同餐饮部同事一起上菜
5	菜品摆放	美观大方，色彩搭配协调，观赏面朝向主宾	主菜肴的观赏面应正对主位，其他菜肴的观赏面要朝向四周；各种菜肴摆放时要讲究造型艺术，应根据菜品的颜色、形状、口味、荤素、盛器、造型摆放。原则是讲究造型、颜色搭配

表3-7　不同菜肴上菜操作规范

序号	步骤	标准	提示
1	上菜前的准备	熟知菜肴特点，以便回答客人问题；避免上错菜	上菜前要先看一下菜单，记下菜点的名称和用餐特点，以便回答宾客可能提出的疑问，如果上菜需要用手直接拿取食品的菜点，如烤鸭、手抓羊肉等，要先上毛巾供宾客擦手

序号	步骤	标准	提示
2	上菜姿势	要平稳轻松，保证托盘不晃动，身体不摇摆	左手托托盘，右腿在前，左腿在后，插站在两位客人的座椅间，侧身用右手上菜，把菜品送到转台上，报清菜品名称，然后按顺时针方向旋转一圈，等客人观赏完菜品后，转至主宾面前，让其品尝；上下一道菜时，将前一道菜移到其他位置，将新菜放在主宾面前
3	上大盘菜的操作方法	避免汤汁滴洒；上菜时避免客人打翻菜肴；上菜过程中不能打到客人，收回姿势轻稳	要把菜盘端平端稳，汤汁多的菜，不要让汤汁溅出汁水到宾客身上、桌面或地面上；在把菜点端至准备上菜的方位后，要使座席上的宾客意识到服务员要从这个位置上菜后再端上，否则这时宾客做动作或与邻座说话，就有可能将菜盘碰翻；在往桌上上菜时，胳膊的伸出或收回要小心，不要使胳膊碰到宾客，或使袖口碰到菜点上，或挂倒桌面上的东西
4	上火候菜	及时上菜，保证菜品的口感	服务员一定要动作迅速，免得耽误时间，使菜肴失去火候菜的特色，还应及时向客人介绍该菜品应及时品尝，以不失菜肴的焦、酥、脆、嫩的风味特色
5	上汤菜	汤汁不能洒出；保证汤品卫生	端汤菜时，手指不能浸入汤内；上汤菜时，不要用抹布垫托，要用垫盘

表 3-8 分菜的规范

项目	步骤	标准	提示
1	准备分菜	动作大方自然，汤汁不能滴洒	需要分让的菜肴底部垫上干净的餐巾；左手托菜品至餐桌前
2	分菜	分菜均匀，汤汁不滴落	左脚向前一步，上体稍前倾，左手托菜肴底部与客人分餐碟持平；右手持叉、勺，勺子在下，叉子在上。拇指、食指捏住叉柄，叉子尖部朝下，中指、无名指拖住勺柄，小拇指压在勺柄上，五个手指配合将菜品夹起，夹送过程稳而快，避免菜品及汤汁污染桌面
3	递送给客人	稳而快，汤汁不能滴洒	递送过程快而稳，汤汁不能外溅；递送时注意观察客人餐具使用情况，及时更换餐具
4	整理分剩	剩余菜肴在盘中摆放美观	剩余菜肴整理到一起，保持菜品美观度，剩余菜肴放在服务台，以便客人需要时添加

四、菜品摆放的注意要点

摆菜是将上台的菜按一定的布局摆放好，摆菜的基本要求是讲究造型艺术，注意礼貌，尊重主宾，方便食用。摆菜的具体要求如下：

(1)摆菜的位置要适中。当客人坐得比较分散时，摆菜要摆在客人小件餐具前面，间距要适当。中餐宴会摆菜，一般从餐桌中间向四周摆放。

（2）中餐宴会的大拼盘、大菜中的头菜，一般要摆在桌子中间。如用转盘，要先转到主宾面前。汤菜如砂锅、暖锅等，一般也摆在桌子中间。

（3）比较高档的菜、有特殊风味的菜或每上一道新菜，要先摆到主宾位置上，上下一道菜后再顺势撤摆在其他地方，视具体情况灵活调整，使台面始终保持美观。

（4）酒席中头菜的看面要正对主位，其他菜的看面要调向四周。菜品的看面即最宜于观赏的一面。各类菜的看面：整形的有头的菜肴，如烤乳猪、冷碟、孔雀开屏等，其头部为看面；而头部被隐藏的整形菜肴，如烤鸭、八宝鸡、八宝鸭等，其丰满的身子为看面；冷碟中的独碟、双拼或三拼，如有巷缝的，其巷缝为看面，无巷缝的，其刀面为看面；盅菜类的花纹最精细的部分为看面；有"喜"字、"寿"字等的造型菜，其字画的正面为看面；一般的菜肴其刀工精细、色调好看的部分为看面。

（5）各种菜肴要对称摆放，讲究造型艺术。菜盘的摆放形状：两个菜可并排摆成横一字形，一菜一汤可摆成竖"一"字形，汤在前，菜在后；两菜一汤或三个菜，可摆成品字形，汤在上，菜在下；三菜一汤可以汤为圆心，菜沿汤内边摆成半圆形；四菜一汤，汤放中间，菜摆在四周；五菜一汤，以汤为圆心摆成梅花形；五菜以上都以汤、头菜或大拼盘为圆心，摆成圆形。

菜肴对称摆放的方法：要在菜肴的色彩、形状、盛具等几个方面讲究对称。如鸡可对鸭，鱼可对虾等。同形状、同颜色的菜肴也可相间对称摆在餐台的上下或左右位置上；一般不要并排摆在一起，摆放时注意荤素、颜色、口味的搭配和间隔，盘与盘之间距离相等。

（6）如果有的热菜使用长盘，其盘子应横向朝主人。

五、搭配牛排的六种经典酱汁

美国著名女厨师 Julia Child 曾经说："酱汁是法餐的精髓所在，而且酱汁的做法并不是什么祖传秘方。"自古以来，这些酱汁的配方就是公开的秘密，但每个厨师的演绎都有着不同风情，成就了众多美味的牛肉。

1. 黑胡椒汁

正宗的黑胡椒汁以纯正的牛骨烧汁作为基础，在此基础上加入现磨的胡椒粒、白兰地、新鲜迷迭香等慢慢熬制。好的酱汁层次分明，浓郁的胡椒味之后，是咀嚼牛肉时感受到的白兰地的香气，最后是醇厚的牛骨浓香。

2. 牛骨烧汁

黑胡椒汁中的基础酱汁，几乎是半数传统酱汁的鼻祖。菜谱不难，但考验功夫，烤过的牛骨加上小牛肉汤和一些辅料，想做好这道酱汁，需要在烤箱中每隔 20 分钟把牛骨翻一次面，连续烤制 5 小时，再放入汤中小火熬制 72 小时，充分挥发深入骨髓的香气，将牛骨中所有的胶原蛋白融入汤中。有了它，各种风味的酱汁才有了"根基"。

3. 红酒汁

颜色鲜艳亮丽、口感滑润又有回甘的红酒汁，必须选用波尔多的红酒，并且也是以牛骨烧汁作为基底。加入红酒和香料后熬制，最后加入煮熟的牛骨髓提升口感。正宗红酒汁最地道的吃法是要搭配法国波尔多原产的巴扎斯牛肉，红酒的香醇中和了牛油的厚重，别有一番滋味。

4. 菌菇汁

菌菇汁是一个大类，以奶油作为基底，加入不同的菌菇，体现菌菇所独有的味道。奢侈版的有黑松露熬制的黑松露汁、羊肚菌熬制的羊肚菌汁等。而平价的蘑菇汁中，白口蘑特别香甜滑嫩。这种酱汁最大的魅力就在于它保留和凸显了蘑菇鲜美的原味。

5. 波米滋汁

这是法式荷兰汁的衍生品，醇厚的蛋奶香味、绵密的口感，让这款汁成为夏天搭配牛排的绝配。波米滋汁要在 56～62 ℃的温水中制作，端上桌时酱汁的温度仅在 30 ℃左右。由于其历史悠久，国外的美食评论家对餐厅中出现的波米滋汁一般要求极为苛刻。

6. 蓝起司汁

这款重口味的酱汁以发酵奶酪作为基底，虽然很多人很难接受，但它绝对是最具法餐风情的一种味道，它的历史和各地方的风味几乎跟红酒不相上下，气味辛辣，口感浓郁。

任务考核

本项目主要介绍餐饮服务人员必须掌握的各种服务技能，如托盘、斟酒、餐巾折花、摆台、上菜、分菜等。学习和掌握并巧妙运用这些基本技能，是做好餐饮服务的必要条件，在掌握餐饮服务基本技能的基础上，掌握中西餐文化和服务礼仪，掌握酒水知识、咖啡和茶知识等，可以更好地了解客人需求，为客人提供餐饮相关服务。

一、名词解释

1. 摆台
2. 餐巾折花
3. 分菜

二、简答题

1. 餐巾折花的主要技法有哪些？
2. 在斟倒葡萄酒过程中有哪些注意事项？
3. 如何为客人进行分鱼服务？
4. 西餐的上菜顺序是什么？

三、论述题

1. 说一说如何为客人进行中餐婚礼宴会摆台。
2. 作为酒店从业人员，怎样才能为客人提供更加满意的服务？

项目四　中餐服务

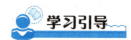 **学习引导**

　　本项目主要包括中餐零点服务程序和中餐宴会服务程序等内容,是本书的核心内容之一。本项目旨在培养学生能够在中餐零点餐厅及中餐宴会厅开展服务工作的职业能力,为后续西餐服务、营销管理等内容的学习奠定基础。

 **学习目标**

　　1. 掌握中餐零点服务规范和要求。
　　2. 掌握中餐宴会服务规范和要求。
　　3. 掌握中国茶叶相关知识。

 **案例导入**

有"温度"的餐饮服务

　　小张是酒店餐饮部服务员,一次餐宴服务中,她因细心周到的服务得到了客人的表扬。事情是这样的,小张接待了四位客人,这四位客人是酒店餐厅的常客,与餐饮部服务员小张也逐渐熟悉,小张逐渐了解到客人们均来自浙江杭州,由于工作的原因长期在外奔波,很少回家,对家乡甚是思念。了解了这些情况后,小张在每次餐前服务时都特别为几位客人准备西湖龙井,在菜品推荐时也会特别为客人推荐当季的江南一带特别是浙江的特色菜及酒水。客人尝过茶水后面露笑容,菜品推荐也让这几位常年在外的客人感觉到了家的温馨,餐厅变得格外温暖,每次都对小张细心周到的服务赞不绝口。

任务一　中餐零点服务

　　客人来到餐厅后进行点餐的服务方式称为零点接待服务。零点餐厅宾客多而杂,人数不定,客人的口味需求不一,到达时间交错,因此,餐厅接待的波动性较大,工作量也较大,营业时间较长。

一、餐前准备工作

1. 餐前准备

　　餐厅服务员在客人到达之前要完成明确任务、分配工作区域、做好餐厅台面的装饰布置等一系列服务准备工作。

(1)划分服务区域。

(2)分配服务人员。

(3)其他岗位人员安排。除餐厅服务人员外,管理者还要考虑到迎宾、预订、划单等重要岗位的人员选派,确保餐厅服务工作的完整性。

2. 餐具准备

(1)准备完善的摆台餐具。

(2)准备齐全的服务用具。

(3)擦拭餐具、用具。

3. 餐桌准备

(1)明确服务区域。

(2)打扫卫生。

(3)检查摆台规范程度。

(4)检查餐具(用具)清洁、破损情况。

(5)补充各种调味瓶的调料。

(6)全面检查,以免有疏忽和遗漏。

4. 备餐柜的准备

备餐柜内外需干净卫生,柜内的物品要分类摆放整齐。一般应有下列物品:

(1)新鲜茶叶、茶壶、暖瓶。

(2)备用的烟灰缸、火柴、牙签。

(3)备用摆台餐具1～2套。

(4)小毛巾、干净的台布和餐巾。

(5)各种调味品。

(6)点菜记录本、笔、开瓶工具等服务用具。

(7)餐巾纸、打包餐盒、方便口袋。

5. 酒水准备

(1)供应的酒水、饮料要在餐前准备好,根据需要可放入冰箱或冰桶中冷藏备用。

(2)酒瓶外部的卫生清洁。

(3)检查酒水的质量,发现问题必须坚决退回。

6. 菜单准备

服务员在客人到来之前务必熟悉菜单上的菜肴名称及价格、菜肴的原料及口味特点、菜肴的基本烹制过程、菜肴典故、当日特供菜肴的供应情况、菜肴的烹制时间。烹调时间的掌握可以帮助服务员在不同情况下恰到好处地给客人推荐菜肴。

7. 餐前会

在完成各项准备工作后,餐厅即将营业前的30分钟至1小时要举行一次餐前会,一般由餐厅经理或领班负责。

(1)检查服务人员的仪表、仪容及服务工具是否备好。

(2)讲解推荐菜肴。

(3)介绍客人情况及重要客人的接待工作。

(4)向服务员说明客人的投诉及处理解决办法。

(5)总结前一天的工作,讲解当日工作要点。

(6)处理其他部门对本部门的意见及请求协作事项。

二、迎接客人

1. 迎候客人

(1)当客人来到餐厅时,引位员要热情礼貌地问候客人。

(2)询问客人姓名,以便于称呼客人。

(3)询问客人是否预订,如客人尚未订桌,立即按需要给客人安排座位。

(4)询问客人是否吸烟,如客人不吸烟,要为客人安排在不吸烟区就座。

(5)协助客人存放衣物,提示客人保管好贵重物品,将取衣牌交给客人。

(6)引位员右手拿菜单,左手为客人指示方向,要四指并拢,手心向上,同时说:"您好,请这边走。"

(7)引领客人进入餐厅时要与客人保持 1 米的距离,将客人带到餐桌前,并征询客人意见;帮助客人轻轻搬开座椅,待客人落座前将座椅轻轻送回。

2. 安排客人就座

如客人已预订,引位员应热情地引领客人入座。如客人没有预订,引位员要将客人引领到客人满意的餐台。

安排客人就座的工作通常由餐厅经理、专职引位员负责。建立这种引座制度,一来会使客人感到受欢迎,对餐厅留下美好的第一印象;二来也使餐厅有能力控制餐厅里客人的流动量,使餐厅处于有效的控制之下。即使是客人可以自己挑选餐位的餐厅,问候和引座也是很重要的。

三、席间服务

席间服务是餐厅对客服务工作的开始,也是餐厅服务工作的重要一环,包括服务毛巾、问茶、铺口布、撤筷套、增减餐位、及时询问、适当介绍、点菜服务、填写记录、准确复述、饮品介绍、斟茶倒水、清理台面杂物、骨碟及餐具的撤换、及时对客人提供帮助等。

1. 毛巾服务

(1)根据客人人数从保温箱中取出毛巾,放在毛巾篮中,用毛巾夹服务毛巾。

(2)服务毛巾时站在客人右侧。

(3)热毛巾要抖开后放在客人手上。冷毛巾直接放在客人右侧的毛巾盘中。

(4)毛巾要干净无异味,热毛巾一般保持在 40 ℃。

2. 茶水服务

(1)询问客人所需茶水种类,按照先宾后主的顺序为客人倒茶水。

(2)在客人的右侧倒第一杯礼貌茶,以八分满为宜。

3. 铺餐巾

(1)服务员依据女士优先、先宾后主的原则为客人铺餐巾。

(2)一般情况下应在客人右侧为客人铺餐巾。

(3)铺餐巾时应站在客人右侧,拿起餐巾,将其打开,注意右手在前,左手在后,将餐巾轻轻铺在客人腿上,注意不要把胳膊送到客人的面前。

(4)如有儿童用餐,可根据家长的要求帮助儿童铺餐巾。

4. 撤筷套

(1)在客人的右侧用右手拿起带筷套的筷子交于左手,用右手打开筷套封口,捏住筷子的后端并取出,摆在桌面原来的位置上。

(2)将每次脱下的筷套握在左手中,最后一起撤走。

(3)如客人自行撤走应道谢。

5. 增减餐位

(1)值台员应视客人人数进行餐位调整,在增减餐具时应使用托盘,并做到持握餐具姿势正确和轻声操作,调整座椅间距。

(2)如有儿童就餐,需搬来加高童椅,并协助儿童入座,如有西方客人不习惯用筷子应提供刀叉,注意多余餐具要按规定放好。

6. 及时询问

客人浏览过菜单或示意点菜时,值台员应立即上前询问:"您好,请问可以点菜了吗?"如获肯定答复,应问:"请问喜欢吃什么? 有什么忌口吗?"并主动向客人介绍菜单内容。

7. 适当介绍

介绍时应有推销意识,即应根据客人喜好及餐厅特色有针对性地介绍菜肴,并注意语言技巧。另外,还应特别尊重国外客人和少数民族客人在饮食上的习俗。

8. 点菜服务

征得客人同意后,由领班或服务员为客人点菜。接受客人点菜时要端正地站在客人的一侧,手拿点菜设备。服务员在记录完客人所点的菜肴后,为了避免差错,应向客人重复一遍他们所点的菜肴,以便得到确认。

9. 确认订单

服务员开好点菜单后,应立即去账台为客人建账,确认订单后,厨房服务人员按订单上的特别要求与厨师长或配菜厨师解释清楚,要与厨师紧密协作,不大声喊叫,互相尊重,发扬团队精神。

10. 上菜及台面服务

上菜及台面服务是指把客人点的食品、饮料及时送到餐桌,并在整个进客过程中注意观察客人的用餐情况，解决客人用餐过程中可能发生的问题，为客人提供优质高效的服务。

服务员在出菜时应首先进行菜肴检查，防止出错菜，具体应做到以下几点：

(1)核对菜肴食品，不要拿错其他客人的菜。

(2)注意检查出品，菜肴要求摆放整齐、点缀美观。

(3)若发现菜色的差错，自己又拿不准时，应请教厨师长。

(4)上菜时留心周围情况，以免发生意外。

在上菜和台面服务过程中，应做好以下服务工作：

(1)从指定位置为客人上菜，并清楚地报出菜名。适合时应为客人简单介绍菜品的特点、口味、制作方法等。

(2)随时注意观察客人台面，整理餐桌上的菜盘，撤去空盘，避免餐盘重叠。

(3)及时为客人添加酒水和饮料。

(4)注意随时为客人撤换脏骨碟。

(5)如客人用餐过程中需要中途离座，服务员应为客人拉开座椅，待客人返回时再帮助客人拉椅入座。

(6)当客人用完餐后，应及时从客人右侧撤掉所有餐具，只留下酒杯和饮料杯，并及时为客人上茶、上毛巾。

(7)服务操作应以方便客人为第一要素，即使是打破正常的服务规范也是应该的，如为右侧靠墙座位的客人斟倒酒水、饮料或咖啡时，就可以从客人左边进行，但必须对因此而受到影响的客人表示歉意。

(8)收下的脏餐具要收拾到服务台上的托盘里，以便安全地把它们送入洗刷间，操作时要轻，不要在餐桌上刮倒盘子里的残羹剩菜，或将盘子堆放在餐桌上。

在就餐服务工作中，节省时间、掌握好服务节奏、提高服务的效率也是很重要的。操作中应尽量减少不必要的走动时间，过多的无用走动既浪费时间，又影响客人就餐，还会给人造成忙乱的感觉。

缩短为客人服务的时间，不仅可以增加接待客人的数量，提高效率，同时往往也更能使客人满意，让客人长时间地坐在桌上等菜的服务是不能令人满意的。

在就餐服务中，服务员要培养能够同时观察多桌客人需要的能力。当服务员在为一张餐桌上的客人服务时，还要注意观察其值台范围内的其他客人。客人往往会用眼睛、手势或语言向服务员表示他们的需要，服务员应对此立即做出反应，无论是无意还是有意地怠慢客人都是不能原谅的。

四、餐后结束工作

餐后结束工作包括为客人结账、送客及餐厅的卫生整理、餐后小结会等。

1. 结账

客人可以到账台付款，也可以由服务员为客人结账。餐厅结账一般有现付、微信或支付宝支付、签单和使用信用卡等几种方式，不同的方式其结账的程序也有所不同。

（1）现付（微信或支付宝支付）。当客人要求结账时，服务员应迅速到账台取来客人的账单并进行核对，确认无误后将其放在账夹或小托盘里递给示意要结账的客人。

（2）签单。如果是住店客人，通常是用签单的形式结账，餐费在离店结账时一次结算。在这种情况下，当客人示意结账时，服务员迅速到账台取来账单，核对无误后将账单放在账夹里交给示意结账的客人。客人签单时，一般应出示房卡或钥匙，服务员也应核对客人的房号，对照房卡上的签字是否与客人所签一致。客人签完单后，服务员应向客人致谢，欢迎再次光临。

（3）使用信用卡。首先服务员要了解本餐厅所接受的信用卡种类，客人核对后，将账单和信用卡一道送交账台，由收款员负责刷卡，打印收款单，然后请客人在收款单签字。结账完毕服务员向客人致谢，欢迎再次光临。

2. 送客及餐厅的卫生整理工作

热情送客是礼貌服务的具体体现，表示餐饮部门对客人的尊重、关心、欢迎和爱护。送客时服务员的态度和表现直接反映出饭店接待工作的等级、标准及规范程度，体现出服务员本身的文化素质与修养，因此在送客服务过程中，服务员应做到礼貌、耐心、周全，使客人满意。

（1）客人不想离开时绝不能催促，不要做出催促客人离开的错误举动。客人用餐完毕离开餐厅时，餐厅经理或引位员应主动向客人道谢，欢迎客人再次光临。

（2）客人离开前，如有未吃完的菜肴，在征求客人同意的情况下可主动将食品打包，切不可有轻视的举动，不要给客人留下遗憾。客人结账后起身离开时，应主动为其拉开座椅，礼貌地询问客人是否满意。要帮助客人穿戴外衣，提携东西，提醒他们不要遗忘物品。全部客人都已离开餐厅后，各值台区域的服务员进行收台清扫工作。

（3）要礼貌地向客人道谢，欢迎他们再次光临。

（4）要面带微笑地注视客人离开，或亲自陪同客人到餐厅门口。引位员应礼貌地欢送客人并欢迎他们再来。如遇特殊天气，如雨天，可为没带伞的客人打伞，扶老携幼，帮助客人叫出租车，直至客人安全离开。

（5）按照要求重新布置台面，摆齐桌椅，清扫地面。

（6）擦净调料盛器和花瓶等，将转盘用清洁剂擦洗干净

（7）服务台收拾整齐，补充必备品，归还借用的服务用品。

（8）引位员整理客人意见，填写餐厅记录簿。

（9）经理检查收尾工作，召集餐后会，简短总结，与接班者进行交接手续交代遗留问题。

（10）餐后小结会。一是总结本次开餐服务的情况，对服务员进行现场培训。这种培训虽然时间不长、内容不多，但和餐前会一样，现场讲解能起到好的效果，服务员也比较容易接受。二是收集服务信息。服务员对客服务过程中往往会听到客人对菜肴、服务等方面的意见，用餐结束后，管理人员应立即予以收集、整理，用于指导和改进餐厅的工作。

中餐服务规范见表4-1。

表4-1　中餐服务规范

序号	步骤	标准	提示
迎接客人			
1	迎候客人	(1)着装规范，精神饱满。 (2)热情礼貌地打招呼。 (3)认真核对预订信息，保证信息无误	(1)着工装立于指定位置，站姿优雅。 (2)有客人到达迎宾区时，迎宾员应面带微笑向客人行30°鞠躬礼，并向客人问好表示欢迎。 (3)询问客人是否有预订，在询问时要注意问话的礼貌性，如果客人说已经有预订餐位，迎宾员要问清客人的姓名和预订方式，立即找到预订的记录，查找为客人已经准备好的餐位，询问客人人数是否与预订人数一致，如有变动经客人允许后，安排合适的就餐餐位，由开台人员快速、准确操作为客人安排合适的餐位并引领客人前去。 (4)如果客人没有预订，则应先询问用餐人数
2	安排客人就座	(1)为无预订的客人选择合适的就餐席位。 (2)将有预订的客人引领至其所选定的餐位。 (3)引领体态姿势符合礼仪规范	(1)迎宾员在引领客人到餐位时，要询问客人是否满意。 (2)客人对餐桌表示满意后，协助服务员帮客人落座，同时询问客人就餐方式并及时提供茶水
席间服务			
1	毛巾服务	保证小毛巾干净温热	(1)待客人入座后值台员应为客人呈送小毛巾。 (2)小毛巾折叠美观大方，便于取用
2	茶水服务	为客人提供所需茶水并斟倒	值台员应询问客人所需茶水的种类，为客人洗茶后泡好，从客人右侧斟倒，斟倒茶时应倒至茶杯的八分满
3	铺口布	按照规范，为客人铺口布	(1)值台员从客人右侧拿起口布，打开口布花后对折，右手在前，左手在后，将口布轻轻铺在餐碟下面。 (2)如遇客人正在谈话，要轻声对客人说"对不起"，征得客人同意后再铺。如客人已自行打开铺好，应向客人道谢
4	撤筷套	合理站位提供撤筷套服务，动作利落且优雅	(1)在铺口布之后，应为客人撤筷套。 (2)撤筷套应在客人右侧进行，右手在上，左手在下，将客人面前的筷套拿起，把筷子从筷套中脱出，用手拿筷子尾端，轻轻放在筷架上。 (3)如客人自行撤走应道谢
5	增减餐位	根据客人人数进行餐位的增减	(1)值台员应视客人人数进行餐位调整，在增减餐具时应使用托盘，并做到持握餐具姿势正确和轻声操作。 (2)如有西方客人不习惯用筷子应提供刀叉，注意多余餐具要按规定放好

序号	步骤	标准	提示
6	及时询问	清楚客人有无忌口，了解客人的饮食口味需求	客人浏览过菜单或示意点菜时，值台员应立即上前询问："您好，请问可以点菜了吗？"如获肯定答复，应问："请问喜欢吃什么？有什么忌口吗？"并主动向客人介绍菜单内容
7	适当介绍	视情况介绍餐厅及菜品的特点	介绍时应有推销意识，即应根据客人喜好及餐厅特色有针对性地介绍菜肴，并注意语言技巧。另外，还应特别尊重外国客人和少数民族客人在饮食上的习俗
8	点菜服务	（1）为客人提供专业的点菜服务。 （2）详细记录客人所点菜品。 （3）保证客人所点菜品与记录一致。 （4）根据客人需求进行相关饮品的推荐。 （5）及时为客人添茶，添茶时不滴洒	（1）接受点菜时，应站在主宾位顺时针数第3个位置空隙处，上身微微前倾以示对客人的尊重，也便于听清客人的讲话，同时还应面带微笑。 （2）拼写菜单时应迅速、准确、凉热分开发送，以凉菜为先，客人特殊要求要标记清楚，点菜完毕应复述客人所点菜肴，经客人认可后发送，客人点完菜后，值台员应主动推销饮品，向客人详细介绍饮品特点。 （3）巡视台面上茶壶内的茶水是否充足
9	上菜及台面服务	（1）核对菜肴食品，不要拿错其他客人的菜。 （2）注意检查出品，菜肴要求摆放整齐，点缀美观。 （3）发现菜色的差错，自己又拿不准时，应请教厨师长。 （4）上菜时留心周围情况，以免发生意外。 （5）保持台面的整洁，清理杂物，注意不影响客人。 （6）及时更换骨碟，撤空餐具。 （7）第一时间对需要帮助的客人提供帮助	（1）台面是否凌乱，发现剩食、杂物及时整理。 （2）清理台面时不能打扰客人交谈，动作幅度不能过大，骨碟杂物不能过多，要及时更换，避免骨碟内汤汁影响菜品口感。 （3）保证餐桌菜品摆放美观，及时撤掉空餐具；观察顾客的形体语言，如眼神、手势等，准确领悟客人的需求，及时提供令顾客满意的服务
结账及送客服务			
1	结账	根据不同的结账方式进行灵活结账	（1）现金结账要当面点清，唱收唱付。 （2）签单结账要保证信息正确无误
2	送客服务	热情送别客人	（1）征询客人对菜品和服务的意见及建议。 （2）提醒客人带好随身物品。 （3）感谢客人光临并欢迎客人再次光临

任务考核

任务二　中餐宴会服务

宴会的种类很多，按宴会规格分类，主要有国宴、正式宴会、便宴、家宴；按宴会进餐形式分类，主要有立餐宴会和坐餐宴会；按宴会的餐别分类，主要有中餐、西餐、中西合璧、自助餐、冷餐会、茶话会和鸡尾酒会等；按举行宴会的时间分类，主要有早宴、午宴和晚宴；按宴会的进餐标准、菜点特点分类，主要有高档宴会、中档宴会、素食宴会和清真宴会；按礼仪分类，主要有欢迎宴、答谢宴和告别宴等，还有各种形式的招待会及民间举办的婚宴、寿宴、满月宴、升学宴等。

一、宴会预订

宴会预定流程如图 4-1 所示。

图 4-1　宴会预定流程

1. 准备工作

(1)在接受客户询问前，预订员应掌握本饭店宴会厅的状况，并了解各种菜单、价格及服务水平等情况，做到心中有数。例如，宴会厅的面积、高度、采光、通风、装饰、最大客容量；各类宴请标准所提供的菜肴品种、烹调方法等。

(2)查阅近期宴会预定的情况，掌握哪些宴会厅可以出租，以免厅堂发生冲突。

(3)做好信息沟通和资料的准备工作。与上一班次工作人员交接好工作，准备好宴会预订单、预定合同等宴会预定相关资料。

2. 问候客人

热情礼貌地问候客户，主动介绍自己，表示愿意为客户提供服务。如果有专职预订员，引领客户到便于洽谈的位置坐下，上茶水，通知专职预订员尽快过来。

3. 了解需求

了解宴会活动的各项信息，包括以下内容：

(1)宴会预定人的姓名、电话、承办人单位等基本信息。

(2)宴会承办的日期和时间。

(3)赴宴客人数量和期望的餐台数量。

(4)宴会规格和类型、厅堂布置要求。

(5)宾客的风俗习惯，以及个别宾客的饮食忌讳等其他特殊需要。

如果是外宾，还应了解国籍、宗教信仰、禁忌、文化和口味特点等。对于规格较高的宴会，还应掌握下列事项：

(1)宴会的目的和性质。

(2)宴会的正式名称。

(3)宾客的年龄和性别。

(4)有无席次表、座位卡、席卡。

（5）有无音乐或文艺表演。

（6）有无司机费用等。

（7）主办者的指示、要求、想法。

4. 接受预定

（1）宴会预订单填写好后，向客户复述预定所有信息，请客户签名。

（2）如果是提前较长时间预订的，应主动用信函或电话等方式保持联络，进一步确定日期及有关的细节。对暂定的预订应进行密切的跟踪查询。

（3）收取订金。为了保证宴会预订的成功率，可以要求顾客预付一定数量的订金。饭店的常客并享有良好信誉者，可以不必付订金。

（4）送别客户。

5. 预定通知

预订员要主动与宾客联络和提前填写"宴会通知单"送往有关各部门。把定好的菜单通知给餐厅经理和厨师长等相关人员，对于特殊要求的预定要通报给餐厅总领班和厨师长。

6. 记录存档

建立宴会预订档案。将预订单分为"待确定"和"已确定"两类入档，按时间顺序排列。在宴请活动前两天，必须设法与客户联系，进一步确定已谈妥的所有事项。任何与宴请有关的变动都应立即填写"宴请变更通知单"发送有关部门，变更通知单上需写明原来预订单的编号。宴会销售预订员有责任督促检查当日大型宴会活动的准备工作，发现问题随时纠正（图 4-2）。

宴会预定单

Banquet Order Form

宾客单位/姓名（Co. name/Caller）：_____

联系电话（Tel. No.）：_____

预定类型（Type）：□会议（Meeting）　□中式宴席（Banquet）　□婚宴（Wendding）

　　　　　　　　　□烧烤（Barbecue）　□自助餐（Buffet）　□鸡尾酒（Cocktai）

　　　　　　　　　□其他（Other）_____

预定地点（Place）：_____

预定人数/桌（No. of pax/Table）：_____

会议/宴会时间（Time）：_____

场租/餐标（Rental）：_____　　总费用（Total）：_____

预定金（Deposit）：_____

付款方式及时间（Rayment and Timc）：_____

特殊要求（Particular Requirement）：_____

_____

预定部门/预定人（Booked By）：_____

餐饮部宴会预定接订人（Received By）：_____

□预定（Reservationg）　□更改（Amendment）　□取消（Cuncellation）　□候补（Altemate）

备注：一式两联　　第一联：宴会预定　　第二联：预定部门

图 4-2　宴会预定样本

二、餐前准备

(一)宴会准备

1. 布置宴会厅

(1)厅内环境的布置。中餐宴会厅的环境应根据宴会的类型、规格和标准进行场景布置，要体现出隆重、热烈、美观、大方的特色。举行隆重的大型正式宴会时，一般在宴会厅周围摆放盆景花草，或在主席台后面用花坛、画屏、大型青枝翠树盆景装饰。主席台上悬挂会标，以表明宴会性质，增加热烈喜庆、隆重的气氛。

(2)台型的布置。台型布置要考虑宴会厅的形状、可用面积、主办者的要求，布置时要做到突出主桌或主宾席。一般主桌安排在主席台下正中、比较突出的位置。

2. 人员分工

根据宴会类型，针对迎宾、值台、备餐、传菜、酒水、服务桌，供酒、区域负责人等进行工作任务分配，将任务落实到每个人。宴会部主管应在宴会开始前，计算所需服务人员的总数，若有人数不足的情形，宜提早申请临时工，并对其进行礼仪和业务的培训。服务人员要做到"八知""三了解"。"八知"是知台数、知人数、知宴会标准、知开餐时间、知菜式品种及出菜顺序、知主办单位或房号、知收费办法、知邀请对象。"三了解"是了解宾客风俗习惯、了解宾客生活忌讳、了解宾客特殊需要。如果是外宾，还应了解国籍、宗教、信仰、禁忌和口味特点。

(二)宴会所需物品的准备

1. 台面用品

宴会服务中使用量最多的是各种餐具，宴会组织者要根据宴会菜肴的数量、宴会参与人数，计算出所需餐具的种类、名称和数量，并分类进行准备。通常需由宴会服务部列出清单，交给餐饮部或管事部工作人员进行准备。所需餐具、酒具的计算方法：将单一桌需用的餐具、酒具的数量乘以桌数即可。各种餐具、酒具要按一定数量备用，以便宴会中增人或损坏时进行替补。一般来说，准备的备用餐具和酒具不应低于20%，桌布和餐巾同样按照桌数准备，另外，餐巾数量应比宴会预定人数多准备10%左右，以便应付宴会人数临时增加。

2. 酒品饮料

宴会开始前30分钟按餐桌的数量拿取酒品饮料。取回后，要将瓶、罐擦干净，摆放在服务桌上，做到随用随开，以免造成不必要的浪费。

3. 冷菜围碟

大型宴会一般在开始前30分钟摆好冷菜。冷菜的多少应根据宴会的规模、规格来定。一般安排8个围碟，高档宴会外加一道花式冷盘。服务员在上冷菜时要使用长形托盘，动作规范。

4. 开餐前检查

开宴前的检查是宴会举行前的关键环节，它是消除宴会隐患、将可能发生的事故降至最低，确保宴会顺利、高效、优质举行的前提条件。宴会的组织在各项准备工作基本就绪后，应该立即对餐台进行检查，检查的主要内容包括：餐桌检查、卫生检查、安全检查和设备检查，具体内容如下：

(1)宴会厅内的摆设及形式是否同宴会订席单上的内容一致。

(2)宴会通知单上的注意事项、客人数、器材设备、桌布颜色等是否与宴会现场摆设相符。

(3)宴会厅外的海报及指示牌内容与宴会是否相符。

(4)宴会指示牌、宴会厅名称、宴会场地示意图是否正确无误。

(5)接待桌的位置及所需物品是否备妥。

(6)会场上所需物品及使用器材是否准备齐全并维持在良好状况。例如，喜宴时会场上的喜字、蛋糕、香槟酒等是否准备妥当；会议时所需的器材(如幻灯机、投影机、麦克风等设备)是否准备妥当并功能完善。

(7)设备，如灯光、音响、冷气、电器等，运作是否正常。

(8)音响、背景音乐是否备妥；应在宴会开始前半个小时将空调设备开启。

(9)餐具、家具、地毯是否合乎卫生标准。

(10)检查房间窗帘和服务台是否整洁美观；盆花是否新鲜，玻璃、银器是否擦拭光亮；桌布和餐巾是否有破损的情况。应确保其卫生；维护服务区与工作台的整洁；检查服务人员是否随身携带笔、打火机及开瓶器等必备物品。

5. 宴会前集会

待宴会前检查工作完成后，紧接着应在宾客到达之前集合员工召开宴会前会议，告知该宴会的注意事项。宴会中菜肴的展示、上菜、收拾均需同步进行，因此必须有统一的动作和信号传达指令。

三、接待服务

(一)宴会现场的接洽

宴会人员应在客人到场时主动与其接洽，讨论该场宴会所需配合的事项及流程，领班还应将讨论要点在宴会前告知员工。

以婚宴为例，在宴会之前，一定要将婚宴的程序表与相关人员进行协商和接洽。首先要确认宴会负责人与结账人，并分别做自我介绍，认识对方，取得信任；其次，宴会人员应与负责人确认喜宴开席的桌数及酒水的数量，以免结账时有所争议，最后，双方商讨宴会流程与所需配合的事项，如致词时间、上菜的时间、灯光与音乐的配合等事宜。一般而言，酒店会向对方负责人提供宴会程序表及宴会进行所需的相关资料，以便其掌握宴会进行流程。

(二)迎接顾客光临

临近宴会时间，可安排若干服务人员列队于宴会厅门口等待迎接客人，列队时需注意高矮顺序，男女服务员分列两面站。

另外，衣帽间的管理也是迎接客人的一环，亲切的服务将给宾客留下美好印象。客人如有物品需寄放于衣帽间，管理员会在寄放物上挂一个号码牌，然后将同一号码的副牌交给客人当收据，客人离去时再凭副牌领回寄放物品。有些宴会在宴会入口处设有接待桌，供宾客办理报到、签字等手续。

(三)席间服务

1. 铺餐巾服务

客人落座后，服务员要主动为客人打开餐巾，用正确的方法熟练地为客人铺在腹前、膝上或递给宾客。

2. 斟酒水饮料服务

斟酒水饮料前，服务员要先确认每位客人需要的酒水种类，然后根据不同的酒水，为客人进行斟酒水服务。

3. 上菜服务

中餐宴会上菜遵循一样原则，即先冷后热、先菜后点、先咸后甜、先炒后烧、先清淡后肥厚，先优质后一般，严格按照席面菜单顺序进行。中餐宴会上菜位置一样选择在陪同和翻译人员之间，也可在副主人的右边上菜，如此便于翻译和副主人向客人介绍菜肴的口味和名称。严禁服务员从主人与主宾之间上菜，否则会被视为不礼貌。

4. 餐桌台面服务

为保持餐台的整洁雅致，在客人进餐时，服务员要多次为客人更换餐盘。不同的宴会规格、档次，服务员更换餐盘的次数也不相同。重要的宴会，一般上一道菜换一次餐盘。一般的宴会，换盘的次数应该不少于4次。通常情况更换餐盘操作如下：

(1)一般如果客人的餐盘内有骨刺、多余的菜肴浓汁，且与下一道菜肴口味明显不同的时候，应该立即为客人更换餐盘。

(2)客人喝汤用汤碗，用后及时撤下，换上餐盘。

(3)客人吃点心时，应该上专门吃点心的餐盘。

(4)客人不慎将餐盘弄脏，应及时更换。

(5)更换餐盘时，要观察客人是否已经将大部分菜肴用完，并征求客人的意见，可以说"对不起，先生/小姐，我可以为您更换餐盘吗?"客人同意后再进行更换。

(6)更换餐盘的服务应该在上新菜之前进行。

四、送客服务

(一)检查服务

(1)宴会结束,当客人离开桌子、房间时,服务员要检查桌面周围、屋子的不起眼处,有没有客人遗留的物品。

(2)如果发现客人遗留物品,而此时客人并未走远,可以立即将物品归还给客人。

(3)如果客人已经走远,服务员可以把东西交给领班,由领班交给经理,再由大堂经理当面清点物品,填写物品保管登记单。

(4)餐厅工作交接时,要做好交代,确保客人返回寻找物品时,能提供及时的服务。

(二)撤台服务

(1)先撤布草,再将未用过的餐具、牙签收起。

(2)如果有银器,先撤银器,再撤玻璃器皿,最后撤不锈钢餐具和瓷器。

(3)等客人都离开后再开始撤盘,先将骨头、壳放在一个盘子内,同时注意不能大盘压小盘、大碗压小碗,以免造成不必要的损失。

(4)撤台时不能将手伸入碗内或杯内,拿柄或底,不许大杯套小杯。

(5)送脏餐具时,注意不要将剩菜和汤汁弄到客人身上或地上。

(6)要把台布里的杂物清理干净并第一时间把布草放入布草车内,送去清洁。

(7)客人用过的一次性毛巾要统一回收,用作酒店各部门的清洁用具。

(三)整理台面

撤台服务后,服务员要根据宴会厅的要求整理台面,如有下一场宴会,则需要按要求进行摆台。

五、注意事项

(1)服务操作时注意轻拿轻放,防止打碎餐具和碰翻酒瓶、酒杯,从而影响场内就餐氛围。如果不慎将酒水或菜汁洒在宾客身上,要立即表示歉意,并用毛巾或香巾帮助擦拭(如为女宾,男服务员不要动手帮助擦拭)。

(2)当宾主在席间讲话或举行国宴演奏国歌时,服务员要停止操作,迅速退至工作台两侧肃立,姿势要端正。餐厅内保持安静,切忌发出响声。

(3)宴会进行中,各桌服务员要分工协作、密切配合,服务出现漏洞时要立刻互相弥补,以高质量的服务赢得宾客的赞赏。

(4)宴会结束后,应主动征求宾主和陪同人员对服务及菜品的意见,客气地与宾客道别。当宾客主动与自己握手表示感谢时,应视宾客神态适当握手(表4-2)。

表 4-2　中餐宴会服务操作规范

序号	步骤	标准	提示
餐前准备			
1	分工明确	(1)充分了解宴会全部信息。 (2)人员分工合理细致，任务目标明确。 (3)做好物资和人员准备	(1)接到宴会通知单后，餐厅管理人员和服务员应做到"八知""三了解"。 (2)在人员分工方面，根据宴会要求，对迎宾、值台、传菜、供酒及衣帽间、贵宾室等岗位，都要有明确分工，将责任落实到人。 (3)做好人力、物力的充分准备，要求所有服务人员思想重视、措施落实，保证宴会善始善终
2	宴会布置	宴会厅布置贴合主题，符合客人要求	(1)宴会布置分为场景布置和台形布置。 (2)根据宴会性质和规格进行，要体现出宴会主题特点
3	熟悉菜单	(1)熟悉菜单上的菜肴，能根据客人的询问做出合理回答。 (2)掌握特殊菜肴的上菜、分菜方法	(1)服务员应熟悉宴会菜单和主要菜点风味特色，做好上菜、派菜和回答宾客对菜点提出的询问的思想准备。 (2)能准确说出每道菜的名称，能准确描述每道菜的风味特色，能准确讲出每道菜肴的配菜和配食佐料，能准确知道每道菜肴的制作方法
4	物品准备	(1)保证宴会所需物品齐全。 (2)备用物品干净卫生、数量充足	(1)席上菜单每桌一至两份置于台面，重要宴会则人手一份。菜单要求封面精美，字体规范，可留作纪念。 (2)根据菜单的服务要求，准备好各种银器、瓷器、玻璃器皿等餐酒具。要求每一道菜准备一套餐碟或小汤碗。根据菜肴的特色，准备好菜式跟配的佐料。 (3)根据通知单要求，备好鲜花、酒水、水果等物品
5	台面摆设	台面整齐	(1)宴会开始前1小时，根据宴会餐别，按规格摆好餐具和台上用品。菜单放在正、副主位餐位的右侧。 (2)备好茶、饮料、香巾，上好调味品，将各类开餐用具摆放在规定的位置，保持厅内的雅洁整齐
接待服务			
1	宴会迎宾	(1)礼貌热情地提供迎宾服务。 (2)优雅大方地提供拉椅让座服务	(1)客人到达时要礼貌热情地表示欢迎，引领客人到休息室休息，在征询宾客的意见后，根据客人要求送上饮料或餐前酒。 (2)当客人到齐后，迎宾员应及时引领客人到宴会厅。 (3)当客人到服务员服务区域时，服务员应主动上前欢迎、问候、拉椅让座，遵循女士优先、先宾后主的原则
2	毛巾服务	(1)保证小毛巾干净温热。 (2)折叠美观大方，便于取用	待客人入座后值台员应为客人呈送小毛巾
3	茶水服务	为客人提供所需茶水，斟倒量合适	值台员应询问客人所需茶水的种类，为客人洗茶后泡好，从客人右侧斟倒，斟倒茶水时应倒至八分满

序号	步骤	标准	提示
4	铺口布、撤筷套	站在合适位置提供撤筷套服务，动作利落	(1)从客人右侧拿起口布，打开口布花后对折，右手在前，左手在后，将口布轻轻铺在餐碟下面。 (2)在铺口布的同时应为客人撤筷套。 (3)撤筷套应从客人右侧进行，右手在上，左手在下，将客人前面的筷套拿起，把筷子从筷套中脱出，用手拿筷子尾端，轻轻放在筷架上
5	酒水服务	根据需求进行酒水服务	酒水斟倒不滴洒，斟酒量符合斟酒规范
6	菜品服务	(1)上菜顺序合理，上菜时机合适，上菜位置适当，对菜品进行简要介绍。 (2)根据菜品特点为客人提供分菜服务	(1)要根据主桌的上菜顺序进行上菜，做到行动统一。 (2)要正确选择上菜位置，操作时站在陪同人员之间进行。每上一道新菜要介绍菜名和风味特点。 (3)凡宴会都要主动、均匀地为宾客分汤、分菜。 (4)分派时要胆大心细，掌握好菜的分量，准确均匀。 (5)凡配有佐料的菜，在分派时要先蘸上佐料再分到餐碟里，分菜的次序也是先宾后主、先女后男
	送客服务		
1	拉椅送客	(1)为客人提供拉椅服务。 (2)根据客人需求提供进一步的服务	(1)主人宣布宴会结束，服务员要提醒宾客带齐随身物品。当宾客起身离座时，要主动为其拉开座椅，以方便离席行走。 (2)视具体情况目送或随送宾客至餐厅门口。 (3)如宴会后安排休息，要根据接待要求进行餐后服务
2	取递衣帽	帮助客人拿取自己的物品提供送客服务	宾客出餐厅时，衣帽间的服务员根据取衣牌号码，及时、准确地将衣帽递送给宾客
3	收台检查	(1)检查客人物品是否有遗漏。 (2)消除餐桌及宴会厅安全隐患。 (3)全面进行台面的清理	(1)在宾客离席的同时，服务员要检查台面上是否有宾客遗留的物品。 (2)在宾客全部离开后立即清理台面
4	清理现场	(1)恢复宴会厅开餐前状态。 (2)对特殊物品进行消毒清洁	(1)各类开餐用具要按规定复位，重新摆放整齐。 (2)开餐现场重新布置，以备下次使用。 (3)收尾工作做完后，领班要进行检查

任务考核

任务三　茶叶的相关知识

中国是茶的故乡，茶树起源于中国，中国人最早发现和利用了茶树。现如今，我们是世界上最大的产茶国、茶叶种类最多的国家和茶文化根植最浓厚国家，茶在我们身边几乎无处不在。唐代陆羽所著《茶经》，阐述了制茶、煎茶的理论和方法，受到历代茶人的称颂和效法，是全世界第一部关于茶的学术著作，陆羽也被后人推崇为"茶仙""茶神"与"茶圣"。

一、茶叶的种类

中国茶按照制作工艺和发酵程度不同，可分为以下六大类。

1. 绿茶

绿茶是不发酵茶，是以适宜茶树新梢为原料，经杀青、揉捻、干燥等典型工艺过程制成的茶叶。其干茶色泽和冲泡后的茶汤、叶底以绿色为主调，故名绿茶。绿茶按其干燥和杀青方法的不同，一般分为炒青、烘青、晒青和蒸青四种。

我国知名绿茶有西湖龙井、碧螺春、黄山毛峰、庐山云雾、六安瓜片、蒙顶绿茶、太平猴魁、顾渚紫笋、信阳毛尖、平水珠茶、雁荡毛峰、涌溪火青、敬亭绿雪、都匀毛尖、恩施玉露、婺源茗眉、南京雨花茶等。

绿茶是未经发酵制成的茶，因此较多地保留了鲜叶的天然物质，含有的茶多酚、儿茶素、叶绿素、咖啡因、氨基酸、维生素等营养成分也较多。绿茶中的这些天然营养成分，对防衰老、防癌、抗癌、杀菌、消炎等具有保健效果。

2. 红茶

红茶是全发酵茶，以适宜的茶树新芽叶为原料，经萎凋、揉捻（切）、发酵、干燥等典型工艺过程精制而成。因其干茶色泽和冲泡的茶汤以红色为主调，故名红茶。

红茶的种类较多，产地较广，按照其加工的方法与出品的茶形，主要可分为三大类：工夫红茶、小种红茶和红碎茶。

（1）工夫红茶是中国特有的红茶，如祁门工夫、滇红工夫等。其"工夫"两字有双重含义，一是指加工的时候较其他种红茶下的功夫更多，二是冲泡的时候要用充裕的时间慢慢品味。

（2）小种红茶是福建省的特产，有正山小种和外山小种之分。正山小种产于海拔1 000米以上的高山，已经实行了原产地保护。正山小种又可分为东方口味和欧洲口味，东方口味讲究的是松烟香、桂圆汤；欧洲口味的松香味则更浓郁，比较适合配熏鱼和熏肉。

（3）红碎茶是国际茶叶市场的大宗产品，用红碎茶通过机器加工即成国际CTC红茶，这种茶最适合做调味茶、冰红茶和奶茶。

红茶可以有助胃肠消化、促进食欲，可利尿、消除水肿，并具有强壮心脏的功能。预防疾病方面：红茶的抗菌力强，用红茶漱口可防滤过性病毒引起的感冒，并预防蛀牙与食物中毒，降低血糖值与血压。美国心脏协会曾经得出红茶是"富含能消除自由基、具有抗酸化作用的黄酮类化合物的饮料之一，能够使心肌梗死的发病率降低"的结论。

3. 黄茶

黄茶是一种与绿茶的加工工艺略有不同的茶，多了一道闷堆渥黄工序。闷堆后，叶已变黄，再经干燥制成，黄茶浸泡后是黄汤黄叶。

黄茶是我国特产，其按鲜叶老嫩又分为黄小茶和黄大茶。如蒙顶黄芽、君山银针、淡山毛尖、平阳黄汤等均属黄小茶；而安徽皖西金寨、霍山、湖北英山所产的一些黄茶则为黄大茶。黄茶的品质特点是"黄叶黄汤"。湖南岳阳为中国黄茶之乡。

黄茶是微发酵茶，会产生大量的消化酶，对脾胃最有好处，消化不良、食欲不振、懒动肥胖都可饮而化之。而温州黄汤能更好发挥黄茶原茶的功能，温州黄汤更能进入脂肪细胞，使脂肪细胞在消化酶的作用下恢复代谢功能，将脂肪化除。黄茶中富含茶多酚、氨基酸、可溶糖、维生素等丰富的营养物质，对防治食管癌有明显功效。另外，黄茶鲜叶中天然物质保留有 85％以上，而这些物质对防癌、抗癌、杀菌、消炎均有特殊效果。

4. 白茶

白茶是一种轻微发酵茶，选用白毫特多的芽叶，以不经揉炒的特异精细的方法加工而成。白茶的鲜叶要求"三白"，即嫩芽及两片嫩叶均有白毫显露成茶满披茸毛，色白如银，故名白茶。白茶因茶树品种、采摘的标准不同，分为芽茶(如白毫银针)和叶茶(如贡眉)。采用单芽加工而成的为芽茶，称为银针；采用完整的一芽二叶、叶背具有浓密的白色茸毛加工而成的为叶芽，称为白牡丹，大白茶品种树，以采自春茶第一轮嫩梢者品质为佳。

白茶的制作工艺很特别，也是最自然的做法，它不炒不择，既不像绿茶那样制止茶多酚氧化，也不像红茶那样促进它的氧化；而是把采下的新鲜茶叶，轻薄地摊放在竹席上置于微弱阳光下，或置于通风透光效果好的室内，让其自然萎凋。晾晒至七八成干时，再用文火慢慢烘干即可，由于制作过程简单，以最少的工序进行加工，所以，白茶在很大程度上保留了茶叶的营养成分。在原产地的百姓自古就有用白茶下火、清热毒、消炎症等的习惯。

白茶功效具有三抗(抗辐射、抗氧化、抗肿瘤)、三降(降血压、降血脂、降血糖)的保健功效。同时还有养心、养肝、养目、养神、养气、养颜的养生功效。

5. 乌龙茶

乌龙茶，也称青茶，是半发酵茶，是中国几大茶类中，独具鲜明特色的茶叶品类。乌龙茶制作工艺复杂，鲜叶采摘后经萎凋、摇青后，鲜叶会部分发酵红变，然后经过杀青、揉捻、干燥、精制后成品。其发酵程度在 30％～80％，为半发酵茶。

乌龙茶的种类：闽南乌龙茶，如安溪铁观音、黄金桂等；闽北乌龙茶，如武夷岩茶、闽北水仙等；广东乌龙茶，如凤凰单丛；台湾乌龙茶，如冻顶乌龙、东方美人等。

乌龙茶作为我国特种名茶，经现代国内外科学研究证实，乌龙茶除与一般茶叶具有提神益思、消除疲劳、生津利尿、解热防暑、杀菌消炎、解毒防病、消食去腻、减肥健美等保健功能外，还突出表现在防癌症、降血脂、抗衰老等特殊功效。

6. 黑茶

黑茶采用的原料较粗老，是压制紧压茶的主要原料。由于黑茶的原料比较粗老，制造过程中往往要堆积发酵较长时间，所以叶片大多呈现暗褐色，被人们称为黑茶，属后发酵茶。黑茶主产区为四川、云南、湖北、湖南等地。

黑茶按照产区的不同和工艺上的差别，可分为湖南黑茶、湖北老青茶、四川边茶和滇桂黑茶。主要品种有安化黑茶、湖北佬扁茶、四川藏茶、广西六堡散茶、陕西泾阳茯砖茶等。

黑茶在原料选用、加工工艺（发酵、发花）等方面有别于其他茶，从而导致黑茶的生化成分的组成和比例及由此而产生的药理功能具有特殊性。

黑茶内含成分与黄茶和乌龙茶有极大差异，所表现的功能也不同。在降血脂、降血压、降血糖、减肥、预防心血管疾病、抗癌等方面具有显著功效。研究表明，黑茶的特殊保健功效与其含有较丰富的茶多糖有关。

二、常用茶叶种类的冲泡服务

茶的冲泡的基本工作流程见表4-3。

表4-3　茶的冲泡的基本工作流程

序号	步骤	标准	提示
1	温具	用热水冲淋茶壶或盖碗，包括壶嘴、壶盖，同时烫淋茶杯，随即将茶壶、茶杯沥干	其目的是提高茶具温度，使茶叶冲泡后温度相对稳定，不使温度过快下降，利于茶香的散发
2	置茶	按茶壶或茶杯的大小，置一定数量的茶叶入壶	如果用盖碗泡茶，泡好后可直接饮用，也可将茶汤倒入杯中饮用
3	冲泡	置茶入壶（杯）后，按照茶与水的比例，将开水冲入壶中	冲水时，除乌龙茶冲水须溢出壶口、壶嘴外，通常以冲水八分满为宜。如果使用玻璃杯或白瓷杯冲泡注重欣赏的细嫩名茶，冲水也以七八分满为宜。冲水时，常用"凤凰三点头"之法，即将水壶下倾上提三次，其意一是表示主人向宾客点头，欢迎致意；二是可使茶叶和茶水上下翻动，使茶汤浓度一致
4	奉茶	奉茶时，要面带笑容，最好用茶盘托着送给客人。如果直接用茶杯奉茶，放置客人处，手指并拢伸出，以示敬意	从客人侧面奉茶，若左侧奉茶，则用左手端杯，右手做请茶姿势；若右侧奉茶，则用右手端杯，左手做请茶姿势。这时，客人可右手除拇指外，其余四指并拢弯曲，轻轻敲打桌面，或微微点头，以表谢意。
5	赏茶	如果饮的是高级名茶，则茶叶一经冲泡后，不可急于饮茶，应先观色察形，接着端杯闻香，再啜汤赏味	赏味时，应让茶汤从舌尖沿舌两侧流到舌根，再回到舌头，如此反复二三次，以留下茶汤清香甘甜的回味
6	续水	在客人将杯中茶喝光时，要注意及时续水	如果感觉到茶汤已经味道寡淡，但客人还想继续饮茶，则应该重新冲泡

1. 泡茶前的准备

（1）备茶。对于六大茶类及再加工茶类有了基本的了解以后，要泡好茶，还要深入了解茶叶的相关特征，这是泡好茶的基础。

茶叶是泡茶工作的关键要素，在冲泡前一定要先准备好茶。检查一下茶叶品种是否无误、茶叶品质是否正常、茶叶存量是否够用等。

（2）备具。准备好泡茶所需器具，包括煮水器、冲泡器、品饮器等与茶汤直接接触的器具，这些都会影响茶汤的品质与风味，因此有"器为茶之父"之说。

常用的泡茶、饮茶器具材质多样，有陶瓷、玻璃，还有铁、铜、银、锡等金属。陶瓷茶具是最常使用的茶具，不同的陶瓷茶器，其原料、釉质、器形胎的厚薄、烧成温度高低等均有不同，其对茶汤产生的影响也不同。

不同的茶适合的茶器也多有不同。瓷、玻璃等器具传热速度快，茶汤比较清扬；厚胎的陶瓷茶具传热速度慢，茶汤比较醇厚。玻璃茶具散热快、透明，有利于欣赏汤色与茶叶形态。泡茶时不仅要看茶择器，还要看时节择器，夏天选用胎薄散热快的，冬天选用胎厚散热慢的。

器具价格高低与茶汤质量好坏没有直接关系，适合、协调就好。另外，备具时还要充分考虑到饮茶人的数量与饮茶场合，选择合适容量的泡茶器，准备好足够数量的品茗杯，选择适合饮茶场合的茶器样式、规格。

（3）备水。水的滋润给了茶第二次生命，故有"水为茶之母"之说。在实际工作中，泡茶前一项重要的准备工作便是准备好充足的适合泡茶的水。自古以来，人们对泡茶用水就非常讲究。陆羽《茶经·五之煮》指出："其水，用山水上，江水中，井水下。"自然界的水有江水、河水、湖水、泉水、井水等，经再加工的水有自来水、矿泉水、纯净水，凡符合生活饮用水卫生标准的都可饮用。研究表明，泡茶用水除符合饮用水国家标准外，重点要控制水中钙、镁和铁等离子的含量，较佳的水质特性为：pH6.0～7.0，总硬度小于 50 mg/L。

2. 泡茶三要素

要将茶泡好喝，除前面所讲的基础物质方面的茶、器、水准备好外，还需要好的泡茶方法。在泡茶方法方面，很重要的技巧是要把握好泡茶三要素，即泡茶的水温，浸泡时间，茶、水比例。

（1）水温。泡的水温，确切地说是水与茶相遇时的温度，而不是烧水壶中水的温度。研究表明，泡茶水温与物质浸出的量、浸出的速度及物质浸出的类别都有关系，因此，泡茶水温对茶叶汤色、香气、滋味都有很大的影响。不同茶叶种类对冲泡水温会有不同的要求。

①高级细嫩的中小叶种茶树鲜叶制成的绿茶、红茶、花茶，泡茶水温要比大叶种茶树鲜叶制成的茶低，一般用80～85 ℃的开水冲泡。

②大宗红茶、绿茶、花茶，由于茶叶加工原料老嫩适中，用90～95 ℃的开水冲泡较为适宜。

③乌龙茶(除白毫乌龙茶外)、普洱茶，由于这些茶要待新梢即将成熟时才采制，原料并不细嫩，加之用茶量较大，需用刚沸腾的开水冲泡，特别是第一次冲泡，更是如此。白毫乌龙茶原料相对嫩度好，一般用80～85 ℃的开水冲泡。

④白茶，用90～95 ℃的开水冲泡。

⑤黄茶，原料细嫩的黄茶要求水温低，一般黄芽茶、黄小茶用80～85 ℃的开水冲泡；原料粗老的黄茶要求水温高，黄大茶要用刚烧沸的开水冲泡或煮饮。

⑥砖茶，制茶原料比较粗老，并在重压后形成砖状。这种茶即使用刚沸腾的开水冲泡，也难以将茶的内含物质浸泡出来，因此，需先将砖茶解散成小块，再放入壶或锅内，

用水煎煮后饮用。

泡茶水温的高低，还与茶叶老嫩、松紧、芽叶大小有关。嫩、松散、切碎的茶比粗老、紧实、完整的茶浸出速度要快；而粗老、紧实、完整的茶比细嫩、松散、切碎的茶所需的泡茶水温要高。

(2)浸泡时间。浸泡时间是指茶与水相遇后，茶、水共处的时间。冲泡时间必须适中，时间短了，茶汤会色淡味寡，香气不足；时间长了，茶汤太浓，茶香也会因飘逸而变得淡薄。茶叶一经水冲泡，茶叶中可溶解于水的浸出物就会随着时间延长而不断浸出于水中。茶汤的滋味随着冲泡时间的延长而逐渐增浓，并会在某时刻达到平衡点。达到平衡点所需的具体时间与茶叶本身、投茶量、水温等很多因素有关，但平衡点不一定是茶汤滋味的最佳点。如一次冲泡，在茶叶与茶汤不分离的情况下，要求平衡点又是茶汤滋味的可口点。不同的茶，浸泡到可口浓度的时间不同。

①红、绿茶。以玻璃杯冲泡为例，第一泡茶以冲泡 3 分钟左右饮用为好，若想再饮，则杯中剩 1/3 茶汤时续开水。以此类推，可使茶汤浓度前后较为一致。

②乌龙茶。一般乌龙茶冲泡时用茶量较大，加上泡茶的水温高，因此，第一泡 15～45 秒（视茶而定）就可以出汤。第二泡，因为茶叶已经舒展，冲泡时间比第一泡要短。第三泡开始可以视茶而定适当延长 5～10 秒不等。一般紧结的茶叶延长时间多些，松散的茶叶延长时间少，目的是使每一泡茶汤浓度均匀一致。

③黑茶。以普洱茶（紧压茶）为例，如掰开整的 5 克茶，用 100 毫升水冲泡，水与茶相遇时的温度是 90 ℃，第一次冲泡的时间为 20 秒，第二泡缩短到 10 秒，第三泡延长至 15 秒，之后每泡延长 5 秒。

④白茶。以白牡丹为例，芽叶完整的 5 克茶，用 100 毫升水冲泡，90 ℃水温，第一泡为 1 分钟，第二泡缩短到 30 秒，第三泡为 40 秒，第四泡为 1 分钟，第五泡为 1 分钟 20 秒。

⑤黄茶。以莫干黄芽茶为例，3 克茶，用 100 毫升水冲泡，80 ℃水温，第一泡时间为 1 分 20 秒，第二泡为 50 秒，第三泡为 1 分钟，第四泡为 1 分 50 秒，第五泡为 2 分 10 秒。

⑥花茶。3 克花茶，冲入 150 毫升水，能取得较好的冲泡效果。为了保香，不使香气散失，泡茶时间不宜过长，一般 2 分钟左右便可饮用。

茶类不同，冲泡时间会有所差异。而同一类茶，因外形、加工工艺、品种等不同，也会影响茶汤。一般来说，紧实、紧结的茶，第一次被泡开，在之后的一定时间范围内，冲泡时间与茶汤浓度呈正相关。冲泡时间的长短由投茶量，茶叶外形、工艺、品种等因素综合考量。控制浸泡时间，目的是使茶汤浓度适宜和温度适饮。

(3)茶、水比例。要将茶泡好喝，把握好投茶量、控制好茶与水的比例很重要，茶量多味浓，量少味淡。用茶量的多少，与茶叶本身内含成分量的多少、品饮人数、冲泡次数和时间等都有关系。内含成分单薄的茶，投茶量宜略多些；品饮人数多、冲泡次数多，投茶量宜多些，反之要少些。一般来讲，投茶量多少，还要考虑饮茶者的年龄、性别、地域、习惯等因素。我们在日常工作中更需关注的因素是茶类不同，常用的茶、水比例也不太一样。

①红茶、绿茶。实验表明，1 克红茶或绿茶，冲入 50 毫升的水，能取得较好的冲泡

效果，即茶、水比例为 1∶50 为合适。

②乌龙茶。乌龙茶适宜的茶、水比例为 1∶20。乌龙茶用茶量在六大基本茶中是最大的，通常 1 克乌龙茶冲水量为 20 毫升左右。日常泡茶时，以乌龙茶外形的紧结程度来判定投茶量的多少。如果是比较紧结的球形乌龙茶，投茶量是容器容量的 1/4；半球形的乌龙茶，投茶量大致是容器容量的 1/3；松散的条状乌龙茶，投茶量是容器容量的 1/2。啜乌龙茶重在玩味闻香和品尝滋味，因此用茶量要比绿茶、红茶大得多，而冲水量却要减少。

③黄茶。黄茶适宜的茶、水比例为 1∶（30～40）。黄茶分为黄芽茶、黄小茶和黄大茶，原料嫩度不同，茶、水比例自然不同。以莫干黄芽为例，每克茶冲水 30～40 毫升为宜。

④白茶。白茶适宜的茶、水比例为 1∶（20～30）。白茶用茶量较大，因为白茶不炒不揉，茶中内含物质浸出较慢，一般每克茶冲水 20～30 毫升。

⑤黑茶。黑茶以普洱茶散茶为例，冲泡普洱茶适宜的茶、水比例为 1∶（20～30）。普洱茶的用量仅次于乌龙茶。一般来说，品普洱茶侧重于尝味，其次是闻香，一般每克茶冲 20～30 毫升水。如煮饮黑砖茶，通常用较大的茶壶或锅。一般每 50 克黑茶加水 1.5～2.0 升，在火上煎煮。这样，随时可根据需要调制成酥油茶、奶茶等各种调饮茶。煮饮黑茶参考茶、水比例为 1∶（30～40）。

项目小结

本项目主要包括中餐零点服务程序、中餐宴会服务程序和中国茶叶的相关知识。通过学习，学生能够具有中餐零点餐厅及中餐宴会厅开展服务工作的职业能力，能够根据不同服务程序进行服务，逐渐培养学生的服务意识、技能水平和敬业精神。通过学习中国茶叶的相关知识，掌握鉴别和冲泡方法，了解中国茶文化。

课后练习

一、名词解释

1. 中餐服务

2. 绿茶

3. 信用卡

二、简答题

1. 简述茶叶的冲泡方法。

2. 简述中餐的服务程序。

3. 如何进行中餐宴会预订？

三、论述题

1. 说一说如何为客人进行中餐婚礼宴会服务。

2. 中餐零点服务中需要注意哪些可以为客人提供更加满意的服务细节？

项目五　西餐服务

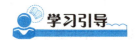

学习引导

西餐服务主要包括西餐的特点、各国西餐菜品、西餐的烹饪方法、西餐零点、西餐宴会服务程序和西餐鸡尾酒会等内容,旨在帮助学生认识和了解西餐,能够掌握西餐的服务与管理。

学习目标

1. 掌握西餐零点服务规范和要求。
2. 掌握西餐宴会服务规范和要求。
3. 熟悉西餐鸡尾酒会的服务程序。
4. 掌握西餐菜肴、咖啡等相关知识。

案例导入

细节服务更加重要

一个深秋的晚上,三位客人在南方某城市一家西餐厅用餐。他们在此已坐了两个多小时,仍没有去意。服务员心里很着急,到他们身边站了好几次想催他们赶快结账,但一直没有说出口。最后,她终于忍不住对客人说:"先生能不能赶快结账,如想继续聊天请到酒吧或咖啡厅。""你想赶我们走吗?我现在还不想结账呢。"一位客人听了她的话非常生气,最后气愤地离开了。在整个西餐零点服务过程中,客人用餐没有结束,服务人员不应催促客人离开,不礼貌也不符合服务规范。在接待客人时,可以提前提醒客人用餐时间的限制,点菜时为客人推荐出菜快的菜肴以节省时间。如果特殊情况需要提醒客人离开,可以委婉表达。例如,询问客人还有没有需要添加的菜品或酒水,询问客人对菜品和服务的满意度等。

任务一　西餐零点服务

一、西餐主要菜式

经过数千年的发展,西餐已发展成为以法国菜、意大利菜、美国菜、英国菜、俄罗斯菜等为主要菜式的菜肴。

1. 法国菜

法国菜是西餐中最有地位的菜。其特点是选料广泛、用料新鲜、滋味鲜美，讲究色、香、味、形的配合，花式品种繁多，重用牛肉、蔬菜、禽类、海鲜和水果。法国菜肴一般烧得比较生，调味喜用酒，菜和酒的搭配有严格规定，如清汤用葡萄酒、火鸡用香槟。比较有名的法国菜是鹅肝酱、牡蛎杯、焗蜗牛等。

2. 英国菜

英国菜烹调相对来说比较简单，配菜也比较简单，对原料的取舍不多，香草与酒的使用较少，一般用单一的原料制作，要求厨师不加配料，要保持菜式的原汁原味。英国虽是海岛国家，但并不讲究吃海鲜，比较偏爱牛肉、羊肉、禽类等。英国菜的烹饪方法根植于家常菜肴，因此，只有原料是家生、家养、家制时，菜肴才能达到令人满意的效果。常用的烹调方法有煮、烩、烤、煎、蒸等。常见的英式菜有土豆烩羊肉、牛尾汤、烧鹅等。

3. 美国菜

美国菜主要是在英国菜的基础上发展而来的，又糅合了印第安人及法、意、德等国家的烹饪精华，兼收并蓄，形成了自己的独特风格。美国盛产水果，美式菜的沙拉中水果用得很多，用香蕉、苹果、梨、橘子等做沙拉最为普遍。另外，美国菜在热菜中也常使用水果，如菠萝焗火腿、苹果烤火鸡、炸香蕉等。美国菜传统的咸鲜甜口味已趋向清淡、生鲜，在用料中黄油改用植物黄油或生菜油，奶油改用完全脱脂奶油，奶酪改用液态奶，不用罐头水果用新鲜水果，浓汤改清汤，肉类则多用低脂及低胆固醇的水牛肉与鸵鸟肉等。烹调方法以煮、蒸、烤、铁扒为主。典型的美国菜有苹果黄瓜沙拉、华道夫沙拉、美式螃蟹杯、美式煮鱼、姜汁橘酱鱼片。

4. 意大利菜

意大利菜号称"西菜之母"，菜肴注重原汁原味，讲究火候的运用。在烹煮过程中，非常喜欢用蒜、葱、西红柿酱、干酪，讲究制作沙司。烹调方法以炒、煎、烤、红烩、红焖等居多。通常将主要材料或裹或腌，或煎或烤，再与配料一起烹煮，从而使菜肴的口味异常出色，缔造出层次分明的多重口感。意大利菜肴对火候极为讲究，很多菜肴要求烹制成六七成熟。烹制意大利菜，总是少不了橄榄油、黑橄榄、干白酪、香料、西红柿与 Marsala 酒，这六种食材是意大利菜肴调理中的灵魂，也代表了意大利当地所盛产与充分利用的食用原料。意大利人善做面、饭类制品，几乎每餐必做，而且品种多样、风味各异，著名的有意大利面、披萨饼等。典型的意大利菜包括通心粉、素菜汤、铁扒干贝、奶酪焗通心粉等。

5. 俄国菜

俄国菜特点为选料广泛、讲究制作、加工精细、因料施技、讲究色泽、味道多样、适应性强、油大、味重。俄罗斯人喜欢酸、甜、辣、咸的菜，因此，在烹调中多用酸奶油、奶渣、柠檬、辣椒、酸黄瓜等作调味料。俄罗斯人特别喜欢鲜鱼、鲱鱼、鲜鱼、鳟鱼、红鱼子、黑鱼子、烟熏过的咸鱼、蟹鱼等；但肉类、家禽菜肴和各种各样的肉饼，非得要烧得熟透才吃。俄罗斯人也喜欢吃用鱼肉、碎肉末、鸡蛋、蔬菜做成的包子。俄罗斯冷菜丰富多样，包括沙拉，杂拌凉菜，肉、禽冷盘，鱼冷盘，鱼冻，肉冻，鸡蛋冷盘，青菜酱，鱼泥，肉泥及各种加味黄油。俄式菜肴油大，味道浓醇，酸、甜、辣、咸各味俱全。其中沙拉名目繁多，颇负盛名，黑鱼子广为人知。一般俄式汤可分为清汤、菜汤和红菜汤、米面汤、鱼汤、蘑菇汤、奶汤、冷汤、水果汤及其他汤，质量要求大体一致，即原汤、原色、原味。

6. 德国菜

德国人喜欢肉食，德国香肠种类繁多。德国的配菜主要是酸菜，即腌制的卷心菜，在吃肉时配以酸菜，在德国、匈牙利、奥地利等国特别受欢迎。德国人喜欢吃土豆和土豆制品，如土豆沙拉、炸土豆、煮土豆等，花样很多。德国菜的烹调方法有红烧、煮、煎、清蒸等。德国人喜欢幽雅的进餐环境和静谧的气氛，喜欢吃野味。其代表菜有咸猪脚酸菜、烤鹅苹果酿馅等。

二、西餐烹饪

(一)西餐烹饪常见的烹调方法

影响西餐烹饪方式的因素包括食物、设备、热源和烹调方法四个方面。西餐烹饪主要包括 13 种烹调方法。

(1)烤。烤是把体积较大的生料，经初步加工整形，加调味料腌制入味，然后放入封闭的烤炉(箱)中，加热至上色并达到一定火候的烹调方法。

(2)焗。焗是指把各种经初步加工成熟的原料，浇上不同的浓汁酱，用明火炉烤至成熟上色的烹调方法。

(3)铁扒。铁扒是把加工成型的原料，经腌制后，放在扒炉上，经扒炉的加热，达到一定火候的烹调方法。

(4)串烧。串烧是把加工成片或小块的原料经腌制后，用金属签串起来在明火上烧烤或用油煎制，使之成熟上色的烹调方法。

(5)蒸。蒸是把加工好的原料经过调味后，放入有一定压力的蒸箱或蒸笼等容器中用水蒸气加热，使菜肴成熟的一种烹调方法。

(6)焖。焖是把加工好的原料，放到汤汁中，加上盖，在烤箱内进行加热至成熟的烹调方法。

(7)烩。烩是把加工好的原料，放到调好味的汁酱中，加热至成熟的烹调方法。

(8)沸煮。沸煮是把加工好的原料放到水中或汤中，用微沸的水，将原料加热成熟的烹调方法。

(9)温煮。温煮是把加工好的原料放入水中或汤中，用低于沸点(100 ℃)的温度把原料加热成熟的方法。

(10)煎。煎就是把加工成型的原料，经过腌制入味以后，再用少量油加热至一定火候的烹调方法。

(11)炸。炸是把加工成型的原料，经过调味，并裹上保护层后放入油中，浸没原料，加热至成熟并上色的烹调方法。

(12)炒。炒是把加工成小型体积的原料，用少量油、较高的温度，在较短的时间内，把原料加热至成熟的烹调方法。

(13)烟熏。烟熏是将生料或加工成半成品的原料经过火或烟的热能辐射，或其他晶粒物体(如盐、泥、砂等)的传热作用，使原料制成菜肴的烹调方法。烟熏可以保持菜肴原有的鲜味，色泽鲜艳，香味浓醇。

(二)西餐的特点

(1)重视各类营养成分的搭配组合。西餐充分考虑人体对各种营养和热的需求来安排菜品或加工烹调方式。

(2)选料精细。西餐选料精细，海鲜讲究新鲜，牛羊肉常选择除皮去骨无脂肪的精肉，一般不食动物内脏和无鳞鱼等。

(3)口味香醇。西餐独特的调料、香料，使其口味香醇。西餐常见的调料有盐、胡椒、咖喱、芥末、番茄酱、丁香、薄荷叶、生姜、大蒜、桂皮等。另外，西餐烹调时也常用酒和奶制品。

西餐对肉类菜肴的老嫩程度很讲究，牛羊肉一般有5种火候，分别如下。

(1)一成熟(Rare，R)：表面焦黄，中间为红色，装盘后血水渗出。

(2)三成熟(Medium Rare，MR)：表面焦黄，外层呈粉红色，中心为红色，装盘不见血，但切开后断面有血流下。

(3)五成熟(Medium，M)：表面褐色，中间呈粉红色，切开后肉中流出的汁仍然见红。

(4)七成熟(Medium Well，MW)：表面深褐色，中间呈茶色，略见粉红色，切开后流出的汁水是白色的。

(5)全熟(Well Done，WD)：表面焦黄，中间全部为茶色，肉中无汁水流出，肉硬度较高，不容易消化和咀嚼。

搭配牛排的六种经典酱汁见表5-1。

表5-1 搭配牛排的六种经典酱汁

酱汁种类	特点
黑胡椒汁	正宗的黑胡椒汁以纯正的牛骨烧汁作为基础，在此基础上加入现磨的胡椒粒、白兰地、新鲜迷迭香等慢慢熬制。好的酱汁层次分明，浓郁的胡椒味之后，是咀嚼牛肉时感受到的白兰地的香气，最后是醇厚的牛骨浓香
牛骨烧汁	黑胡椒汁中的基础酱汁，几乎是半数传统酱汁的鼻祖。菜谱不难，但考验功夫。烤过的牛骨加上小牛肉汤和一些辅料，但想做好这道酱汁，需要在烤箱中每隔20分钟把牛骨翻一次面，连续烤制5小时，再放入汤中小火熬制72小时，充分挥发深入骨髓的香气，将牛骨中所有的胶原蛋白融入汤中。有了它，各种风味的酱汁才有了"根基"

酱汁种类	特点
红酒汁	颜色鲜艳亮丽、口感滑润又有回甘的红酒汁，必须选用波尔多的红酒，并且也是以牛骨烧汁作为基底，加入红酒和香料后熬制，最后加入煮熟的牛骨髓提升口感。正宗红酒汁最地道的吃法是要搭配法国波尔多原产的巴扎斯牛肉，红酒的香醇中和了牛油的厚重，别有一番滋味
菌菇汁	菌菇汁是一个大类，以奶油作为基底，加入不同的菌菇，体现菌菇所独有的味道。奢侈版的有黑松露熬制的黑松露汁、羊肚菌熬制的羊肚菌汁等；而平价的蘑菇汁中，白口蘑特别香甜滑嫩。这种酱汁最大的魅力就在于它保留和凸显了蘑菇鲜美的原味
波米滋汁	这是法式荷兰汁的衍生品，醇厚的蛋奶香味、绵密的口感，让这款汁成为夏天搭配牛排的绝配。波米滋汁要在56~62 ℃的温水中制作，端上桌时酱汁的温度仅在30 ℃左右。由于历史悠久，国外的美食评论家对餐厅中出现的波米滋汁一般要求极为苛刻
蓝起司汁	这款重口味的酱汁以发酵奶酪作为基底，虽然很多人很难接受，但它绝对是最具法餐风情的一种味道，它的历史和各地方的风味几乎跟红酒不相上下。气味辛辣，口感浓郁

(三)西式烹饪的特点

(1)讲究营养，注重搭配。西餐重视各类营养成分的搭配组合，充分考虑人体对各营养(糖类、脂肪、蛋白质、维生素)和热量的需求来安排菜或加工烹调。

(2)选料精细，用料广泛。西餐烹饪在选料时十分精细、考究，而且选料十分广泛。例如，美国菜常用水果制作菜肴或饭点，咸里带甜；意大利菜则会将各类面食制作成菜肴，各种面片、面条、面花都能制成美味的席上佳肴；而法国菜，选料更为广泛，如蜗牛、百合、椰树芯等均可入菜。

(3)讲究调味，注重色泽。西餐烹调的调味品大多不同于中餐，如酸奶油、桂叶、柠檬等都是常用的调味品。法国菜还注重用酒调味，在烹调时普遍用酒，不同菜肴用不同的酒作调料；德国菜则多以啤酒调味，在色泽的搭配上则讲究对比、明快，因而色泽鲜艳，能刺激食欲。

(4)工艺严谨，器皿精致。西餐的烹调注重工艺流程，讲究科学化、程序化，工序严谨。烹调的炊具与餐具均有不同于中餐的特点。特别是餐具，除瓷制品外，水晶、玻璃及各类金属制餐具占很大比重。

(四)西餐的特点

正宗的西餐，从用料上讲，原料广泛，主料精选；从外观上看，形色样、摆设精致；从口味上品，鲜美香醇，老嫩讲究，干湿搭配；从就餐上讲，礼仪讲究，餐具精致。另外，西餐还具有工艺独特、设备考究、营养丰富、餐饮健康等特点。

(五)西餐服务方式

西餐服务方式起源于欧洲贵族家庭和王宫，经过多年的发展演变，逐渐为酒店所使用。西餐服务方式主要有法式服务、俄式服务、美式服务、英式服务和大陆式服务等，每种服务方式的使用都与餐厅的经营观念、产品特色、设备设施相匹配，比较强调规范和正宗。但近几年，许多餐厅为了经营的需要，将两种或两种以上的服务方式中的某些特点结合起来使用，在保留和继承传统的基础上，吸收和引进一些新的服务方式，以满足客人新的需求。

1. 法式服务

法式服务又称为"手推车服务"，以现场烹制而闻名，即当着客人的面在燃焰车上现场烹制食品，所有食品都用银托盘从厨房送入餐厅放在手推车上，根据需要进行切片、剔骨和烹制。然后用酒精炉将食物加热，装进温热的餐盘提供给客人。但是，并不是所有的食品都适合现场制作，只有那些能在合理的时间内制作、装配或完成的食品才能在客人面前烹制。

法式服务的优点是客人可以得到比较多的个人服务和关照。可以在高雅的氛围中充分享受服务员优美的服务。其缺点是每位服务员服务的客人数较少，所需服务空间较大，需要较多的专业服务人员，且服务时间长。

2. 俄式服务

俄式服务又称为"派菜服务"，在很多方面与法式服务有相似之处，它同样非常正规和讲究，客人也能得到相当多的关照，服务时使用重实的镀银餐具和用具，甚至连台面的摆设也与法式服务如出一辙。俄式服务的优点是只用一名服务员就可以满足服务的需要，且服务的精彩程度丝毫不受影响，服务效率大为提高，服务成本也能有效地得到控制，服务所需的空间相对法式服务也要小得多。缺点是需要投资添置大量的银盘，特别是每位客人点的菜都不一样时，有几位客人就需要几个银盘为客人上菜。还有一个不足就是最后一位客人往往只能从其他客人选剩的食品中挑选菜肴，选择的余地很小。

3. 美式服务

美式服务又称为"盘式服务"，与法式服务、俄式服务相比，是一种比较随意和讲究较少的服务方式，它也是目前餐厅最为流行的服务方式。美式服务的特别之处在于所有食品是在厨房内进行装盘的，除沙拉、面包和黄油外，绝大多数的食品使用主菜盘作为盛器。美式服务的优点是方便快捷、易于操作，一个服务员可以同时为多位客人服务，对服务员的技术要求相对较低，非专业的服务员经过短期的训练就能胜任，因而在人工成本上是比较节省的。但采用美式服务会使客人得到的服务较少，且由于消费不高，就餐人员混杂，很难在餐厅营造宁静、高雅的就餐气氛。

4. 英式服务

英式服务又称"家庭式服务"，是一种体现英伦绅士风度的服务方式。英式服务的服务规则是菜肴从厨房送上餐桌后由男主人分切菜肴，并配上蔬菜盛入餐盘中，然后由服务员分别为客人上菜，调味品、沙司等配料摆放在餐桌上，由客人自行取用或相互传递。

5. 大陆式服务

大陆式服务又称"综合式服务"，融合了法式、俄式、美式服务的特点，也是当前西餐服务中普遍采用的服务方式。不同的餐厅或不同的餐食选用的服务方式组合也不同，这与餐厅的种类和特色、客人的消费水平、餐厅的销售方式有着密切的联系。大陆式服务的特点是灵活，不同的餐厅选择的服务方式组合不同，一般以方便客人就餐、方便服务人员服务为主要原则。大陆式服务通常用美式服务上开胃品和沙拉，用俄式服务上汤和前菜，用法式服务上主菜或甜点。

(六)咖啡相关知识

1. 传统咖啡的工作准备

(1)准备足量咖啡粉或现磨咖啡豆，确保咖啡粉或现磨咖啡豆新鲜且不变质，咖啡粉不凝结，咖啡豆无霉变。

(2)准备咖啡机、过滤纸，确保咖啡机清洁并能正常运转。

(3)准备糖缸、奶盅，糖缸内放置足够数量的袋装糖，将鲜奶倒入奶盅至其 2/3 处。

(4)根据客人数量准备成套的咖啡杯、咖啡碟和咖啡匙。

2. 萃取咖啡的制作流程

(1)将咖啡粉容器中放入一张新的咖啡过滤纸。

(2)将咖啡粉或现磨咖啡豆倒入咖啡机上的容器中。

(3)往咖啡机注水口中注入相应量的冷水。

(4)将咖啡壶放于咖啡机的咖啡出口处，按下工作按钮，数分钟后，煮好的咖啡将流入咖啡壶中。

3. 咖啡服务的流程

(1)使用托盘，将装有袋装糖的糖缸和装有鲜奶的奶盅送上桌，放置于桌子中央以备客人取用。

(2)使用托盘，送上咖啡杯、咖啡碟和咖啡匙，具体方法是左手托盘，托盘中放有咖啡碟，上面放有咖啡杯和咖啡匙，咖啡匙横置于咖啡杯前。

(3)服务员站于客人右侧，手拿咖啡碟，按照"女士优先，先宾后主"的顺时针顺序将咖啡碟、咖啡杯和咖啡匙整体放于客人两手之间，咖啡杯把朝向客人右侧。

(4)在得到客人同意的情况下，按"女士优先，先宾后主"顺时针的顺序为客人斟倒咖啡，斟至咖啡杯 2/3 处。

(5)为客人斟倒咖啡时，不得将咖啡杯从桌上拿起。

(6)整壶销售的咖啡，若还有剩余，将咖啡壶放于主人右侧，以备再斟。当客人杯中咖啡不足 1/3 时，询问客人是否再斟。

4. 咖啡再点

当客人壶中咖啡不足 1/3 时，询问客人是否再点。

为客人制作拿铁咖啡的基本工作流程见表 5-2。

表 5-2　为客人制作拿铁咖啡的基本工作流程

序号	步骤	标准	提示
1	为客人点单	"您好，请问您喝点什么?"或类似的点单问候语	客人点单后要重复确认

序号	步骤	标准	提示
2	准备工作	(1)根据客人所点的咖啡数量准备咖啡杯及相关物品。 (2)检查咖啡杯的整洁度。 (3)检查奶缸的整洁度。 (4)检查咖啡糖及牛奶的质量是否合格	(1)确保咖啡杯、底碟、咖啡勺无遗漏，要求咖啡杯无水渍、无缺口。 (2)要求奶缸无水渍、无缺口。 (3)要求咖啡糖和牛奶无破损、干净卫生
3	制作咖啡	按照拿铁的制作步骤和方法，制作出一杯标准的拿铁	一双份式意式浓缩＋打热的牛奶＋奶泡，分别占10%、70%和20%
4	摆放咖啡杯	(1)咖啡杯置于咖啡底碟上，杯把在客人右手方向，咖啡勺平行于咖啡杯放置于右边，勺把朝向客人。 (2)准备糖奶碟或糖缸	(1)杯把在客人右手方向，咖啡勺放置于右边，勺把朝向客人等都是为了方便客人拿取。 (2)如果是两位客人，糖奶碟或糖缸放于两位客人之间即可，两位客人可以共用
5	呈递咖啡	(1)在托盘上摆放好咖啡。 (2)从客人右手边将咖啡杯放于客人面前	一般都是从客人右手边上咖啡
6	清理现场	客人用完咖啡离开后，要及时打扫干净卫生	将客人所用的杯具及时冲洗干净

任务考核

三、西餐零点台面布置

西餐零点摆台的基本要领是左叉右刀，先里后外，刀口朝盘，各种餐具成线，餐具与菜肴配套。

台面物品：花瓶放在桌子中央，花瓶前摆椒盐瓶，椒盐瓶前面放牙签筒，牙签筒前面是烟缸，烟缸缺口对准椒盐瓶的中缝。

摆台前应对摆台所用的餐具、酒具进行检查，发现不洁或有破损的，要及时更换，确保符合干净、光亮、完好的标准。摆放时，手不可触摸盘面和杯口。摆台时，要用托盘盛放餐具、酒具及用具。摆放金银器皿时，应戴手套，保证餐具清洁，防止污染。摆放餐酒用具的顺序与标准如下。

1. 摆展示盘

摆展示盘可用托盘端托，也可徒手操作，徒手操作的方法是用左手垫好口布，把展示盘托起，从主人位开始，按顺时针方向用右手将餐盘提至下餐位正前方，盘内的店徽图案要端正，盘边距桌边1.5厘米，餐盘间的距离要相等。

2. 摆刀、叉、勺

从展示盘的右侧顺序摆放刀、叉、勺。摆放时，应手拿刀、叉、勺柄处，从主菜刀开始摆。

3. 摆面包盘、黄油碟、黄油刀

展示盘左侧摆面包盘，面包盘与展示盘的中心轴对齐，黄油碟摆在面包盘右前方，距面包盘3厘米，图案摆正。黄油刀放在面包盘内右侧1/3处，刀刃向左，黄油刀中心与面包盘的竖中心线平行，刀柄朝下。

4. 摆酒具

摆酒具时，要拿酒具的杯脚或杯底部，保证酒具洁净、无破损、无水迹、无指印、无异味。

5. 摆放餐巾

餐巾折花放于展示盘内，餐巾折花花型搭配适当，将观赏面朝向客人。

6. 摆蜡烛台和椒盐瓶

西餐宴会一般摆两个蜡烛台，蜡烛台摆在台布的中线上、餐台两侧适当的位置。椒盐瓶要在台布中线上按左椒右盐对称摆放，瓶壁相距1厘米，瓶底与蜡烛台台底距离10厘米左右。

7. 摆牙签筒、烟灰缸

牙签筒、烟灰缸要放正、副主人展示盘的中心垂直线上，距椒盐瓶2厘米。

四、西餐零点服务程序

1. 迎宾

(1)打招呼、问候。

(2)引客人座：将客人引领到相应的位置落座。

2. 餐前服务

(1)服务冰水：客人入座后为客人提供冰水。

(2)餐前饮料服务：根据客人需要为客人提供餐前饮料服务。

(3)呈递菜单、酒单：根据客人需要提供菜单、酒单。

(4)介绍菜单、酒单：在为客人提供餐前饮品时，根据客人需要，为客人介绍菜单内容。

(5)接受点菜：根据客人需要或在服务餐前饮料后进行，也可在递呈菜单5～10分钟后进行。

(6)填写订单：由于西餐服务中每位客人都是根据自己的喜好点菜的，所点的菜肴可能完全不一样，所以西餐厅接受客人订单和填写订单需要分两步走，第一步是先将客人所点内容记录在一张纸上，第二步再将同类项合并，填写在正常的订单上，然后入厨。

(7)下订单：将填写好的订单送到厨房。

3. 开胃品服务

(1)服务开胃品：根据客人的点单，将开胃品提供给客人。

（2）服务开胃酒：在上开胃品前或开胃品上桌后为客人提供相应的开胃酒。

（3）清理开胃品餐盘：等全桌客人用完后撤盘、杯。

（4）加冰水：清理完盘、杯后，主动为客人加满冰水，直到服务甜点。

4. 汤或沙拉服务

在清理完开胃品盘、杯后10分钟内为客人服务汤或沙拉。上汤时一般为客人提供两种以上的面包。服务汤或沙拉时，如果客人点用了配套的酒水，应按照规范为客人提供酒水服务。客人用完后应及时撤掉餐具和酒杯，并进行简单的餐桌清理。

5. 主菜服务

（1）服务主菜：根据客人所点用的主菜，依照先女后男、先宾后主的顺序为客人提供主菜服务和相应的调味品服务。

（2）服务主菜用酒：西餐中非常讲究菜肴与酒水的搭配，一般服务主菜时，会特别挑选与主菜相适应的葡萄酒。因此，在上完菜后，还需要按照葡萄酒服务的程序为客人提供酒水服务。

（3）清理主菜盘及餐具：客人用完主菜后及时清理主菜盘、空杯等，只留水杯或饮料杯。

（4）清理调料：撤走所有调料，如盐、胡椒等。

（5）清扫桌面：用刷子将桌上的面包屑扫进餐盘，保持台面整洁。

6. 餐后服务

（1）布置甜点餐具：摆上甜点盘、甜点叉、甜点刀、茶匙等。

（2）介绍菜单、酒单：在为客人提供餐前饮品时，根据客人需要，为客人介绍菜单内容。

（3）布置咖啡或茶的服务用品：摆上乳脂、糖、牛奶及咖啡杯碟等。

（4）服务甜点：清理完主菜餐具后为客人提供餐后甜品。

（5）服务咖啡或茶：服务甜点后或与甜点同时服务咖啡或茶。

（6）清理甜点盘：全部客人用餐完毕后进行。

7. 收尾工作

（1）结账服务：及时根据客人需要为客人提供结账服务。

（2）送客：当客人离开时要提醒客人带好随身携带的物品，并对客人的光临表示感谢，欢迎客人再次光临。

西餐零点服务操作规范见表5-3。

表5-3　西餐零点服务操作规范

序号	操作步骤	标准	提示
1	迎宾	（1）打招呼、问候。 （2）引客入座	（1）礼貌热情、体态自然。 （2）将客人引领到相应的位置落座

序号	操作步骤	标准	提示
2	餐前服务迎宾	(1)服务冰水。 (2)餐前饮料服务。 (3)呈递菜单、酒单。 (4)介绍菜单、酒单。 (5)接受点菜。 (6)填写订单。 (7)下订单	(1)入座后为客人提供冰水。 (2)根据客人需要为客人提供餐前饮料服务。 (3)根据客人需要提供和介绍菜单、酒单。 (4)将填写好的订单送到厨房
3	开胃品服务迎宾	(1)服务开胃品。 (2)服务开胃酒。 (3)清理开胃品餐盘。 (4)加冰水	(1)根据客人的点单,将开胃品提供给客人。 (2)在上开胃品前或开胃品上桌后为客人提供相应开胃酒,等全桌客人用完后撤盘、杯。 (3)清理完盘、杯后,主动为客人加冰水,直到服务甜点
4	汤或沙拉服务迎宾	及时上汤或沙拉	(1)在清理完开胃品盘后10分钟内为客人服务汤或沙拉。 (2)服务汤或沙拉时,如果客人点用了配套的酒水,应按照规范为客人提供酒水服务。 (3)客人用完后应及时撤掉餐具和酒杯,并进行简单的餐桌清理
5	主菜服务迎宾	(1)服务主菜。 (2)服务主菜用酒。 (3)清理主菜盘及餐具,清理调料。 (4)清扫桌面	(1)依照先女后男、先宾后主的顺序为客人提供主菜服务和相应的调味品服务。 (2)按照葡萄酒服务程序为客人提供酒水服务。 (3)客人用完主菜后及时清理主菜盘、空杯等,只留水杯或饮料杯。 (4)撤走所有调料,如盐、胡椒等。 (5)用刷子将桌上的面包屑扫进餐盘,保持台面整洁
6	餐后服务迎宾	(1)布置甜点餐具。 (2)布置咖啡或茶服务用品。 (3)服务甜点。 (4)服务咖啡或茶。 (5)清理甜点盘	(1)摆上甜点盘、甜点叉、甜点刀、茶匙等。 (2)摆上乳脂、糖、牛奶及咖啡杯碟等。 (3)清理完主菜餐具后为客人提供餐后甜品。 (4)服务甜点后或与甜点同时服务咖啡或茶。 (5)全部客人用餐完毕后进行
7	收尾工作迎宾	(1)结账服务 (2)送客	(1)及时根据客人需要为客人提供结账服务,并向客人表示感谢。 (2)当客人离开时要提醒客人带好随身携带的物品,并对客人的光临表示感谢,欢迎客人再次光临

任务二 西餐宴会服务

宴会是在普通用餐基础上发展起来的高级用餐形式，也是人们在交往中常见的礼仪活动。西餐宴会服务是西餐服务中另一常见的服务方式，与零点服务相比，表演的性质强于服务本身的实用性。由于西餐宴会所需的物品相对较多，除精美的餐具外，还需准备鲜花、烛光、音乐等调节宴会气氛，所以宴会必须提前预订，为宴会前的准备工作留出足够的时间。

一、西餐宴会服务特点

西餐宴会是一种按西方国家宴会形式举办的宴请，西餐宴会摆西式餐台吃西式菜点，用西式餐具，并按西餐礼仪进行服务。西餐宴会有如下特点：

(1)餐桌一般用长台。

(2)用餐方法采用分餐制，一人一份餐盘。

(3)多套刀叉服务。

(4)每吃一道菜，更换一套餐具，不同的菜式摆上不同的刀叉餐具。

(5)不同的菜搭配不同的酒及酒杯。

(6)宴会厅灯光柔和、偏暗，气氛轻松而舒适。

(7)宴会进行中有乐队伴奏或播放轻音乐。

二、西餐宴会服务流程

(一)预订服务

预订是西餐宴会工作中很重要的一个环节，良好的预订服务可以为餐厅获得最多的客户信息，而且了解的客户信息越详细，宴会的准备工作也就可以做得越充分，服务工作也会越顺畅。

1. 填写预订单

根据客人预订要求逐项填写宴请预订单信息，如单位名称、宴请时间、标准、人数、场地布置要求、菜肴要求等。

2. 签订宴会合同书

一旦宴会安排得到确认，菜单、饮料、场地布置等细节内容认可以后，应将这些信息以确认信的方式送交给客人，并附上宴会合同书，经双方签字即生效。

3. 跟踪查询、收取订金

(1)如果客人是提前较长时间预订的，应主动与客人保持联系，进一步确定日期及有关细节内容。

(2)为了保证宴会预订的成功率，可以要求顾客预付订金。如果是饭店的常客且具有良好的信誉，可以不必付订金。

4. 确认、取消预订服务

(1)确认通知。在宴请活动前两天，必须设法与客人取得联系，进一步确定已谈妥的事项，将"宴会通知单"送往各部门；若确认的内容有变动，应填写"宴会更改通知单"，并注明原预订单的编号，发送到相关部门。

（2）取消预订处理，如果客人要取消预订，预员应填写"取消预订报告"送至职能部门，并为不能向客人提供服务表示遗憾，希望今后能有合作机会。

（3）建立宴会预订档案。将预订客人的有关信息和宴会活动资料整理归档，尤其是客人对菜肴、场地布置等方面的特殊要求和一些常客的详细资料，以便能提供针对服务。

（二）餐前准备

1. 布置宴会场所与摆台

根据"宴会通知单"的要求布置餐厅，摆出台型，做好宴会厅的清洁卫生工作，并根据宴会菜单和规格进行摆台。宴会场所的布置与摆台应注意烘托宴会气氛。

2. 准备临时工作台

根据宴请人数、菜单准备宴会临时工作台，在工作台上准备咖啡具，茶具，冰水壶，托盘，烟灰缸，服务用刀、叉、勺等；在备餐间内准备面包篮、黄油、各种调味品及酒水，并将需要冰冻的酒水提前放入冰箱。

3. 餐前检查

对宴会前各项准备工作进行检查，服务人员整理自己的仪表仪容，调整好精神面貌，为宴会服务做好心理准备。

（三）迎宾服务

客人到达时，服务人员应礼貌、热情地欢迎客人。

（四）餐前鸡尾酒服务

根据宴会通知单要求，在宴会开始前半小时或15分钟左右，在宴会厅门口或休息室为先到的客人提供鸡尾酒服务。服务时由服务人员端送饮料和鸡尾酒并在餐桌上或茶几上准备好小吃。

宴会开始前请宾客入宴会厅。

（五）用餐服务

（1）宴会开始前进行递送黄油、面包服务。可以用面包篮进行分派，注意所有宾客分派的面包数量应一致；也可将面包篮放在宾客面前让宾客自行取用。

（2）按菜单顺序上菜、撤盘。每上一道菜前，应先将前一道菜用过的餐具撤下，注意各餐桌撤菜、上菜时间要一致。

（3）上每一道菜前将所配的酒水从客人右侧提前递送上桌。

（4）为客人斟酒前，先向主人展示酒水，经主人同意后再开瓶。佐餐葡萄酒开瓶后先给主人杯中斟少量酒，主人品尝认可后，才可按顺序给每位客人斟酒。斟酒完毕后，将白葡萄酒或香槟酒放回冰桶。

（5）上主菜前，先将配菜递送给客人。如使用俄式服务进行分菜，注意站在客人左侧进行派菜服务。如宴会客人较多，应由几名服务人员同时进行派菜。

（6）上甜品前，撤除与甜品相配的酒水杯具外的所有餐具、杯具。摆好食用甜品用的刀、叉、勺。大块点心、水果、乳酪等用甜品刀、叉，冰淇淋和布丁等用甜品勺。如需要用手直接拿取食用的水果或点心，应提前上洗手盅，用完该类甜品后，给客人上毛巾。

（7）进行咖啡、茶服务前，从客人右侧先上糖盅、奶壶，然后再上咖啡或茶。

（8）用餐结束时，推销白兰地、甜酒等餐后酒和雪茄。有些高档宴会在最后将餐后酒车推至餐桌旁征询主人是否用餐后酒或雪茄。

（六）餐后服务

1. 结账服务

宴会接近尾声时，清点所用的酒水、饮料，后交收银台打出总账单。当主人示意结账和按规定办理结账手续时，应向宾客致谢。

2. 送客服务

客人起身离座时，主动为客人拉椅，检查并提醒客人是否遗留物品，向客人致谢并邀请再次光临，然后礼貌送客人到餐厅门口。

3. 餐后整理工作

整理台面，用托盘或小推车收台、撤台布；整理桌椅，为下一次宴会做准备；领班记录宴会服务情况；关闭电灯、门窗等。

西餐宴会服务标准见表 5-4。

表 5-4　西餐宴会服务标准

序号	服务步骤	服务标准	服务细节
1	餐前准备	（1）按照摆放要求上齐开胃菜。 （2）向水杯注入 4/5 冰水。 （3）面包、黄油分别摆放在客人的面包盘和黄油碟内	（1）在客人到达餐厅前 10 分钟将开胃品摆放在餐桌上，一般是每人一份。在摆开胃品时应考虑特点、口味的搭配，盘与盘之间要留出一定距离。 （2）在客人到达餐厅前 5 分钟，服务员要将面包、黄油摆放在客人的面包盘和黄油碟内，同时为客人斟倒好冰水或矿泉水，每位客人的分量应一致，检查服务员仪容仪表，重要宴会服务员要佩戴手套服务
2	迎接客人	（1）问候客人。 （2）拉椅让座	（1）客人进来时要向客人问好。 （2）为客人拉椅，客人坐下后，从右侧为客人铺上餐巾
3	斟酒服务	（1）示酒。 （2）开瓶。 （3）鉴酒。 （4）斟酒	在为客人斟酒前首先打开瓶盖，把酒倒出少许，先让客人尝试，经许可后再为客人斟酒

序号	服务步骤	服务标准	服务细节
4	餐间服务	(1)上菜。 (2)撤餐具	(1)从客人右侧为客人上菜,应先斟酒后上菜。 (2)先给女宾和主宾上菜。 (3)客人放下餐具后,询问客人是否可撤盘,得到客人允许后,方从客人的右侧将盘和餐具一同撤下
5	清台服务	清理台面	用托盘将面包、面包刀、黄油碟、面包篮、椒盐瓶全部撤下,用服务夹将台面残留物收走
6	甜品服务	(1)甜食餐具准备。 (2)上甜食。 (3)撤餐具	(1)从客人的右侧为客人上甜食。 (2)待客人放下餐具后,询问客人是否可以撤下,得到允许后,将盘和餐具一同撤下
7	咖啡或茶服务	(1)先服务糖和奶。 (2)上咖啡杯、咖啡或茶	(1)先将糖、奶放在餐台上。 (2)将咖啡杯摆在客人面前,上新鲜热咖啡或茶
8	送客服务	(1)按照摆放要求上齐开胃菜。 (2)向水杯注入 4/5 冰水。 (3)面包、黄油分别摆放在客人的面包盘和黄油碟内	拉开餐椅,礼貌目送客人离开

三、吃西餐的六个 M

1. "menu"(菜单)

当客人走进西餐馆,服务员先领客人入座,待客人坐稳,首先送上来的便是菜单。菜单被视为餐馆的门面,老板也一向重视,用最好的面料做菜单的封面,有的甚至用软羊皮打上各种美丽的花纹。

点菜有个绝招,打开菜谱,看哪道菜是以饭店名称命名的,一定可以取之。要知道,哪位厨师也不会拿自己店名开玩笑的,所以他们下功夫做出的菜,肯定会好吃,一定要点。

2. "music"(音乐)

豪华高级的西餐厅,要有乐队,演奏一些柔和的乐曲,一般的小西餐厅也播放一些美妙的乐曲。但这里最讲究的是乐声的"可闻度",即声音要达到"似听到又听不到的程度",就是说,集中精力和友人谈话时就听不到,要想休息放松一下就听得到,这个火候要掌握好。

3. "mood"(气氛)

西餐讲究环境雅致、气氛和谐,一定要有音乐相伴,有洁白的桌布,有鲜花摆放,所有餐具一定要洁净。如遇晚餐,要灯光暗淡,桌上要有红色蜡烛,营造一种浪漫、迷人、淡雅的气氛。

4. "meeting"（会面）

会面就是和谁一起吃西餐，这要有选择的，一定要是亲朋好友、趣味相投的人。吃西餐主要为联络感情，很少在西餐桌上谈生意。因此西餐厅内，少有面红耳赤的场面出现。

5. "manner"（礼俗）

礼俗也称为"吃相"和"吃态"，总之要遵循西方习俗，勿有唐突之举，特别在手拿刀叉时，若手舞足蹈，就会"失态"。使用刀叉，应是右手持刀，左手拿叉，将食物切成小块，然后用叉将食物送入口内。一般来讲，欧洲人使用刀叉时不换手，一直用左手持叉将食物送入口内。美国人则是切好后，把刀放下，右手持叉将食物送入口中。但无论何时，刀是绝不能送物入口的。西餐宴会，主人都会安排男女相邻而坐，讲究"女士优先"的西方绅士，都会表现出对女士的殷勤。

6. "meal"（食品）

一位美国美食家曾说："日本人用眼睛吃饭，料理的形式很美；吃我们的西餐，是用鼻子的，因此我们鼻子很大；只有你们伟大的中国人才懂得用舌头吃饭。"我们中餐以"味"为核心，西餐是以营养为核心，至于味道那是无法同中餐相提并论的。

任务三　西餐鸡尾酒会服务

一、鸡尾酒会的含义

鸡尾酒会又称为酒会，是一种简单、活泼的宴会形式，通常在下午、晚上举行，以各种酒水饮料为主，略备小吃、点心和少量的热菜。鸡尾酒会一般不摆台、不设座，只在酒会大厅边角处为年老者或愿落座者设少量座椅，桌上摆餐巾纸、花瓶和烟灰缸等。在酒会大厅中设一个到几个类似自助餐的餐台，台上陈列小吃、菜肴。

二、酒会服务

（一）服务特点

1. 量身定做

酒会可满足现代社会各种场合的需求，以轻松、热闹且多变的方式来展现活动。酒会的主题活动多样，如庆祝、纪念、说明、展示、开幕、告别、会议等主题，可以是正式场合或轻松聚会，也可以加入个人特色或安排表演，大到场地布置，小到酒会菜单，都可依客人喜好及酒会主题来安排。

2. 时间灵活

一般酒会举行的时间大都与正式用餐分开，一般上午 9～11 时，下午 3～5 时、4～6时等是最常采用的时间，也可以配合主办者的需求，在正餐供应时间所提供的餐点也必须有所调整。

3. 进出自由

酒会进行的方式轻松自由，随进随出，虽然要配合主人的开始时间，但并不要求所有客人到齐才开席，并且通常以自助方式进行，只要进入会场便可以融入社交活动及取用餐点，因此迟到或早退的宾客不会感到尴尬。

4. 菜点精致

一般酒会大都以站立方式进行，不安排桌椅供客人入座。客人通常一手拿酒水，另一手取餐点，因此所提供给客人的餐点都必须经过仔细设计，强调手工精致程度，以小块少量来供应，客人可用手或牙签取用，免用刀叉，同时，餐点还要避免油腻及汤汁。另外，菜点的种类及分量是根据与主人事先的约定限量供应的。

5. 以酒水服务为主

酒会现场一定会安排一临时吧台来提供酒水服务，服务人员会事先把吧台搭设好，并准备各式相关的用于调酒的酒水、调料和器具，如各类蒸馏酒、啤酒、果汁、可乐、苏打水、红葡萄酒、白葡萄酒、矿泉水等，以及冰块、柠檬、樱桃、各式杯具等。

6. 讲究场地布置

酒会属于宴会形式的一种，讲究场地布置，由于不设桌椅，客人以站姿取用餐点，所以现场会摆设一些小型圆桌作为自助餐台；桌上还会放有餐巾纸、牙签筒、烟灰缸等物品。酒会现场较宽敞，客人可四处走动，充分享受社交活动。另外，餐台布置、舞台设计、灯光照明、特殊效果、进出方向及行动路线的安排，都是成功布置酒会场地的重点。

(二)鸡尾酒会场地及餐台的布置要求

(1)酒会中餐台的摆设方式主要着重于酒吧台的位置规划。酒会通常采用活动式的酒吧台，并且摆放一些辅助桌以放置酒杯。餐桌可以摆放为 V 形、T 形或 S 形长台，应摆设在较显眼的地方，一般都摆设在距门口不远的地方，让客人一进会场就可清楚看到。

(2)餐台摆设可用有机玻璃箱、银架或覆盖着台布的塑料可乐箱来垫高，使菜肴摆设呈现出立体效果。

(3)餐台的摆设要视菜单上菜肴道数的多少来准备，过大或过小的餐台都是不适当的布置，因此必须事先了解厨师所推出的菜肴分量，以作为布置的依据，有时也需配合特殊餐具来进行摆设。

(4)酒会会场除放置餐台及酒吧台外，还需摆设一些辅助用的小圆桌。小圆桌中间可摆一盆蜡烛花，并将蜡烛点燃以增添酒会的气氛。

(5)圆桌上可放置一些花生、薯片、腰果等食品，供客人取用。同时，小圆桌也具有让客人摆放使用过的餐盘、酒杯等功用。

(6)酒水和酒杯的准备。杯子的数量约为参加人数的 3 倍，其中必须包括红葡萄酒杯、白葡萄酒杯、果汁杯、啤酒杯、黑灰杯、利口杯、雪利杯、鸡尾酒杯等。要准备各种规定的酒水、冰块、调酒用具。

(7)酒吧台的摆设以尽量靠近入口处为原则。如果参加酒会的人数很多，应尽可能在会场最里面另设一个酒吧台，并将部分客人引导进入该吧台区，以缓解入口处人潮拥挤的状况。

三、鸡尾酒会服务的注意事项

1. 热情主动

(1)鸡尾酒会的服务要求服务人员要主动问候宾客，为宾客拉椅让座。

(2)对于老人、孩子、妇女和贵宾，以及遇有行动不便的宾客，或不熟悉餐厅情况、不愿意自己取酒的宾客，都应该主动上前征得宾客的意见，为他们拿取酒水饮料。

(3)在酒会开始后一段时间内应该不断巡视服务区域，以便能随时发现宾客的需求，为他们提供快速、有效的服务。

2. 勤巡餐台

(1)经常巡视，如有宾客使用过的杯子、烟缸、空饮料罐等，应在征求宾客同意后及时用托盘将它们撤走，并送至洗涤间交管事部清洗。

(2)不断巡视收餐台，尤其当服务形式为立式时，一旦发现有宾客使用过的酒杯、饮料杯、餐巾纸和空盘，要立即将它们清理，不仅可以使餐具周转加快，也会使收餐台看起来一直显得非常整洁干净，使宾客感到舒畅。

(3)要保持地面清洁，及时将宾客掉落在地上的菜块、餐巾纸等物品清除干净，但要注意宾客用餐时不能用扫帚，只能用手来捡取。

(4)热情、诚恳、灵活地解答宾客的疑问，帮助解决他们的困难；眼疾手快，头脑灵活，及时发现突发事件并汇报给上级主管。

3. 礼貌送客

(1)当宾客就餐完毕后，礼貌致谢并道别。

(2)提醒宾客不要遗忘自己的物品。

(3)立即清理餐台，将所有用过的餐具、杯具用托盘送至洗涤间；将脏台布撤下卷在一起，不要把台布上的骨刺、碎屑抖落在地上。

四、服务人员的分工

1. 酒水服务人员

用托盘端上装有各种酒水和饮料的杯子巡回向客人敬让，自始至终不间断，同时要及时收回用过的酒杯，以保持台面的整洁和避免酒杯的重复使用。但应注意不要一边让酒(邀请客人喝酒)，一边收酒杯，以免造成用过的有余酒的杯子和干净的盛有酒水的杯子混淆。正确的服务方法是，在普遍让过一遍酒后，指定专人负责收回用过的酒杯。

2. 菜点服务人员

在酒会开始前15分钟，在餐台上摆好干果，酒会开始后端上菜点和各种小吃在席间巡回敬让。要保证每一道菜点对每一位客人都要让到，特别注意帮助老年客人取用。一道菜点对所有客人让过后，剩余的菜点经过整理后置于餐台上，接着让下一道菜点。并随时撤回桌上的空盘，收拾桌上用过的牙签、餐巾纸等。

3. 吧台服务人员

在酒会开始前，准备好各种需要调制鸡尾酒的酒水、材料和器皿，准备好供洗刷的消毒水和清水。酒会开始后负责倒酒、兑酒、洗刷用过的酒杯，保证酒水和酒杯的供应，并随时整理酒台。酒会用酒的品种多、数量大，应注意既要满足客人的需要，又要注意节约。对于带汽的酒水要随用随开，以免口味变化。各种鸡尾酒的兑制，要严格按规定比例、配料来操作，保证酒水质量。

五、鸡尾酒会服务流程

1. 酒会预订

(1)预订员看到客人来到餐厅需主动礼貌地问候客人。

(2)当知道客人是来订餐时，务必主动向客人介绍自己，表示愿意为客人服务。

(3)预订员要将预订内容、要求、人数标准和主办单位地址、电话、预订人等记录清楚、具体。

2. 厅堂布置

(1)鸡尾酒会厅堂布置应与主办单位要求、酒会等级规格相适应。

(2)根据客人宴请通知单的要求摆放各种设备。

(3)将厅堂、酒台、餐台、主宾席区或主台摆放整齐。

(4)如果是大型酒会，应根据主办单位要求设签到台、演说台、麦克风、摄影机等，位置摆放合理。

3. 餐前准备

(1)酒会开始前组织服务员摆台，要合理设置主宾席或主宾席区，位置突出。

(2)将酒台、餐台摆放整齐，餐具、小吃要准备齐全。

(3)在酒会举办前20～30分钟，将调好的鸡尾酒和饮品整齐地摆在酒台上，酒水名称与数量记录清楚。

(4)要保证酒水的供应充足、及时。

4. 迎接客人

(1)领位员配合主办单位迎接、问候客人，并表示欢迎。

(2)对主宾席或主宾席区的客人要特别照顾。

5. 酒会服务

(1)服务员要分区负责，一般按1人服务15位宾客的比例配员，为客人递送鸡尾酒、饮料、点心、小吃。

(2)主人讲话或祝酒，服务员主动配合，保证酒水供应。

(3)服务过程中留心观察客人，主动及时地提供服务，回答客人问题或为客人送酒，添加点心小吃，服务细致周到。

(4)酒会期间有舞会或文娱节目，事先同主办单位协调，具体安排细节，适时调整桌面，保证舞会或文娱节目演出顺利进行。

6. 告别客人

(1)征求主办单位和客人意见。

(2)及时递送客人衣物，欢迎客人再次光临。

(3)客人离开后快速清台、收餐具，撤除临时性设备。

六、西餐宴会中的餐酒搭配

西餐宴会中十分注重以酒配菜，不同的酒水搭配不同的菜肴。

1. 餐前酒

餐前酒也称开胃酒，是指在餐前饮用，喝了可以刺激人的胃，使人增加食欲的饮料。开胃酒通常由药材浸制而成，主要品种包括味美思、比特酒和茴香酒等。

2. 佐餐酒

佐餐酒是在进餐时饮用的酒水，常用葡萄酒。西餐就餐时通常多饮用佐餐酒。佐餐酒包括红葡萄酒、白葡萄酒、玫瑰红葡萄酒和汽酒等。

3. 甜食酒

甜食酒一般是在佐助甜食时饮用的酒品。其口味较甜，常以葡萄酒为基酒，加葡萄蒸馏酒配制而成。甜食酒主要包括雪莉酒、波特酒等。

4. 餐后甜酒

餐后甜酒又称利口酒，是餐后饮用的，含糖量高，有帮助消化的作用。这类酒口味多，原材料的来源也比较广泛。制作时用烈性酒加入各种配料（果料和植物）和糖配制而成。

5. 混合饮料

混合饮料是将两种以上的酒水混合在一起饮用，通常在餐前饮用或在酒吧饮用，其典型代表是鸡尾酒。

任务考核

 **项目小结**

通过西餐零点、西餐宴会服务程序和西餐鸡尾酒会等内容的学习，帮助学生认识和了解西餐，掌握西餐的服务程序，了解更多西餐菜肴、烹饪技法和咖啡、餐酒等相关知识，更好地为客人提供相关服务。

 **课后练习**

一、名词解释

1. 西餐服务
2. 利口酒
3. 美式服务

二、简答题

1. 牛排分几成熟？分别是什么？
2. 西餐的服务程序是什么？
3. 如何进行咖啡的冲泡？

三、论述题

1. 说一说如何为客人进行西式商务宴会服务。
2. 西餐零点服务中需要注意哪些细节以便为客人提供更加满意的服务？

项目六　菜单管理

菜单制作是一项艺术性和技术性较强的工作。一份好的菜单，既能满足各种宾客的餐饮需求，又能保证餐饮部取得良好的经济效益。菜单是餐饮企业向客人提供的餐饮产品的品种和价格的一览表。一份好的菜单，不但可以使顾客对餐饮企业产生好感、增强印象，而且还会产生一定的广告宣传效果，增加企业经济效益，因此，菜单设计与制作的好坏将直接影响餐饮经营的口碑与收入。

学习目标

1. 掌握菜单的作用与种类。
2. 掌握设计的主要依据及内容。
3. 中西餐宴会菜单设计相关知识。

菜单引起的不愉快

孙先生请几位朋友到新开业的一家西餐厅就餐。看过菜单后，孙先生被菜单上果木烟熏牛排的图片所吸引。通过服务员得知这是该餐厅的招牌菜之后，孙先生果断地点了4人份的牛排，并点了红酒和其他一些菜品。结账时，孙先生发现账目不对，服务员连忙解释，原来果木烟熏牛排由于烹调方法需要加收15%的服务费，并拿出菜单让孙先生看，原来"该菜品需加收15%服务费"的字样的确添加在牛排照片下方，但是由于字号太小，所以被忽略了。孙先生百口莫辩，付完账后快快不乐地离开了。

任务一　菜单的设计与制作

一、菜单的作用与种类

（一）菜单与菜谱

菜单与菜谱是两个截然不同的概念，有必要加以区别。

1. 菜单（Menu）

菜单有两种含义。

其一，是指餐厅中使用的可供顾客选择的所有菜目的一览表。也就是说，菜单是餐厅提供商品的目录。餐厅将自己提供的具有各种不同口味的食品、饮料按一定的方式组合排列于专用的纸上，供顾客从中进行选择。其内容主要包括食品、饮料的品种和价格。

其二，是指餐厅的菜品。例如，我们常说的"宴会菜单的设计"，并不是如何设计、印刷精美的菜品一览表，而是指该宴会应为顾客准备哪些菜品和饮品。

2. 菜谱(Recipe)

菜谱是描述某一菜品制作方法及过程的说明。

(二)菜单的作用

(1)菜单体现了餐厅的经营方针。原材料的采购加工、烹调制作及餐厅服务都要以菜单为依据。菜单制作人员依据餐厅的经营方针，经过认真分析客源和市场需求，制订出合适的菜单，餐饮管理人员只有按照菜单的市场定位才能更好地组织客源，开展生产经营活动，最终获得成功。

(2)菜单是餐厅促销的手段。一份设计独特、装帧精美的菜单，无疑能够起到广告宣传的作用。菜单不仅能够通过提供信息向顾客进行促销，餐厅还可以通过菜单的艺术设计来烘托餐厅的形象。菜单上不仅配有文字，还往往配有图片、图案和食品图例，菜单美观的艺术设计，会给人以感性的认识和对味觉的刺激。

菜单还可以做成各种精美的宣传品，陈列于潜在顾客易见之处，或向顾客散发，或刊登在报纸、杂志上，或直接邮寄给顾客，进行各种有效的推销。另外，制作精美的菜单可作为纪念品，提示和吸引顾客再次光临。

(3)菜单是消费者与接待者之间进行沟通的桥梁。由于餐饮产品的生产、销售、消费、贮存等具有的独特性，餐饮企业很难像其他企业那样把所有的食物样品展示给顾客。餐厅主要是通过菜单向消费者介绍推销自己的菜肴和酒水，消费者根据菜单选购所需食品和饮料。消费者和接待者通过菜单沟通信息，买卖行为得以实现。

(4)菜单是餐饮企业一切业务的总纲，是餐饮生产和销售活动的依据，是一项重要的管理工具。

①菜单影响餐饮设备的选择购置。餐饮企业选择、购买设备、灶具、工具或餐具时，无论是种类、规格还是质量、数量，都取决于菜单的菜式品种、水平和特色。菜式品种越丰富，所需的设备的种类就越多。菜式水平越高、越珍奇，所需的设备、餐具也就越专业。菜单在一定程度上影响了餐饮企业的设备成本。

②菜单决定了员工的配备。餐饮企业在配备厨房和餐厅员工时，应根据菜肴的制作和服务要求，招聘具有相应技术水平的人员并对员工进行培训，菜单也在一定程度上决定了员工的人数和工种。

③菜单影响厨房布局和餐厅装饰。厨房是加工制作餐饮产品的场所，厨房内各业务操作中心的设备布局、器械、工具的定位，应以适合既定菜单内容的加工制作需要为准则。餐厅装饰的主题、风格及饰物陈设、色彩灯光等，都应根据菜单内容的特点来设计，体现一定的风格。

④菜单决定了餐饮成本。菜单上用料珍稀、原料价格昂贵的菜式过多，会导致较高的食品成本，一些技术水平较高、需精雕细刻的菜式也会相应提高企业的劳动力成本，菜单的制订会直接影响餐饮企业的盈利能力。

⑤菜单可以为企业经营提供参考。菜单所列出的各种菜肴，受顾客欢迎的程度是不同的。有些菜肴受到多数顾客的欢迎，销量较多；有些菜肴只受到某些顾客的欢迎，销量一般；还有的菜肴不太受顾客欢迎，销量很少。另外，菜单所列菜肴的盈利程度不同，因此，对菜单上所列的各种菜品进行销售分析，能对企业经营的产品进行调整，同时进一步确定产品的营销策略。

(三)菜单的种类

菜单的种类多种多样，根据不同的分类标准可以把菜单划分为很多不同的类型。例如：根据餐别可将菜单划分为中式菜单、西式菜单和其他菜单；根据就餐时间可分为早餐菜单、早午餐菜单、午餐菜单、晚餐菜单、宵夜菜单；根据用餐形式可分为冷餐酒会菜单、自助餐菜单、宴会菜单、客房送餐菜单、团体菜单等；根据实施菜单时间的长短及菜单更换的频繁程度可分为固定性菜单、循环性菜单和即时性菜单；根据菜单价格形式可分为零点菜单、套餐菜单和混合式菜单等。

二、菜单设计的依据

(一)顾客需求

餐厅要吸引什么样的顾客？谁是本餐厅的顾客？任何一个餐厅在开业前都必须明确有相似消费特点的顾客作为目标市场，以便更好、更有效地满足顾客需求。

(二)市场竞争

菜单设计除要了解顾客的需求外，还需注意竞争对手的情况。对竞争对手的调查，主要是对直接竞争对手进行调查。直接竞争对手是指在本餐厅的中心市场区内与本餐厅的经营范围和目标市场相似、提供类似产品及服务的餐厅。

(三)餐厅主题

菜单的设计应能体现出餐厅特定的主题和风格。餐厅的总体风格情调所表现出来的饮食文化实质上即是餐厅主题。餐厅主题决定了餐饮经营的目标宗旨和组织形式。以特定菜系和风味为主题的餐厅，侧重于餐饮产品的特色、成本、品质和服务四个层面的发展；而文化主题餐厅则偏重于文化定位，通过环境气氛的营造和娱乐形式的开发，来创造一种文化气氛。

(四)生产条件

厨师的烹饪技术水平和烹饪设施设备能否保质保量地生产出菜单所规定的菜点是菜单设计的原则。

(五)原材料供应

在掌握食品原料市场供应情况的同时，菜单设计者还应重视饭店现有的库存原料，特别是那些易损、易坏的原料。例如，对鲜果、蔬菜、乳制品及各种可使用的备用食品，做到心中有数，决定哪些原料应立即予以使用，以及根据具体情况考虑是否增设当日特选菜点进行推销，或做适当的处理。

三、菜单的内容与制作

菜单是餐厅向客人提供的餐饮产品的品种和价格的一览表。从形式上看，菜单是餐厅提供商品的总目录，它实际上是餐厅将所能提供的各种菜品、食品、饮料等经过科学的组合，排列于纸上，供就餐者从中选择的一种销售工具，也是餐厅向顾客提供有关餐饮服务的内容、特点及价格等信息的一个渠道。菜单分为纸质菜单和电子菜单，菜单配有文字，饰有图案，套上色彩，还穿插了相应的菜肴图例，直观地体现了餐饮企业的经营主题与经营水平。

（一）菜单的内容

通常人们认为，菜单的内容只有两项，一为菜品名称，二为菜品价格。经营成功的餐厅，其菜单除这两项内容外，还应该包括菜点的介绍、告示性信息及机构性信息。

1. 菜点的名称和价格

菜点的名称和价格应满足如下几个方面的条件：

(1)菜点名称应真实可信。

(2)外文名称要准确无误。

(3)菜点的质量应真实可靠。

(4)菜点的价格应明确无误。

(5)菜单上所列的产品应保证供应。

2. 菜点的介绍

菜单应对某些产品进行介绍。这些介绍可以起到服务员的作用，帮助客人挑选菜点，并能减少客人的选菜时间。菜单上应列出的介绍内容主要有以下几个方面：

(1)主要配料及一些独特的浇汁和调料。

(2)菜点的烹调和服务方法。

(3)菜点的份额。

(4)菜点的烹调等候时间。

(5)重点促销的菜点。

3. 告示性信息

除菜点名称、价格等这些菜单必不可少的核心内容外，菜单还应提供一些告示性信息。告示性信息必须简洁明了，一般包括以下内容：

(1)餐厅的名字。

(2)餐厅的特色风味。

(3)餐厅的地址、电话和商标记号。

(4)餐厅的营业时间。

(5)餐厅加收的费用。

4. 机构性信息

有些菜单上还介绍餐厅的质量、历史背景和餐厅特点。许多餐厅需要推销自己的特色产品，而菜单是推销的最佳途径。

（二）菜单的制作

1. 菜单的尺寸大小

菜单尺寸大小应与餐厅规格和菜单样式相协调。常见菜单的尺寸大小：单页菜单28厘米×40厘米；对折菜单25厘米×35厘米；三折菜单18厘米×35厘米。

2. 菜单的布局

（1）菜单程式。菜单上的各类菜式通常是按就餐顺序排列的。因为，客人一般按就餐顺序点菜，也希望菜单按就餐顺序编排。这既符合人们的正常思维，又能使客人很快找到菜点的类别，不致漏点某些菜点。中餐的一般程式：凉菜、热炒（分类排列）、汤、主食、饮料。西餐的一般程式：开胃品、汤、沙拉、主菜、甜点、饮料。

（2）突出主要菜式。把需要重点促销的菜点安排在最显眼的地方，加以框边或饰纹，或以不同的字体印刷，以引起客人的注意。

（3）临时菜品的推销。餐厅经常会有一些临时菜肴或特别菜式需要推销。对于这些菜式，可以采用小卡片的形式附在菜单上。由于这种形式很醒目，也能引起客人兴趣，附小卡片所用的小夹子须在制作菜单时就设计妥当，菜单上也应留有一定的空白，以免小卡片遮盖菜单内容。

（三）菜单的装帧

菜单的字体要为餐厅营造气氛，反映餐厅的环境。它与餐厅的标记一样，是餐厅形象的一个重要组成部分。菜单的字体应同餐厅所用的标记、颜色一致。

四、菜单制作常见问题

不同类型的餐饮企业在进行不同规格、标准、档次的菜单设计与制作时，常出现以下问题。

1. 认识不足，制作材料选择不当

由于餐饮企业的经营管理者对菜单设计制作的认识存在差异，重视程度普遍不够，包括一些大型、较高档次的餐饮企业也存在这个问题。所以，很多餐饮企业在进行菜单材料选择时，出现材料质量的优劣与经营档次的高低不匹配的现象，直接影响了企业的经营效益。特别是一些中、小型大排档餐饮企业，在进行菜单选材时直接使用讲义夹、文件夹、集邮册、影集本等材料形式，将菜单内页装订成册，造成与用餐环境、气氛的格格不入，直接影响了餐饮消费者的消费感受。

2. 制作过于简单，内容出现疏漏

菜单设计与制作是一项系统工程。很多餐饮企业在实施菜单具体制作时，缺乏全面系统的安排，出现设计制作的标题、正文、附加信息说明等过于简单化现象，甚至有些菜单没有对主要菜点、特色菜点作描述性说明或说明不恰当，没有将全部经营品种列入菜单，没有企业最基本的经营信息介绍等。

3. 版面艺术性差，使用不方便

菜单版面艺术性差，使用不方便，首先表现在其规格太小、装帧简陋、色彩单调、

内容拥挤、排列紧密、字体太小等方面；其次表现在对列在菜单上的各类菜点平均对待，没有有效使用定位、加框、套色、边饰、字号变化等来吸引消费者注意到最盈利和最热销的菜品上。

任务二　菜单的相关知识

一、中餐宴会菜单设计

我国的筵席文化源远流长，清代的"满汉全席"是中国最为有名的筵席。按照宴会的社会性质可分为国宴、公宴、家宴等；按照宴会主题可分为婚宴、寿宴等；按照宴会原料可分为全鱼宴、素宴等；按照宴会区域可分为四川田席、洛阳水席等。正因为中式宴会种类繁多、形式多样，在菜单设计时应把握一定的原则。

(一)中餐宴会菜单设计原则

1. 因人配菜

设计中式宴会菜单首先要考虑的是"因人配菜"问题。从宾客的年龄、身体状况、禁忌等方面考虑菜品的选配。例如，宾客中若有患慢性胃炎、十二指肠溃疡的，因其胃酸分泌过多，为了使这些宾客不致因赴宴而引起疾病或加重病情，应设计出对胃酸分泌具有抑制作用的菜肴。名菜"炒鸡淖"是用大量油脂将鸡肉、蛋清、淀粉和水制作成鸡浆再炒出来的一款风味菜，由于脂肪在胃中停留时间可达五六个小时，具有抑制胃酸分泌的作用，适宜胃炎患者食用。

2. 应时配菜

一方面，在不同的季节有不同的新鲜原料上市，如早春的蒜薹、韭黄、蚕豆、香椿，夏季的豆类、瓜类，秋季的鱼类，冬季的大白菜、萝卜、青菜等。这些都是菜单设计应考虑使用的原料。另一方面，在不同的季节适宜不同的菜肴。如炎热的季节配以凉拌、卤制、汤类，寒冷的季节里烧、蒸、烩、焖等多一些。"秋冬季进补"已是民间常识，菜单设计要掌握一定的保健、食疗常识，顺应天时的养生之道。

3. 因事配菜

根据实际情况，如设宴目的、主人具体要求、习俗、档次等设计菜单。在设计菜品时应考虑一些忌讳，例如，丧宴一般忌讳双数，最好是 7 个菜，而喜宴一般要双数；在中国香港地区，结婚喜宴万万不能出现豆腐、飘香荷叶饭这一类的菜肴饭点。

4. 随价配菜

根据宾客预订宴会的金额来确定宴会的等级，从而确定菜肴品种。按照宴会等级可分为高级宴会、中级宴会、普通宴会等。不同等级的宴会，其定价原则有所不同。

(二)中餐宴会菜肴设计

中餐宴会菜肴设计应考虑色、香、味、形、器、意的整体配合。

1. 色的配合

根据一定的审美知识，考虑到菜肴的色调和光泽，使菜肴色泽搭配层次分明、和谐美观。原则上，在炎热的季节应考虑多用冷色系列，寒冷季节宜多用暖色调。在现实生活中，菜肴冷暖色的处理相当灵活。例如，在四川、重庆，即炎热的夏季，人们仍然爱吃色泽红亮的麻辣火锅。这种暖色调和麻辣烫鲜的感受更容易使食客兴奋、胃口大开，进食过程中有一种酣畅淋漓的感觉。

2. 香的配合

烹饪原料很多都含有不同的醇、醋、酚、酮等呈香物质，经过烹饪尤其是加热，使它们释放出来，再经过化学反应使之相互作用，从而构成诱人的香气。一桌菜肴散发出不同的香气，加上形、色、味等的巧妙搭配，使人食欲大增。

3. 味的配合

中国菜肴讲究"吃味"，味美是中国菜肴的核心。味在不同的季节有不同的侧重，《礼记》从四时五味须合五脏之气的角度提出"凡和，春多酸，夏多苦，秋多辛，冬多咸，调以滑甘"。中医五行学说认为酸入肝、苦入心、甘入脾、辛入肺、咸入肾，五味入口，各有所归。

4. 形的配合

菜肴的形状包括天然形态，如整鸡、整鸭、整鱼等整形原料；经过加工的形态，如丝、丁、片、条、块等；还有经过艺术手法加工的形态，如花刀、食雕等。中高档宴会菜单设计中要考虑工艺性较为高级的形态配合。

5. 器的配合

餐具的搭配是中国菜肴的一大亮点。对餐具的要求一般符合三个条件：一是要配套，二是要多种多样的专用餐具，三是要质地优良。

6. 意的配合

意的配合在中餐宴会菜单设计中是很重要的一环，其实在色、香、味、形、器中就有了体现。如果在意的配合上给人联想，让人思绪回味无穷，那么中餐宴会菜单设计就达到了一种意的境界。

(三) 西餐宴会菜单设计

由于中西文化的差异性，与中餐宴会文化崇尚"和"不同的是，西餐宴会讲究个性突出，以"独"为美，并通过各种方式追求形式美。按照地方风味分，西餐宴会分为法式宴会、美式宴会、英式宴会等。在宴会格局上，强调以菜为中心、酒与菜配合，菜点讲究简洁实用，菜单设计突出个性。

1. 西餐宴会菜单的内容

西方人的生活节奏较快，早餐、午餐内容通常较为简单，晚餐作为正餐比较重要，周末晚宴更为重要，通常持续四五个小时，菜肴数量通常为6～11道不等，注重营养搭配，菜肴质地偏鲜嫩。传统的西餐宴会菜单内容比较繁杂，包括冷前菜、汤类、热前菜、鱼类、大块菜、热中间菜、冷中间菜、冰酒、炉热菜、蔬菜、甜点、开胃点心及餐后点心13道程序，种类繁多，现代西餐宴会进行改良和简化，减少油脂的用量，注重菜品的外观设计，强化工艺造型，菜式精美，主要包括前菜类、汤类、鱼类、主菜类、冷菜、点心类及饮料7项，除此之外，西餐宴会酒水单也是菜单的重要组成部分。

2. 西餐宴会菜单设计的原则

西餐宴会菜单设计应依据宴会主题，突出个性化设计，具体原则如下：

(1)突出主题。西餐宴会菜单设计首先要考虑宴会主题，再结合实际情况与酒店条件来设计。

(2)考虑原料供应。原料是西餐菜单设计的关键点。如果原料数量和质量能满足供应、价格合理，那么菜肴便可列入菜单，否则只能舍弃。尤其是进口的原料，要考虑季节性、储藏的难易程度及库存情况等。

(3)提升烹饪技术。烹饪技术是制订宴会菜单的关键。菜单菜品的设计依赖于厨师的技术，先培养厨师，再更新技术，才会有新的菜品推出。

(4)控制成本。西餐原料及配料成本一般较高，如果不控制成本，设计菜单时价格就缺乏市场竞争力，企业利润率就不能得到保证。

(5)讲究菜品文化性。菜品既要体现传统风味，又要不断推陈出新，突出文化性、季节性等。

3. 西餐宴会菜单设计

西餐宴会菜单十分灵活，没有固定的模式。以下就早餐、正餐和自助餐的菜单设计做一简单介绍。

(1)早餐菜单设计。西方人的早餐比较讲究搭配，要求有荤、有素、有果、有茶，口味有咸有甜，质地有脆有软，色彩丰富，营养合理。

(2)正餐菜单。西餐根据不同国家和地区，可分为法式、意式、美式、俄式、英式正餐，菜单使用可灵活搭配，但程序一定不能乱。

(3)自助餐菜单。自助餐是目前世界各国酒店常用的一种餐饮方式。自助餐中冷菜的比例较大，其次是热菜、主食、汤品、甜品和水果。菜品的选择可根据宴会的主题、宴会举办的季节来搭配。国内酒店的自助餐基本上由西餐厅来承办，菜品通常是中西合璧，以丰盛、营养、便捷的特点赢得消费者的青睐。

二、菜单营销新思路

菜单营销，即通过各种形式的菜单向来餐厅就餐消费的宾客进行餐饮推销。营销既是一门学问也是一门艺术，因此，菜单营销可通过各种形式各异、风格独特的固定式菜单、循环式菜单、特选菜单、保健菜单、儿童菜单、情侣菜单、女士美容菜单、双休日菜单、美食节菜单等来进行宣传和营销。

中餐利用菜单营销时，一定要注重形式创新、图文并茂，设计出意境不同、情趣各异的封面；格式、大小可灵活变化，并可分别制作成纸垫式、台卡式、招贴式、悬挂式、帐篷式等；色彩或艳丽、或淡雅；式样或豪华气派、或玲珑秀气，让宾客在欣赏把玩之中爱不释手，甚至想将它作为珍藏品，无意识中产生了购买欲，并付诸行动。可以说，这些菜单实际上起到了无言的广告作用，无形中调动了顾客的消费欲望。根据中餐特点和消费者的需求，下面对菜单营销中的四类主题菜单略作说明。

1. 保健功能菜单

保健功能菜单可用简洁易懂的语言介绍菜品组成、各成分的营养价值及其保健功能、食用的最佳方法和注意事项，甚至可以写出主要营养素的含量及人体每日需要量等，以此来指导宾客消费，既突出了餐厅的特色，又普及了保健知识，还可以供客人等菜时阅读，填补等菜时的空闲时间，增添餐厅的文化内涵。

2. 女士养颜菜单

当代女性关注自己的美丽与健康，根据这些需求特点，可以设计出具有减肥功能、美容养颜功能等符合女士需求特点的菜单，以赢得广大女士的喜爱。例如"美白汤"，其主要原料有富含淀粉、脂肪、蛋白质、钙、磷、铁、维生素、磷脂等，清热解毒、祛斑的绿豆；有富含淀粉、脂肪、蛋白质、钙、磷、铁、维生素、植物皂素等，能利水消肿、解毒排脓、清热祛湿、通利血脉的赤小豆；有富含淀粉、脂肪、蛋白质和多种维生素，能清心安神、润养肺经、养肤、润肤、美肤的百合。绿豆与百合所含的维生素能使黑色素还原，具有美白作用。因此，这个菜肴不仅养颜美容，更可在炎热的气候中消暑解渴，促进血液循环，一举多得。

3. 儿童趣味菜单

美国五星级的万丽湾景酒店的餐厅，备有精美的儿童菜单，列在菜单上的食品和饮料品种并不是很多，都集中印在一张色彩鲜艳的纸上，字体活泼，而且字号较大，便于儿童阅读，原来菜单的封面是请曾在餐厅用过餐的小客人设计的，活泼可爱。儿童菜单里还有一本当月的《儿童体育画报》，每次有儿童客人在父母的带领下来餐厅用餐时，服务员都会先为小客人送上干净整洁的儿童菜单，令小朋友们喜出望外。

4. 情侣菜单

情侣菜单从名称到寓意、从造型到口味都要符合年轻人需求特点，要给情侣们留下深刻的印象和好感。菜单可设计成影集式的或贺卡式的，并配有优美的音乐，让情侣们一开始就能感受到餐馆刻意营造的温馨甜蜜气氛。菜肴的名字也要起得有韵味，给人以浪漫动听的感觉，还可配以浪漫的爱情故事、经典传说、幽默笑话等，以增添饮食乐趣，留下美好的回忆。例如，广东人的喜宴上，最后一道甜品一定是冰糖红枣莲子百合，取其"百年好合、早生贵子"之意。用百合、枣、莲子蜜制的甜菜，可以命名为"甜蜜百合"，在菜单上注明其用料的寓意，还可配上几句浪漫情诗、美好祝福，直奔爱情的主题。

 项目小结

菜单是餐饮企业向客人提供的餐饮产品的品种和价格的一览表。菜单的设计与制作的好坏将直接影响餐饮经营的口碑与收入。通过学习菜单制作相关知识，学生更好地了解菜单在餐饮营销管理中的作用，提高餐饮服务质量，增加企业经济效益。

课后练习

一、名词解释

1. 菜单
2. 循环菜单

3. 零点菜单

二、多选题

1. 自助餐菜单菜肴选择要遵循的原则包括（　　　）。

    A. 选用能大批量生产且放置后质量下降幅度小的菜肴

    B. 选用有特色的菜肴

    C. 选用有一定风味的菜肴

    D. 选用高端菜肴

2. 菜单设计者的主要职责包括研究并制订菜单和（　　　）。

    A. 向客人介绍本餐厅的时令、特色菜点

    B. 制订菜品的标准分量、价格

    C. 审核每天进货价格

    D. 检查宴席菜单

3. 菜品名和价格应该具有真实性，主要包括（　　　）。

    A. 菜品名真实

    B. 外文名称正确

    C. 菜单上列出的产品要保证供应

    D. 菜品名要文雅、引人深思

4. 根据菜单的市场特点可分为（　　　）。

    A. 零点菜单　　　　　B. 当日菜单　　　　　C. 固定菜单　　　　　D. 循环菜单

5. 菜单的作用包括（　　　）。

    A. 菜单反映了餐厅的经营方针

    B. 菜单标志着餐厅菜肴特色和水准

    C. 菜单是沟通消费者与接待者之间的工具

    D. 菜单既是艺术品又是宣传品

三、判断题

1. 菜单设计的主要目标是展示厨师的烹饪技能和创意，还要考虑客人的口味和偏好。（　　　）

2. 中餐菜单通常按照食材的主要类别进行组织，如肉类、海鲜、蔬菜等。（　　　）

3. 菜单上的价格应该保持不变，不受季节和市场价格的影响。（　　　）

4. 在中西餐菜单设计中，使用图片来展示菜品是一种常见的做法，有助于吸引客人的注意。（　　　）

5. 为了提高销售，菜单上应该尽量列出更多的菜品，即使它们在厨房中不容易准备。（　　　）

项目七　餐饮管理

学习引导

本项目通过餐饮数字化营销和餐饮质量管理的学习，旨在培养学生通过进行有效的营销和质量管理真正提高酒店的餐饮服务质量，规范酒店企业经营和管理，赢得酒店企业餐饮消费的市场信誉和知名度，扩大企业经营，取得企业经济效益和社会效益。

学习目标

1. 掌握餐饮营销的相关知识。
2. 掌握绿色营销、数字化营销的含义和方法。
3. 掌握餐饮质量管理相关知识。

案例导入

有效的管理可以提高经营业绩

某酒店为了提高餐厅的服务质量，决定进行问题收集，先后共收集了 20 个餐厅服务质量问题，涉及餐厅服务质量的各个方面。经过分类整理，其中反映服务态度较差的有 5 个，反映服务人员外语水平低的有 3 个，反映餐厅菜肴质量差的有 9 个，反映餐饮设备差的有 2 个，反映卫生情况差的有 1 个。针对发现的这些问题，餐厅管理人员用因果分析法进行了分析，找到了问题的原因，提出了具体的改进措施。经过三个月的整改，餐厅服务质量明显提升，顾客满意度大幅提高，餐厅的经营业绩显著提高。

任务一　餐饮营销管理

一、餐饮营销的概念

餐饮营销是指餐厅经营者为了使顾客满意，并实现餐厅的经营目标而展开的一系列有计划、有组织的活动。

营销活动越来越受到餐饮企业的重视，其意义在于：一是随着新产品的不断推出，通过促销来诱导消费者购买，以此为契机，展示企业的理念、目标和实力；二是餐饮企业促销采用短期作战的方式，加速产品的更换和进入市场的进程；三是餐饮销售多为地区性行为，促销比较符合地区性特点；四是突出产品的特点和优势，加深消费者对产品的了解，提高产品信任感，使更多的消费者偏爱其产品，唤起购买欲望，创造出新的消费需求，进而产生惠顾动机，稳定销售量。

二、餐饮市场营销策略

1. 菜单推销

菜单是餐厅重要的营销工具，一份好的菜单，不仅能增加客人的食欲，还能促进餐厅的营销。餐厅既可以通过固定式菜单、循环式菜单、特选菜单、今日特选、厨师特选、每周特选、本月新菜、儿童菜单、中老年人菜单、情侣菜单、双休日菜单、美食节菜单等对餐厅菜品进行宣传和营销，也可以通过赋予菜单不同的材质、样式、色彩等让宾客产生兴致从而购买餐厅的菜品。

对于餐厅的特色菜或是价格高、毛利大的菜品，餐厅应该对菜单上印的字体、色彩、文字、图片等进行特殊处理，以起到突出菜品的作用。

2. 员工推销

餐厅的每一位员工都是推销员，他们的形象、服务质量和工作态度都是餐厅餐饮产品的无形营销，其中又具体包括经理推销、名厨推销和服务人员推销等。

(1)经理推销。餐厅经理对遇到的每一位客人都非常有礼貌，面带微笑向客人做自我介绍、呈递名片、介绍本餐厅并对客人前来就餐表示欢迎，使客人产生一种被重视、受尊重的感觉，增加对餐厅的好感，从而促使其消费或再次光临。

(2)名厨推销。"名厨主理"现在已成为很多餐厅的宣传招牌，即利用厨师的名气来进行宣传推销、招揽客人。特别是曾在餐饮美食大赛中获过奖的厨师或对菜品不断进行创新的厨师，会对顾客有很大吸引力。现在很多餐厅都会在客人就餐时，安排厨师进行现场烹制、端送自家的特色菜肴，并对其烹饪过程、创意等给客人做简单介绍。

(3)服务人员推销。除提供优质服务外，服务人员还可以引导客人消费。服务人员对顾客的口头建议式推销是最有效的推销方法之一，推销语言对服务人员的推销效果起着至关重要的作用。餐厅的服务人员尤其是点菜人员应该掌握推销语言技巧，用建议式的语言来推销本餐厅的产品和服务。建议式推销的要点如下：

①尽量采用选择问句，采用"您""请问"等敬语。

②介绍菜品时多用描述性的语言，以引起客人的兴趣和食欲。

③要选择好时机，根据客人的用餐顺序和习惯进行推销。

3. 环境推销

餐厅的环境要尽量适合本餐厅的气氛和情调。餐厅的环境主要包括装潢(灯光、色彩等)、餐厅摆设、座位布置和形式、餐桌椅数目、餐厅形状和面积、音响，室内的温度、湿度、舒适程度等。餐厅可以通过营造不同的环境氛围进行营销，主要包括以下几个方面：

(1)异国情调氛围。在布置餐厅时，可以选择某一国的特色来进行设计，如用该国的民俗工艺品在店内进行展示装饰，展示该国的家具、设备，用该国的国旗、国歌、国花等进行气氛渲染，推销该国的特色菜肴或酒水等。

(2)运动餐厅氛围。把运动项目元素引入餐厅，比如在餐厅一侧设置一个小型室内高尔夫练习场，依据客人将球打入洞里的次数，来给客人相应的折扣。当然，餐厅也可以通过飞镖、射箭等其他运动吸引顾客，并将他们的运动成绩和消费折扣挂钩，来增加就餐的趣味性。另外，在世界杯期间将餐厅装饰成足球主题氛围来吸引客人前来就餐，也属于运动餐厅氛围营造。

（3）科幻主题餐厅氛围。有的餐厅在装饰装修中，采用新型太空装潢材料，让人有一种置身太空的感觉，这也是吸引客人的一种推销手段。

（4）明星餐厅氛围。可以在餐厅内张贴某一明星或很多明星的照片、陈列他们用过的东西（服饰、拍摄道具等）、播放明星资料片或其所唱的歌曲，来吸引客人。

（5）怀旧餐厅氛围。可以把餐厅装饰成怀旧氛围，如打造成民国特色，客人一进入餐厅就有一种回到民国时期的感觉。

（6）一厅多样氛围。可以将较大的餐厅分隔成许多有不同装饰风格的小间，每个小间都有不同的主题，并且根据各自不同的主题进行菜单设计、服务人员的服饰搭配和场景布置等，营造出不同的氛围。

4. 活动营销

活动营销是大部分餐厅惯用的营销手段，也是比较有效的营销方式。餐厅做活动营销一般是为了提高收益、提高客流量、提高回头率和增加趣味性，不同目的有不同的活动形式。

如果餐厅是为了提高收益，就会举办一些满减或满送活动，如消费满 100 元减 10 元、满 200 元减 30 元，这样消费者如果消费不够满减的金额，会额外点一些菜品来凑单，从而提高餐厅营收。

如果餐厅是为了提高客流量，就可以推出一些提高客流量的活动，例如，指定群体打折，如学生、当天过生日的客人等，这种活动形式设定了参与门槛，让符合条件的用户获得满足感，从而增加到店就餐的动力。活动营销时，有时候限制的门槛越高，参与的人数反而越多。

如果餐厅是为了提高回头率和增加趣味性，则可推出一些充值返现的活动或抽奖、拍照留念活动等，让顾客玩起来。

5. 节日推销

各种节日是难得的推销时机，餐厅一般每年都要做节日推销计划，以抓机会让客人购买餐厅产品，提高销量。一般可以在中国的传统节日（如春节、元宵节、端午节、七夕节、中秋节）等进行推销。

6. 季节性推销

季节性推销就是根据不同季节的新鲜食材及客人的就餐习惯进行策划推销。例如，可以在酷热的夏天推出清凉解暑菜或是用应季的荷花做成高端荷花宴，在寒冷的冬天推出砂锅系列菜、火锅系列菜等，在产蘑菇的季节推出蘑菇养生宴等。

7. 服务式推销

餐厅可以用各种附加服务吸引客人，这也是常见的餐厅营销方法。

（1）附加服务。餐厅可以在一些特别的节日或活动时间，赠送一些小礼品给用餐的客人，常见的小礼品有蛋糕、鲜花、生肖卡、精致的筷子，印有餐厅广告的折扇、小罐茶叶、小卡片、书签等，注意小礼品要与餐厅的形象档次一致，才能起到积极的营销宣传效果。

（2）表演服务。可以用钢琴演奏、乐队演奏、歌手驻场、时装表演等表演服务吸引客人前来就餐。

8. 销售方法

(1)餐饮定位。餐厅在进行营销前需要对自己有一个较为准确的定位，如消费属于什么档次、面对的消费者属于什么人群、消费水平面向小众化还是大众化等。需要对餐厅做好市场定位后再做出相关新媒体营销方案。

(2)营销方案。在利用新媒体进行营销时需要制订出详细的营销方案，如通过什么方式去营销、如何提高餐厅的知名度、如何让大众能够接受营销的内容、如何通过新媒体达到营销的目的等，这些都是需要进行详细策划的。

(3)新媒体销售方法。通过餐饮业的数字化营销这一缩影，我们不难理解国家在新基建、5G中的大数据和人工智能技术的巨大投入，这些表现出了国家实现弯道超车、经济转型及民族崛起的决心和伟力。新媒体营销也称社会化营销，是利用社会化网络，在线社区、博客、百科、贴吧、微博等媒体开放平台或其他互联网协作平台进行营销，公共关系和客户服务维护开拓的一种方式。一般新媒体营销工具包括论坛、微博、微信、博客、SNS社区、图片和视频，通过自媒体平台或组织媒体平台进行发布和传播。餐饮企业要充分利用自媒体营销平台，拓展自己的品牌影响力，把握终端竞争状态，餐饮企业的自媒体营销平台主要有两微一端，即"微博、微信、新闻客户端"三者，还有短视频平台(包括快手、抖音、视频号、西瓜视频等)，今日头条和知乎等平台。餐厅可以通过自媒体平台进行营销推广，定时更新相关信息、活动、优惠等资讯，获得大量粉丝关注，提高知名度；以自己的产品或餐厅为背景，打造情境喜剧等餐饮相关视频，并发布到抖音、快手等平台，通过原创内容来获得关注；请知名博主或员工直播来推广餐厅的产品，介绍餐饮特色和品牌文化、介绍近期的活动等，吸引消费者前来消费；通过美团、饿了么、抖音等 App 进行套餐团购，将特色菜品打包定制，吸引消费者。

9. 其他推销

(1)展示推销。食品展示是一种有效的推销形式。这种方法是利用视觉效应，激发宾客的购买欲望，从而吸引客人前来就餐。展示推销主要分为菜品原料展示、菜品成品展示、服务人员推着餐车在宾客间巡回展示和现场烹调展示等几种形式。

(2)试吃。餐厅可采用请顾客试吃的方法推销菜品。

(3)宾客参与。餐厅让宾客亲自参与食品原料的种植、养殖、采摘、捕捞、加工、烹饪等，能起到很好的促销效果。

(4)亲子推销。儿童已经成为大多数家庭出行就餐的重要考虑对象，因此，餐厅推出适宜儿童食用的菜品或一些亲子活动等，可以很好地带动餐厅的销售。可推出儿童菜单和儿童饮品、提供儿童服务设施、设置儿童游乐区。

(5)广告推销。餐饮广告推销主要包括电视广告、电台广告、报纸杂志广告及其他印刷品和出版物上的广告、户外广告等。

(6)电话推销。电话推销是指营销人员利用电话与客人进行沟通，以此推销餐饮产品和服务。

(7)邮寄推销。邮寄推销是指将餐厅的宣传册、优惠券、明信片等寄出给本地的一些大公司或企事业单位，来展示本餐厅的特色餐饮活动或产品，以告知其餐厅的产品、设施和服务等。

(8)官网营销。餐厅官网，就是餐厅以网络营销为目的，为了在互联网上进行宣传，节约宣传成本、增加宣传方式而建设的网站。

餐厅菜品销售基本流程见表7-1。

表7-1　餐厅菜品销售基本流程

序号	步骤	标准	提示
1	客人落座	主动上前问候顾客	礼貌热情，表情自然
2	聆听与记录	精力集中，专心聆听，做好记录。不要轻易打断顾客讲话	准确聆听客人所点菜品，及时做好记录
3	推荐菜品	适时给客人推荐菜品	尽量用"先生""女士"等礼貌用语称呼顾客。 在介绍菜品时，尽量选择描述性语言，以引起客人的兴趣。 尽量采用选择问句，而不是简单地让客人用"要"或"不要"来回答的一般疑问句。 要选择合适的时机进行推销
4	适时介绍餐厅近期的一些相关活动	充值返现活动。 满减活动。 今日特别推荐菜品	要适度推荐，不要过多推荐，以免引起客人反感。 在推荐时要学会观察客人的反应，以知道下一步该采取什么样的推销策略
5	确认菜品，厨房下单	与客人确认所点的菜品，通知厨房下单。 请客人稍等片刻	请客人耐心等待，然后适时离开

三、绿色营销

餐饮绿色营销的核心是建立在绿色技术、绿色市场和绿色经济的基础上，按照环保与生态原则来选择和确定营销组合的策略，其最终目的是在化解环境危机的过程中为餐厅获取商业机会，在实现餐厅利润和消费者满意的同时，达成餐厅与自然、社会的和谐相处、共存共荣。

1. 开发绿色产品，扩大产品宣传

餐厅绿色产品的开发是餐厅绿色营销的关键，真正意义上的绿色产品要求质量合格，而且从生产、使用到处理、处置均符合特定的环境保护要求，其应对生态环境无害或危害极小，具有节约资源等环境优势，并有利于资源再生。餐厅可以利用新闻媒体做好绿色产品的宣传工作，扩大环境保护的宣传力度，提高全民的环保意识。餐厅还可以开展各项专题活动，例如，让顾客在庭院里种蔬菜瓜果，成熟后通知顾客来采收；鼓励顾客美化环境，向顾客颁发绿色消费证书；制作绿色食品菜单，举办绿色食品节活动等。

2. 利用绿色资源，绿化餐饮设施

利用绿色资源，对餐饮设施进行绿化，即要高效利用水、电等能源，节约用水、积极引入新型节水设备，采取多种节水措施，加强水资源的回收利用；积极采用节能新技术，有条件的餐饮企业可以使用可再利用的能源(太阳能供热装置、地热等)系统；餐厅

污水排污、锅炉烟尘排放、废热气排放、厨房大气污染物排放、噪声控制达到国家有关标准；洗浴与洗涤用品不能含磷，使用正确和用量适中，把对环境的影响降到最低；冰箱、空调、冷水机组等积极采用环保型设备用品；饭店采用垃圾分类收集设备以便回收利用，员工能将垃圾按照细化的标准分类；无装饰装修污染，空气质量符合国家标准。

3. 采用绿色标志，树立绿色形象

采用绿色标志是绿色营销的重要特点。绿色标志可以引导消费者参与环境保护活动，帮助他们选购产品，是酒店市场重要的竞争因素，是衡量酒店环保生产的标准，是酒店通向市场的通行证。酒店形象是酒店重要的无形资产，树立酒店绿色形象，能为酒店赢得经济效益、社会效益和环境效益的统一。酒店可以把环保理念纳入产品和服务的广告活动中，通过强调酒店在环保方面的行动来改善和加强企业的绿色形象，更有效地推销绿色产品。

4. 培育绿色文化，营造绿色环境

绿色营销以绿色文化观念作为价值导向，绿色文化是绿色营销的支撑。随着绿色营销的开展，在绿色文化的建设中，酒店目标开始了与环境目标的融合；酒店管理理念、营销理念开始了与绿色生态理念的融合。培育绿色文化，营造绿色环境，需要全体员工的共同努力。

四、餐饮促销活动评估

效果评估是整个活动的结束，也是下次活动的开始。每一次活动结束后餐饮企业要做总结，总结什么样的活动更能吸引人，什么样的媒体更适合推广，什么样的主题更适合在什么样的季节推广等。

随着数字化转型和数字化建设的快速发展，餐饮企业愈加意识到效果评估已经成为数字化精准荐销环节中的关键，活动效果评估不仅是一份事后向领导汇报的材料，还是通过数据分析与洞察判断营销环节中的优缺点的关键步骤。完善科学的效果评估能够反向指导营销活动方案设计，形成有效的营销活动模板，进行常态化营销。

对餐饮促销活动进行总结和评估是促销活动结束后的一项重要工作，通过餐饮促销活动评估，企业可以分析促销活动成功和失败的原因，便于总结经验、积累教训。餐饮促销活动评估包括促销业绩评估、促销效果评估。

(一)促销业绩评估

促销业绩评估主要包括两个方面：业绩评估的标准与方法，查找和分析促销业绩好坏的原因。可以采取各种方法进行，如检查法、比较法、调查法等。

1. 检查法

检查法即对促销前、促销中和促销后的各项工作进行检查。

促销前，要对以下内容进行检查：促销宣传单、海报、POP是否发放或准备妥当？卖场所有人员是否均知道促销活动即将实施？促销商品是否已经订货或进货？促销商品是否已经通知相关部门变价？

促销中，要对以下内容进行检查：促销商品是否齐全、存量是否足够？促销商品是否变价？促销商品陈列表现是否具有吸引力？促销商品是否张贴POP广告？促销商品品质是否良好？卖场所有人员是否均了解促销期限和做法？卖场气氛是否具有活性化？服

务台工作人员是否定时广播促销做法？

促销后，要对以下内容进行检查：过期海报、POP、宣传单是否均已撤下？商品是否恢复原价？商品陈列是否调整恢复原状？

2. 前后比较法

前后比较法即选取开展促销活动之前与进行促销时的销售量进行比较。一般会出现十分成功、得不偿失、适得其反等几种情况。一是十分成功：在采用促销活动后，消费者被吸引前来购买，销售量增长，取得了预期的效果。该次促销活动不仅在促销期中，而且对公司今后的业绩和发展均有积极影响。二是得不偿失：促销活动的开展，对餐饮组织的经营、营业额的提升没有任何帮助，而且浪费了促销费用，显然是得不偿失的。三是适得其反：这是促销活动引起不良后果的一种表现，是餐饮组织经营者最不愿看到的一种情形。这次促销活动虽然在进行过程中提升了一定的销售量，但是促销活动结束后，餐饮组织的销售额不升反降。

3. 消费者调查法

餐饮企业可以组织有关人员抽取合适的消费者样本进行调查，向其了解促销活动的效果。例如，调查有多少消费者记得餐饮企业的促销活动，他们对该活动有何评价，是否从中受益，对他们今后的消费场所选择是否会有影响等，从而评估餐饮企业促销活动的效果。

4. 观察法

观察法主要是通过观察消费者对餐饮企业促销活动的反应。这种方法简便易行，而且十分直观。例如，消费者在限时折价活动中的踊跃程度、优惠券的回报度、参加抽奖竞赛的人数及赠品的偿付情况等，对餐饮企业所进行的促销活动的效果做相应的了解。

(二)促销效果评估

促销效果评估包括事前评估、事中评估和事后评估。评估方法包括前后比较法、市场调查法和观察法等。餐饮企业在实施评估时，要确定评估目标，制定评估策略，执行评估方案，注意评估周期。建议采取短期和中期相结合的方法，保证效果评估合理、公平。

餐饮企业可以从餐饮产品促销主题、促销创意、促销菜品等方面进行效果评估。餐饮主题方面，主要检查餐饮主题与整个餐饮活动的内容是否相符，餐饮主题是否富有新意、简单明确，餐饮主题是否抓住了顾客的心理和市场的卖点；促销创意方面，主要检查促销创意是否偏离预期的活动目标，促销创意是否符合促销活动的主题和内容，促销创意是否过于陈旧，缺乏创造力、想象力和吸引力；促销菜品方面，主要检查促销菜品能否反映餐厅的经营特色，是否选择了消费者真正需要的菜品，是否给消费者带来实惠，是否帮助餐饮企业和供应商处理积压菜品原料，促销菜品的销售额与毛利额是否与预期目标一致。

五、促销活动总结

(一)促销人员评估

对促销人员从工作态度、职业形象、专业标准、职业操守等方面进行评估，帮助促销人员提高素质和水平，督促其工作中严格遵守规范，保持工作热情，创造更好业绩。

(二)促销活动总结报告

完整的促销活动报告是对整个促销活动的再提高、再认识。报告内容主要从实践的真实情况进行总结，符合实际，分析到位，以总结经验，进一步提高餐饮促销水平。

任务考核

任务二　餐饮服务质量管理

一、餐饮服务质量

餐饮服务质量是指餐饮企业以其所拥有的设施、设备为依托，为宾客所提供的服务在使用价值上适合和满足宾客物质及心理需要的程度。狭义的服务质量是指餐饮劳务服务的质量，它纯粹指由服务人员的服务劳动所提供的，不包括以事务形态提供的使用价值。

二、餐饮服务质量的内容

餐饮服务是有形产品和无形劳务的有机结合，餐饮服务质量则是有形产品质量和无形劳务质量的完美统一，有形产品质量是无形劳务质量的凭借和依托，无形劳务质量是有形产品质量的完善和体现，两者相辅相成，即构成完整的餐饮服务质量内容。

(一)有形产品质量

有形产品质量是指餐饮企业提供的设施、设备和食物产品及服务环境的质量，主要满足宾客物质上的需要。

1. 餐饮设施设备的质量

餐饮企业是凭借其设施、设备来为客人提供服务，因此餐饮设施设备是餐饮企业赖以存在的基础，是餐饮劳务服务的依托，其可以反映出一家餐厅的接待能力。同时，餐饮设施设备质量也是服务质量的基础和重要组成部分，是餐饮服务质量高低的决定性因素之一。

2. 餐饮实物产品的质量

实物产品可直接满足餐饮宾客的物质消费需要，其质量高低也是影响宾客满意程度的一个重要因素。因此，实物产品质量也是餐饮服务质量的重要组成部分之一，包括菜点酒水的质量、客用品质量、服务用品质量。

3. 服务环境质量

服务环境质量是指餐饮设施的服务气氛给宾客带来感觉上的享受感和心理上的满足感。独具特色的餐厅建筑和装潢，布局合理且便于到达的餐饮服务设施和服务场所，充满情趣并富于特色的装饰风格，以及洁净无尘、温度适宜的餐饮环境和仪表仪容端庄大方的餐饮服务人员，所有这些均构成了餐饮所特有的环境氛围，它在满足宾客物质方面需求的同时又可以满足其精神享受的需要。服务环境质量的要求是整洁、美观、有秩序和安全。由于第一印象的好坏很大程度上是受餐饮环境气氛影响的，所以为了使餐厅能够产生先声夺人的效果，管理者应格外重视餐饮服务环境的管理。

(二)无形劳务质量

无形劳务质量是指餐饮企业提供的劳务服务的使用价值的质量，即劳务服务质量，主要满足宾客心理上、精神上的需求。

1. 礼节礼貌

礼节礼貌是以一定的形式通过信息传输向对方表示尊重、谦虚、欢迎、友好等态度的一种方式。礼节偏重于仪式，礼貌偏重于语言行动。礼节礼貌表明了餐饮的基本态度和意愿。餐饮礼节礼貌主要要求服务人员具有端庄的仪表仪容、文雅的语言谈吐、得体的行为举止等。

2. 职业道德

餐饮服务过程中，许多服务质量是否到位主要取决于员工的良心和责任感，因此，遵守职业道德也是餐饮服务质量的最基本构成之一，它不可避免地影响着餐饮的服务质量。作为餐饮员工，应该遵循"热情友好、真诚公道、信誉第一、文明礼貌、不卑不亢、一视同仁、团结协作、顾全大局、遵纪守法、廉洁奉公、钻研业务、提高技能"的职业道德规范，真正做到敬业、乐业和勤业。

3. 服务态度

服务态度是指餐饮服务人员在对客服务中所体现出来的主观意向和心理状态，其好坏是由员工的主动性、创造性、积极性、责任感和素质高低决定的，因而餐饮要求服务人员应具有"宾客至上"的服务意识，并能够主动、热情、耐心、周到地为宾客提供服务。餐饮员工服务态度的好坏是很多宾客关注的焦点，尤其当问题出现时，服务态度常常成为解决问题的关键。宾客可以原谅许多过错，但往往不能忍受餐饮服务人员恶劣的服务态度。因此，服务态度是无形劳务质量的关键所在，直接影响着餐饮的服务质量。

4. 服务技能

服务技能是餐饮部门提高服务质量的技术保证，是指在不同场合、不同时间，对不同宾客提供服务时，餐饮服务人员在视具体情况而灵活、恰当地运用其操作方法和作业技能以取得最佳的服务效果过程中，所显现出的技巧和能力。

5. 服务效率

服务效率是指在服务过程中的时间概念和工作节奏。餐饮服务效率有三类：一是用工时定额来表示的固定服务效率；二是用时限来表示的服务效率；三是指有时间概念，但没有明确的时限规定，是用宾客的感觉来衡量的服务效率，如点菜后多长时间上菜等，这类服务效率在餐饮中大量存在，若使客人等候时间过长，很容易让客人产生烦躁心理，并会引起不安定感，进而直接影响着客人对餐饮企业的印象和对服务的评价。但服务效率并非仅指快速，而是强调适时服务，它根据宾客的实际需要灵活掌握，要求在宾客最需要某项服务的时候及时提供。

6. 安全卫生

餐饮安全现状一般是宾客考虑的首要问题，因此，餐饮部在环境气氛上要制造出一种安全的气氛，给宾客心理上的安全感。餐饮清洁卫生主要包括餐饮部各区域的清洁卫生、食品饮料卫生、用品卫生、个人卫生等。

上述有形产品质量和无形劳务质量的最终结果是宾客的满意程度。宾客满意程度是指宾客享受餐饮服务后得到的感受、印象和评价。它是餐饮服务质量的最终体现，也是餐饮服务管理努力的目标。宾客满意程度主要取决于餐饮服务的内容是否适合和满足宾客的需要，能否为宾客带来享受感，餐饮管理重视宾客满意度自然也就必须重视餐饮服务质量构成的所有内容。

三、餐饮服务质量的控制

(一)建立餐厅服务质量控制的保证体系

餐厅服务质量控制的保证体系是餐厅系统的一个子系统，这一子系统是一个以提高餐厅服务质量为目标，具有明确的任务、职责、权限的有机整体。建立服务质量保证体系有如下三个层次。

第一层次：应设立以餐厅总经理为首的服务质量管理领导机构，建立服务质量监督网。负责确立餐厅服务质量管理目标，研究制订服务质量管理计划，并负责组织、协调、督促、检查各部门服务质量管理动态。

第二层次：各部门根据业务范围设立服务质量管理小组，主要负责本部门服务质量管理计划的制订和落实。

第三层次：班组开展服务质量小组活动，重点是根据服务质量管理工作的要求，抓好标准化、程序化、制度化、原始记录等各项工作的具体落实，及时收集和解决服务质量管理工作中的问题。

(二)餐饮服务质量控制的基础

要进行有效的餐饮服务质量控制，必须具备以下三个基本条件。

1. 严格制订餐饮服务的标准规程

服务规程是餐饮服务应达到的规格、程序和标准。为了保证和提高服务质量，应把服务规程视为工作人员应该遵守的准则和服务工作的内部法规。餐饮服务规程应根据目标顾客对服务要求的特点来制订，还要考虑酒店的类型、等级、风格、市场需求、国内外先进水平等因素，并结合具体服务项目的内容和服务过程，制订出适合本酒店的餐饮标准服务规程。餐厅应分别对零点餐、团体包餐、宴会、咖啡厅、酒吧等整个服务过程制订出迎宾、引座、点菜、传菜、酒水服务等全套服务规程。

制订服务规程时，首先要确定服务的环节和顺序，然后确定每个环节服务人员的动作、语言、姿态、时间要求及对用具、意外处理、临时措施的要求等，每套规程在开始和结束处，要有与相邻服务过程互相联系、互相衔接的规定，管理人员的主要任务是执行和控制服务规程，特别是注意抓好各服务过程之间的薄弱环节。要用服务规程来统一各项服务工作，使服务质量标准化、服务过程程序化。

2. 严格制订并规范管理制度

餐饮管理制度分为两种：一种是直接为宾客服务的各项规章制度，如餐饮产品质检制度、餐具补充与更新制度等；另一种是间接为宾客服务的各项规章制度，如餐饮工作记录制度、交接班制度、考勤制度、客史档案制度等，有了严格的管理制度才能使质量标准被准确无误地执行，从而保证餐饮服务质量稳中有升。

3. 建立质量信息反馈系统

信息反馈系统由内部系统和外部系统构成，内部系统的信息来自餐厅内部，即来自服务员、厨师和管理人员等，外部系统的信息来自宾客。餐厅应该重视宾客及员工的意见，鼓励他们反馈信息。通过这个系统，一方面，可以及时了解宾客的个性需求，作为提供个性化服务的依据，同时了解宾客对餐饮服务是否满意、有何意见或建议等，从而采取改进和提高服务质量的措施。另一方面，还可以了解员工满意度、思想动态，征集金点子计划等。许多酒店及餐饮企业通过各种办法拓宽并保证信息渠道的畅通，如公布总经理的电子邮箱、微信、电话号码等。餐饮企业可以通过质量记录、巡视、正式或非正式的宾客调查及员工调查等方式收集服务质量信息。

4. 抓好员工培训

员工素质的高低对服务质量影响很大，只有经过良好训练的员工才能为宾客提供优质服务。新员工上岗前必须进行严格的基本功训练、职业意识和相关知识等培训。在职员工也需要利用服务淡季或空闲时间进行再培训，以进一步提高综合素质和业务水平。对员工进行培训，主要内容有以下几点：

(1)岗前培训，包括礼貌礼节、职业道德、语言艺术、员工素质要求、服务知识、宾客习俗等内容。

(2)服务技能培训，包括前后台各部门、各服务环节的所有操作技能训练。

(3)质量观念培训，包括服务观念、标准观念、预防为主观念、全面质量管理观念等。

(4)质量标准培训，包括设施设备标准、服务环境标准、实物产品标准、劳务服务标准、清洁卫生标准等。

(5)质量方法培训，包括全面质量管理、零缺点质量管理、服务质量控制、质量问题分析等。

(6)投诉处理培训，包括投诉的原因、处理投诉的原则和程序等。

5. 收集质量信息

餐厅对于顾客提出的服务质量相关问题的收集获取，对餐厅提高管理水平和服务质量、满足顾客需求、实现经营目标有着重要的意义。餐厅只有全面客观、科学地了解顾客的意见信息，才能真实地把握顾客的需求与期望，才能真正地满足顾客的需求和期望。

餐厅管理人员应该根据餐饮服务的目标和服务规程，通过巡视、定量抽查、统计报表、听取宾客意见等方式来收集服务质量信息。通过收集服务质量信息，餐厅管理人员可以了解服务的效果如何，即宾客的满意程度，从而采取改进服务、提高质量的措施。

其中顾客意见信息的收集获取，是餐饮服务质量管理工作提升的重要一环，因此必须重视对顾客意见信息的收集。餐厅收集顾客意见信息的渠道主要有两条：一条是通过内部信息渠道来源获取，包括员工在服务过程中现场收集的顾客评价信息、厨师在餐厅收集到的顾客用餐的评价信息、部门管理者在餐厅巡查过程中收集的顾客评价信息；另一条是通过外部信息渠道来源获取，包括顾客对于餐厅的满意度调查表及大众点评、美团、携程旅游等第三方平台的顾客点评留言。

四、服务质量问题分析

(一)圆形图分析法

圆形图分析法是指通过计算服务质量信息中有关数据的构成比例，以图示的方法表示存在的质量问题，同时可以非常直观地反映出不同种类问题所占的比例和程度。具体分析步骤为：

(1)收集质量信息问题。

(2)信息的汇总、分类和计算，得到每类质量问题的构成比例。

(3)画出圆形图。先画一个大小适宜的圆形，并在其内部画一个小的同心圆(内写分析项目)，然后按顺时针方向，根据问题种类及构成比例分割圆形，最后填写相应问题的比例。

从图7-1可以看出，服务态度问题和菜品质量问题是需要改进的主要问题。

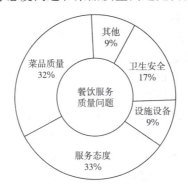

图7-1　服务质量问题圆形分析图

(二)因果分析法

因果分析图又称鱼刺图、树枝图，是分析质量问题产生原因的一种有效工具。因果分析图对存在的质量问题及产生的原因进行系统整理和分析，并以图示的方法直观地表示两者之间的因果关系。基本步骤如下：

(1)找出要分析的主要质量问题，如服务态度问题、菜品质量问题等。

(2)讨论、分析、找出产生问题的各种原因，应从大到小、从粗到细，追根溯源，直到能采取具体措施为止。

(3)根据整理的结果，按因果关系画出因果分析图(图7-2)。

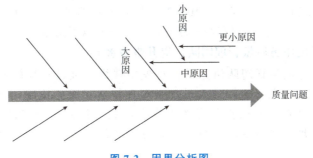

图7-2　因果分析图

(三)PDCA 连环法

任何时候处理问题都有一个相互配合的过程,处理服务质量问题更是如此,在餐饮服务质量的处理过程中是分别按照计划(Plan)、实施(Do)、检查(Check)、处理(Act)四个阶段连环进行的,其活动过程如下。

(1)计划过程。这一过程的工作是制订质量管理目标,包含以下四个步骤。

步骤一:分析质量现状,找出存在的问题。

步骤二:运用因果分析法,分析产生质量问题的原因。

步骤三:从分析出的原因中找出关键的原因。

步骤四:针对所提出的主要质量问题,制订解决质量问题要达到的目标和计划,提出解决质量问题的具体措施和方法。

(2)实施过程。这一过程的工作是严格按照既定的目标和计划,认真付诸实施。包含以下步骤。

步骤五:按既定的质量目标、计划方案和措施实施执行。

(3)检查过程。这一过程的工作是对质量计划实施后产生的效果进行检查。通过检查发现质量计划方案和措施实施执行中的问题。具体包含以下三个步骤。

步骤六:运用 ABC 分析法,将分析结果与步骤一起发现的质量问题进行对比,以检查在步骤四中提出的提高和改进质量的各种措施及方法的效果。在这一过程中,要把成功的经验形成标准,并总结失败的教训。

步骤七:对已解决的质量问题提出巩固措施,并使之标准化,以防止类似问题再次出现。对未取得成效的质量问题,也要总结经验教训,提出新的改进措施。

步骤八:提出在步骤一中出现而尚未解决的其他质量问题,并将这些问题转入下一个连环中去求得解决,从而与下一连环的步骤一一衔接起来。

(4)处理过程。这一阶段要把成功的经验形成标准巩固下来,同时要总结失败的教训。

步骤九:总结经验教训,对已解决的质量问题提出巩固措施,使之标准化。

步骤十:提出尚未解决的问题,作为新任务转入下一个循环,以求得到解决。

需要说明的是,PDCA 连环法的十个步骤,必须按顺序进行,既不能缺少,也不能颠倒,要按其规律性实施。

五、提高餐饮服务质量的措施

餐饮服务是餐饮工作人员为就餐客人提供餐饮产品的一系列行为的总和。优质的餐饮服务是以一流的餐饮管理为基础的,而餐饮服务质量是餐饮管理体系的重要组成部分,是做好酒店餐饮管理的重要内容,对其控制和监督的目的是为顾客提供满意的服务。因此,为创造酒店良好的社会效益和经济效益,可以采取以下措施。

1. 建设高质量的服务质量管理团队,提升服务水平

加强餐厅的服务质量管理队伍建设,首先要选拔一批具有高度专业素养和质量服务意识的管理人员,对现有的管理人员加强管理技能和服务技能的培训;其次要求该餐厅的服务质量管理者具有认真负责的工作态度和督促检查管理的工作力度及作风。对服务人员加强管理、严格要求,自然也是提升餐厅服务质量的一大关键,如对服务

人员进行服务意识的培养、服务知识和技能的培训及规范服务流程、对服务绩效进行考核等。

2. 改善用餐环境，注重顾客感受

用餐环境问题是目前餐厅在环境管理领域比较重视和前沿的问题，它和顾客的五官感受有很大的关系。确保顾客的感受舒服、轻松、欢快，是打造良好用餐环境的基础。

3. 合理、美化菜单设计，吸引顾客

餐厅在菜单设计时，应添加对菜品特点和制作程序简单的描述内容。确定菜名时应在符合实情的基础上稍加美化，避免不必要的误会和抱怨。在排版方面要兼具实用和美观两大性质。除介绍菜品名称及价格外，对展示的图片要避免误导顾客。对餐厅的招牌菜式及推出的特色时令菜式进行重点图文宣传。考虑到创新性和新颖性的需求，餐厅在菜单设计制作方面可以邀请知名设计师或有一定实力的设计公司进行。

4. 加强沟通，注重信息的反馈

(1)关于部门与部门之间的沟通：各部门之间应该协调一致、团结一致完成任务。针对可能出现的问题，各部门管理层要加强彼此的交流和沟通，在涉及利益问题时，应舍小取大，维护整个集体的荣誉和利益。

(2)关于同一部门员工与员工之间的沟通：在做一件事时，只有整个部门的人员经过有效沟通统一意见、达成一致共识、一起努力才可能高效、无误地完成。

(3)关于员工与顾客之间的沟通：服务人员与顾客之间沟通不到位或沟通无效容易招致顾客对餐厅的投诉，在出现任何问题时，服务人员都要保持良好的服务态度与顾客进行交流，只有在彼此真诚坦诚的交流基础之上，沟通才会有效。

5. 正确、合理地处理客人的投诉

客人投诉不仅意味着客人的某些需要未能得到满足，实际上，投诉也是客人对饭店、对饭店员工服务工作质量和管理工作质量的一种劣等评价。任何饭店、任何员工都不希望有顾客投诉自己的工作，然而，即使是世界上最负盛名的饭店也会遇到客人投诉。成功的饭店善于把投诉的消极面转化成积极面，通过处理投诉不断改进工作，防止投诉的再次发生。

正确认识顾客的投诉行为，不仅要看到投诉对饭店的消极影响，更重要的是把握投诉所隐含的对饭店的有利因素，变被动为主动，化消极为积极。

投诉是管理工作质量和效果的晴雨表，是提高管理质量的推动力。对一线服务而言，管理的主要对象是服务人员在服务现场的工作质量，服务人员通过自己的工作与顾客产生直接或间接的沟通，是顾客心目中的"饭店代表"。从餐厅领班、服务员到厨房各工序员工，再到管事部各岗位人员，他们的工作态度、工作效率、服务质量和效果直接影响到客人投诉行为的产生。

通过投诉，饭店可以及时发现自身存在的工作漏洞；通过投诉，可以鞭策饭店及时堵塞管理漏洞，解决影响饭店声誉的问题。即使是客人的有意挑剔、无理取闹，饭店也可以从中吸取教训，为提高经营管理质量积累经验，使制度不断完善，让服务接待工作日臻完美。

处理顾客投诉就是对不满的顾客实施补救性服务。有效的补救性服务往往会提高顾客感觉中的服务可靠性。

（1）道歉。这是补救性服务的首要步骤。服务人员对抱怨的顾客要首先道歉，与客人共情，才能安抚顾客的情绪。

（2）主动性。在出现服务差错后，很多顾客都会表示不满，但因种种原因而不愿投诉。服务人员一旦发现差错，就应主动采取补救性服务措施，让顾客感觉到服务人员的真诚，这不但能极大地提高顾客感受中的服务可靠性，同时也为企业塑造了提供优质服务的市场形象，更能留住常客。

（3）反应速度。服务人员处理顾客投诉的时间，会影响顾客对投诉处理质量的看法。顾客等待的时间越长，补救性服务的效果就越差，即使最后顾客得到了补偿，但他们未必会重新相信餐厅服务的可靠性。服务人员只有尽快为顾客解决问题，才有可能留住顾客。

（4）补偿。餐饮业应为服务差错给顾客造成的损失负责，并进行公平的补偿。补偿的方式有价格折扣、免费产品和服务、退款、优惠券等。

餐厅服务质量问题分析的基本工作流程见表 7-2。

表 7-2　餐厅服务质量问题分析的基本工作流程

序号	步骤	标准	提示
1	问题分类	可分为服务态度、菜品质量、卫生安全、设施设备等	根据问题再进行细分
2	选取分析方法	用圆形图分析法或因果分析法	根据具体情况选取
3	进行分析	按照步骤进行分析	保证客观、真实
4	找到原因	从大到小、从粗到细进行分析	必须分析到可以采取措施为止
5	提出改进措施	依据分析，提出可以落实和有效的改进措施	根据餐厅实际情况进行改进

餐厅服务质量检查和评价标准见表 7-3。

表 7-3　餐厅服务质量检查表

检查内容	检查标准	评价标准
仪容仪表	服务人员打扮是否过分 服务员是否留有怪异发型 女服务员头发是否清洁整齐 男服务员是否蓄胡须、留大鬓角 女服务员发夹式样是否过于花哨 是否有浓妆艳抹现象 使用香水是否过分 牙齿是否清洁	给出优、良、中、差评价，优、良、中、差分别对应 4 分、3 分、2 分、1 分，最后根据四大项 90 个细则的总得分进行评比
仪容仪表	口中是否散发异味 指甲是否修剪整齐 女服务员是否涂有彩色指甲油 除手表、戒指外，是否还戴其他首饰	

检查内容	检查标准	评价标准
就餐环境	玻璃门窗及镜面是否清洁、无灰尘、无裂痕 窗框、工作台、桌椅是否无灰尘和污渍 地板有无碎屑及污渍 墙面有无污痕或破损处 墙上装饰物有无破损 盆景花卉有无枯萎、带灰尘现象 天花板有无破损、漏水痕迹 天花板是否清洁、有无污迹 通风口是否清洁、通风是否正常 灯泡、灯管、灯罩有无脱落、破损、污痕 吊灯是否照明正常、完整无损 餐厅温度及通风是否正常 餐厅通道有无障碍物 餐桌、椅是否无破损、无灰尘、无污痕 广告宣传品有无破损、灰尘及污痕 菜单是否清洁，有无缺页破损 背景音乐音量是否合适 背景音乐是否适合就餐气氛 餐厅的温度、湿度、气味是否适宜 整体就餐环境能否吸引宾客	给出优、良、中、差评价，优、良、中、差分别对应 4 分、3 分、2 分、1 分，最后根据四大项 90 个细则的总得分进行评比
服务规程	是否问候进入餐厅的宾客 迎接宾客是否使用敬语 使用敬语时是否点头致意 在通道上行走是否妨碍宾客 是否协助宾客入座 对入席来宾是否端茶、送巾 是否让宾客等候过久 回答宾客提问是否清晰、流利、悦耳 跟宾客讲话前，是否先说"对不起，打扰您了" 发生疏忽或不妥时，是否向宾客道歉 接受点菜时，是否仔细聆听并复述 能否正确地解释菜单 能否向宾客提建议，进行适时推销 能否按照规范摆放餐具 斟酒是否按操作规程进行 递送物品是否使用托盘 上菜时，是否报菜名	

检查内容	检查标准	评价标准
服务规程	宾客招呼时，能否迅速到达餐桌旁 与客宾谈话是否点头行礼 能否根据菜单预先备好餐具及作料 拿玻璃杯是否叠放、是否握下半部 领位、值台、上菜、斟酒时的站立、行走、操作等是否合乎规范 服务姿态是否合乎规范 撤换餐具时，是否发出过大声响 是否及时、正确地更换烟灰缸 结账是否迅速、准确无误 告别结账离座的宾客时，是否说"谢谢" 是否检查餐桌、餐椅及地面有无宾客遗留的物品 是否在送客后马上翻台 翻台时是否影响周围宾客 翻台时是否按操作规程进行	给出优、良、中、差评价，优、良、中、差分别对应4分、3分、2分、1分，最后根据四大项90个细则的总得分进行评比
工作纪律	工作时间是否相聚闲谈或窃窃私语 工作时间是否大声喧哗 是否因私事放下手中工作 是否在上班时打私人电话 是否在柜台内或值班区域随意走动 有无交手抱臂或将手插入衣袋现象 有无在前台吸烟、喝水、吃东西现象	

六、顾客满意度的衡量标准

顾客满意度是衡量餐厅服务质量的根本，通常客人的满意度可以用以下标准来衡量。

（1）及时：在为客人提供服务的过程中的时间概念。如顾客点菜后等待第一道菜上菜的时间、客人等待服务人员办理结账的时间等。

（2）准确：无论在什么程度上，服务都要达到客人的要求和期望，如客人要求的菜品口味。

（3）一贯性：在与客人接触中，即使面临困难，也始终保持同一水准，如始终保持微笑、对客人一视同仁等。

（4）负责：愿意帮助客人，回应客人的特殊要求。如客人要求改变菜品口味、配料，客人要求改变上菜顺序等。

（5）同理心：在服务过程中做到周到、尊重客人、认同客人感受，如客人对食物有特殊要求等。

（6）有能力：按照客人的要求掌握相关的知识与技能，如能灵活地处理客人问题、能预计客人需求等。

（7）保证：对客人提出的服务要求给予承诺，对客人输送理解与信任的信息，如"请您放心，我们一定会按您的要求准时准备好美味的菜肴"。

七、首问负责制

首问负责制规定了凡是在岗工作的员工，第一个接受顾客咨询或要求的人，就是解决顾客咨询问题和提出要求的"首问责任者"。按照首问负责制要求，应该做到以下几点：

(1)属于本人职责范围内的问题，要立即给顾客以圆满答复，对顾客提出的问题要妥善解决。

(2)虽是本人职责范围内的问题，因顾客的原因，目前不能马上解决的定要耐心、细致地向顾客解释清楚，只要顾客本身的原因不存在了，就应立刻为顾客解决问题。

(3)属于本人职责范围之外的问题和要求，首问责任者不得推诿，要积极帮助顾客问清楚或帮助顾客联系有关部门给予解决。必须做到环环相扣，直到使顾客得到圆满的答复，要求得到了妥善的解决。

另外，首问责任制不仅仅局限于对顾客面对面的服务，当顾客打来电话咨询服务项目时，也应如此。首问负责制还要求做好超前服务及顾客离店的延伸服务等。

任务考核

本项目旨在帮助学生掌握营销的方式方法，更好地提高酒店经营收入和管理水平，帮助学生厘清餐饮企业质量管理对餐饮服务、运营的影响，引领学生在做好对客服务的基础上，重视餐饮营销管理和质量建设，建立餐饮企业全面运营管理的理念。

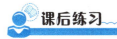

一、名词解释
1. 绿色营销
2. 首问负责制
3. 营销管理
4. 餐饮服务质量管理

二、简答题
1. 简述餐饮营销的餐饮服务质量的内容。
2. 简述因果分析法在餐厅质量分析中的应用。
3. 餐厅促销活动评估方法有哪些？

三、论述题
1. 如果你是某大学校园西餐厅经理，如何制订营销策略提高酒店经营业绩？
2. 如何制订有效措施解决餐厅服务质量问题？

附录1　中华人民共和国食品卫生法

第一章　总则

第一条　根据《中华人民共和国食品安全法》(以下简称食品安全法)，制定本条例。

第二条　食品生产经营者应当依照法律、法规和食品安全标准从事生产经营活动，建立健全食品安全管理制度，采取有效措施预防和控制食品安全风险，保证食品安全。

第三条　国务院食品安全委员会负责分析食品安全形势，研究部署、统筹指导食品安全工作，提出食品安全监督管理的重大政策措施，督促落实食品安全监督管理责任。县级以上地方人民政府食品安全委员会按照本级人民政府规定的职责开展工作。

第四条　县级以上人民政府建立统一权威的食品安全监督管理体制，加强食品安全监督管理能力建设。

县级以上人民政府食品安全监督管理部门和其他有关部门应当依法履行职责，加强协调配合，做好食品安全监督管理工作。

乡镇人民政府和街道办事处应当支持、协助县级人民政府食品安全监督管理部门及其派出机构依法开展食品安全监督管理工作。

第五条　国家将食品安全知识纳入国民素质教育内容，普及食品安全科学常识和法律知识，提高全社会的食品安全意识。

第二章　食品安全风险监测和评估

第六条　县级以上人民政府卫生行政部门会同同级食品安全监督管理等部门建立食品安全风险监测会商机制，汇总、分析风险监测数据，研判食品安全风险，形成食品安全风险监测分析报告，报本级人民政府；县级以上地方人民政府卫生行政部门还应当将食品安全风险监测分析报告同时报上一级人民政府卫生行政部门。食品安全风险监测会商的具体办法由国务院卫生行政部门会同国务院食品安全监督管理等部门制定。

第七条　食品安全风险监测结果表明存在食品安全隐患，食品安全监督管理等部门经进一步调查确认有必要通知相关食品生产经营者的，应当及时通知。

接到通知的食品生产经营者应当立即进行自查，发现食品不符合食品安全标准或者有证据证明可能危害人体健康的，应当依照食品安全法第六十三条的规定停止生产、经营，实施食品召回，并报告相关情况。

第八条　国务院卫生行政、食品安全监督管理等部门发现需要对农药、肥料、兽药、饲料和饲料添加剂等进行安全性评估的，应当向国务院农业行政部门提出安全性评估建议。国务院农业行政部门应当及时组织评估，并向国务院有关部门通报评估结果。

第九条　国务院食品安全监督管理部门和其他有关部门建立食品安全风险信息交流机制，明确食品安全风险信息交流的内容、程序和要求。

第三章　食品安全标准

第十条　国务院卫生行政部门会同国务院食品安全监督管理、农业行政等部门制定食品安全国家标准规划及其年度实施计划。国务院卫生行政部门应当在其网站上公布食品安全国家标准规划及其年度实施计划的草案，公开征求意见。

第十一条　省、自治区、直辖市人民政府卫生行政部门依照食品安全法第二十九条的规定制定食品安全地方标准，应当公开征求意见。省、自治区、直辖市人民政府卫生行政部门应当自食品安全地方标准公布之日起 30 个工作日内，将地方标准报国务院卫生行政部门备案。国务院卫生行政部门发现备案的食品安全地方标准违反法律、法规或者食品安全国家标准的，应当及时予以纠正。

食品安全地方标准依法废止的，省、自治区、直辖市人民政府卫生行政部门应当及时在其网站上公布废止情况。

第十二条　保健食品、特殊医学用途配方食品、婴幼儿配方食品等特殊食品不属于地方特色食品，不得对其制定食品安全地方标准。

第十三条　食品安全标准公布后，食品生产经营者可以在食品安全标准规定的实施日期之前实施并公开提前实施情况。

第十四条　食品生产企业不得制定低于食品安全国家标准或者地方标准要求的企业标准。食品生产企业制定食品安全指标严于食品安全国家标准或者地方标准的企业标准的，应当报省、自治区、直辖市人民政府卫生行政部门备案。

食品生产企业制定企业标准的，应当公开，供公众免费查阅。

第四章　食品生产经营

第十五条　食品生产经营许可的有效期为 5 年。

食品生产经营者的生产经营条件发生变化，不再符合食品生产经营要求的，食品生产经营者应当立即采取整改措施；需要重新办理许可手续的，应当依法办理。

第十六条　国务院卫生行政部门应当及时公布新的食品原料、食品添加剂新品种和食品相关产品新品种目录以及所适用的食品安全国家标准。

对按照传统既是食品又是中药材的物质目录，国务院卫生行政部门会同国务院食品安全监督管理部门应当及时更新。

第十七条　国务院食品安全监督管理部门会同国务院农业行政等有关部门明确食品安全全程追溯基本要求，指导食品生产经营者通过信息化手段建立、完善食品安全追溯体系。

食品安全监督管理等部门应当将婴幼儿配方食品等针对特定人群的食品以及其他食品安全风险较高或者销售量大的食品的追溯体系建设作为监督检查的重点。

第十八条　食品生产经营者应当建立食品安全追溯体系，依照食品安全法的规定如实记录并保存进货查验、出厂检验、食品销售等信息，保证食品可追溯。

第十九条　食品生产经营企业的主要负责人对本企业的食品安全工作全面负责，建立并落实本企业的食品安全责任制，加强供货者管理、进货查验和出厂检验、生产经营过程控制、食品安全自查等工作。食品生产经营企业的食品安全管理人员应当协助企业主要负责人做好食品安全管理工作。

第二十条　食品生产经营企业应当加强对食品安全管理人员的培训和考核。食品安全管理人员应当掌握与其岗位相适应的食品安全法律、法规、标准和专业知识，具备食品安全管理能力。食品安全监督管理部门应当对企业食品安全管理人员进行随机监督抽查考核。考核指南由国务院食品安全监督管理部门制定、公布。

第二十一条　食品、食品添加剂生产经营者委托生产食品、食品添加剂的，应当委托取得食品生产许可、食品添加剂生产许可的生产者生产，并对其生产行为进行监督，对委托生产的食品、食品添加剂的安全负责。受托方应当依照法律、法规、食品安全标准以及合同约定进行生产，对生产行为负责，并接受委托方的监督。

第二十二条　食品生产经营者不得在食品生产、加工场所贮存依照本条例第六十三条规定制定的名录中的物质。

第二十三条　对食品进行辐照加工，应当遵守食品安全国家标准，并按照食品安全国家标准的要求对辐照加工食品进行检验和标注。

第二十四条　贮存、运输对温度、湿度等有特殊要求的食品，应当具备保温、冷藏或者冷冻等设备设施，并保持有效运行。

第二十五条　食品生产经营者委托贮存、运输食品的，应当对受托方的食品安全保障能力进行审核，并监督受托方按照保证食品安全的要求贮存、运输食品。受托方应当保证食品贮存、运输条件符合食品安全的要求，加强食品贮存、运输过程管理。

接受食品生产经营者委托贮存、运输食品的，应当如实记录委托方和收货方的名称、地址、联系方式等内容。记录保存期限不得少于贮存、运输结束后 2 年。

非食品生产经营者从事对温度、湿度等有特殊要求的食品贮存业务的，应当自取得营业执照之日起 30 个工作日内向所在地县级人民政府食品安全监督管理部门备案。

第二十六条　餐饮服务提供者委托餐具饮具集中消毒服务单位提供清洗消毒服务的，应当查验、留存餐具饮具集中消毒服务单位的营业执照复印件和消毒合格证明。保存期限不得少于消毒餐具饮具使用期限到期后 6 个月。

第二十七条　餐具饮具集中消毒服务单位应当建立餐具饮具出厂检验记录制度，如实记录出厂餐具饮具的数量、消毒日期和批号、使用期限、出厂日期以及委托方名称、地址、联系方式等内容。出厂检验记录保存期限不得少于消毒餐具饮具使用期限到期后 6 个月。消毒后的餐具饮具应当在独立包装上标注单位名称、地址、联系方式、消毒日期和批号以及使用期限等内容。

第二十八条　学校、托幼机构、养老机构、建筑工地等集中用餐单位的食堂应当执行原料控制、餐具饮具清洗消毒、食品留样等制度，并依照食品安全法第四十七条的规定定期开展食堂食品安全自查。

承包经营集中用餐单位食堂的，应当依法取得食品经营许可，并对食堂的食品安全负责。集中用餐单位应当督促承包方落实食品安全管理制度，承担管理责任。

第二十九条　食品生产经营者应当对变质、超过保质期或者回收的食品进行显著标示或者单独存放在有明确标志的场所，及时采取无害化处理、销毁等措施并如实记录。

食品安全法所称回收食品，是指已经售出，因违反法律、法规、食品安全标准或者超过保质期等原因，被召回或者退回的食品，不包括依照食品安全法第六十三条第三款的规定可以继续销售的食品。

第三十条　县级以上地方人民政府根据需要建设必要的食品无害化处理和销毁设施。食品生产经营者可以按照规定使用政府建设的设施对食品进行无害化处理或者予以销毁。

第三十一条　食品集中交易市场的开办者、食品展销会的举办者应当在市场开业或者展销会举办前向所在地县级人民政府食品安全监督管理部门报告。

第三十二条　网络食品交易第三方平台提供者应当妥善保存入网食品经营者的登记信息和交易信息。县级以上人民政府食品安全监督管理部门开展食品安全监督检查、食品安全案件调查处理、食品安全事故处置确需了解有关信息的，经其负责人批准，可以要求网络食品交易第三方平台提供者提供，网络食品交易第三方平台提供者应当按照要求提供。县级以上人民政府食品安全监督管理部门及其工作人员对网络食品交易第三方平台提供者提供的信息依法负有保密义务。

第三十三条　生产经营转基因食品应当显著标示，标示办法由国务院食品安全监督管理部门会同国务院农业行政部门制定。

第三十四条　禁止利用包括会议、讲座、健康咨询在内的任何方式对食品进行虚假宣传。食品安全监督管理部门发现虚假宣传行为的，应当依法及时处理。

第三十五条　保健食品生产工艺有原料提取、纯化等前处理工序的，生产企业应当具备相应的原料前处理能力。

第三十六条　特殊医学用途配方食品生产企业应当按照食品安全国家标准规定的检验项目对出厂产品实施逐批检验。

特殊医学用途配方食品中的特定全营养配方食品应当通过医疗机构或者药品零售企业向消费者销售。医疗机构、药品零售企业销售特定全营养配方食品的，不需要取得食品经营许可，但是应当遵守食品安全法和本条例关于食品销售的规定。

第三十七条　特殊医学用途配方食品中的特定全营养配方食品广告按照处方药广告管理，其他类别的特殊医学用途配方食品广告按照非处方药广告管理。

第三十八条　对保健食品之外的其他食品，不得声称具有保健功能。

对添加食品安全国家标准规定的选择性添加物质的婴幼儿配方食品，不得以选择性添加物质命名。

第三十九条　特殊食品的标签、说明书内容应当与注册或者备案的标签、说明书一致。销售特殊食品，应当核对食品标签、说明书内容是否与注册或者备案的标签、说明书一致，不一致的不得销售。省级以上人民政府食品安全监督管理部门应当在其网站上公布注册或者备案的特殊食品的标签、说明书。

特殊食品不得与普通食品或者药品混放销售。

第五章　食品检验

第四十条　对食品进行抽样检验，应当按照食品安全标准、注册或者备案的特殊食品的产品技术要求以及国家有关规定确定的检验项目和检验方法进行。

第四十一条　对可能掺杂掺假的食品，按照现有食品安全标准规定的检验项目和检验方法以及依照食品安全法第一百一十一条和本条例第六十三条规定制定的检验项目和检验方法无法检验的，国务院食品安全监督管理部门可以制定补充检验项目和检验方法，用于对食品的抽样检验、食品安全案件调查处理和食品安全事故处置。

第四十二条　依照食品安全法第八十八条的规定申请复检的，申请人应当向复检机构先行支付复检费用。复检结论表明食品不合格的，复检费用由复检申请人承担；复检结论表明食品合格的，复检费用由实施抽样检验的食品安全监督管理部门承担。

复检机构无正当理由不得拒绝承担复检任务。

第四十三条　任何单位和个人不得发布未依法取得资质认定的食品检验机构出具的食品检验信息，不得利用上述检验信息对食品、食品生产经营者进行等级评定，欺骗、误导消费者。

第六章　食品进出口

第四十四条　进口商进口食品、食品添加剂，应当按照规定向出入境检验检疫机构报检，如实申报产品相关信息，并随附法律、行政法规规定的合格证明材料。

第四十五条　进口食品运达口岸后，应当存放在出入境检验检疫机构指定或者认可的场所；需要移动的，应当按照出入境检验检疫机构的要求采取必要的安全防护措施。大宗散装进口食品应当在卸货口岸进行检验。

第四十六条　国家出入境检验检疫部门根据风险管理需要，可以对部分食品实行指定口岸进口。

第四十七条　国务院卫生行政部门依照食品安全法第九十三条的规定对境外出口商、境外生产企业或者其委托的进口商提交的相关国家（地区）标准或者国际标准进行审查，认为符合食品安全要求的，决定暂予适用并予以公布；暂予适用的标准公布前，不得进口尚无食品安全国家标准的食品。

食品安全国家标准中通用标准已经涵盖的食品不属于食品安全法第九十三条规定的尚无食品安全国家标准的食品。

第四十八条　进口商应当建立境外出口商、境外生产企业审核制度，重点审核境外出口商、境外生产企业制定和执行食品安全风险控制措施的情况以及向我国出口的食品是否符合食品安全法、本条例和其他有关法律、行政法规的规定以及食品安全国家标准的要求。

第四十九条　进口商依照食品安全法第九十四条第三款的规定召回进口食品的，应当将食品召回和处理情况向所在地县级人民政府食品安全监督管理部门和所在地出入境检验检疫机构报告。

第五十条　国家出入境检验检疫部门发现已经注册的境外食品生产企业不再符合注册要求的，应当责令其在规定期限内整改，整改期间暂停进口其生产的食品；经整改仍不符合注册要求的，国家出入境检验检疫部门应当撤销境外食品生产企业注册并公告。

第五十一条　对通过我国良好生产规范、危害分析与关键控制点体系认证的境外生产企业，认证机构应当依法实施跟踪调查。对不再符合认证要求的企业，认证机构应当依法撤销认证并向社会公布。

第五十二条　境外发生的食品安全事件可能对我国境内造成影响，或者在进口食品、食品添加剂、食品相关产品中发现严重食品安全问题的，国家出入境检验检疫部门应当及时进行风险预警，并可以对相关的食品、食品添加剂、食品相关产品采取下列控制措施：

（一）退货或者销毁处理；

（二）有条件地限制进口；

（三）暂停或者禁止进口。

第五十三条　出口食品、食品添加剂的生产企业应当保证其出口食品、食品添加剂符合进口国家（地区）的标准或者合同要求；我国缔结或者参加的国际条约、协定有要求的，还应当符合国际条约、协定的要求。

第七章 食品安全事故处置

第五十四条 食品安全事故按照国家食品安全事故应急预案实行分级管理。县级以上人民政府食品安全监督管理部门会同同级有关部门负责食品安全事故调查处理。

县级以上人民政府应当根据实际情况及时修改、完善食品安全事故应急预案。

第五十五条 县级以上人民政府应当完善食品安全事故应急管理机制，改善应急装备，做好应急物资储备和应急队伍建设，加强应急培训、演练。

第五十六条 发生食品安全事故的单位应当对导致或者可能导致食品安全事故的食品及原料、工具、设备、设施等，立即采取封存等控制措施。

第五十七条 县级以上人民政府食品安全监督管理部门接到食品安全事故报告后，应当立即会同同级卫生行政、农业行政等部门依照食品安全法第一百零五条的规定进行调查处理。食品安全监督管理部门应当对事故单位封存的食品及原料、工具、设备、设施等予以保护，需要封存而事故单位尚未封存的应当直接封存或者责令事故单位立即封存，并通知疾病预防控制机构对与事故有关的因素开展流行病学调查。

疾病预防控制机构应当在调查结束后向同级食品安全监督管理、卫生行政部门同时提交流行病学调查报告。

任何单位和个人不得拒绝、阻挠疾病预防控制机构开展流行病学调查。有关部门应当对疾病预防控制机构开展流行病学调查予以协助。

第五十八条 国务院食品安全监督管理部门会同国务院卫生行政、农业行政等部门定期对全国食品安全事故情况进行分析，完善食品安全监督管理措施，预防和减少事故的发生。

第八章 监督管理

第五十九条 设区的市级以上人民政府食品安全监督管理部门根据监督管理工作需要，可以对由下级人民政府食品安全监督管理部门负责日常监督管理的食品生产经营者实施随机监督检查，也可以组织下级人民政府食品安全监督管理部门对食品生产经营者实施异地监督检查。

设区的市级以上人民政府食品安全监督管理部门认为必要的，可以直接调查处理下级人民政府食品安全监督管理部门管辖的食品安全违法案件，也可以指定其他下级人民政府食品安全监督管理部门调查处理。

第六十条 国家建立食品安全检查员制度，依托现有资源加强职业化检查员队伍建设，强化考核培训，提高检查员专业化水平。

第六十一条 县级以上人民政府食品安全监督管理部门依照食品安全法第一百一十条的规定实施查封、扣押措施，查封、扣押的期限不得超过 30 日；情况复杂的，经实施查封、扣押措施的食品安全监督管理部门负责人批准，可以延长，延长期限不得超过 45 日。

第六十二条 网络食品交易第三方平台多次出现入网食品经营者违法经营或者入网食品经营者的违法经营行为造成严重后果的，县级以上人民政府食品安全监督管理部门可以对网络食品交易第三方平台提供者的法定代表人或者主要负责人进行责任约谈。

第六十三条 国务院食品安全监督管理部门会同国务院卫生行政等部门根据食源性

疾病信息、食品安全风险监测信息和监督管理信息等，对发现的添加或者可能添加到食品中的非食品用化学物质和其他可能危害人体健康的物质，制定名录及检测方法并予以公布。

第六十四条　县级以上地方人民政府卫生行政部门应当对餐具饮具集中消毒服务单位进行监督检查，发现不符合法律、法规、国家相关标准以及相关卫生规范等要求的，应当及时调查处理。监督检查的结果应当向社会公布。

第六十五条　国家实行食品安全违法行为举报奖励制度，对查证属实的举报，给予举报人奖励。举报人举报所在企业食品安全重大违法犯罪行为的，应当加大奖励力度。有关部门应当对举报人的信息予以保密，保护举报人的合法权益。食品安全违法行为举报奖励办法由国务院食品安全监督管理部门会同国务院财政等有关部门制定。

食品安全违法行为举报奖励资金纳入各级人民政府预算。

第六十六条　国务院食品安全监督管理部门应当会同国务院有关部门建立守信联合激励和失信联合惩戒机制，结合食品生产经营者信用档案，建立严重违法生产经营者黑名单制度，将食品安全信用状况与准入、融资、信贷、征信等相衔接，及时向社会公布。

第九章　法律责任

第六十七条　有下列情形之一的，属于食品安全法第一百二十三条至第一百二十六条、第一百三十二条以及本条例第七十二条、第七十三条规定的情节严重情形：

（一）违法行为涉及的产品货值金额 2 万元以上或者违法行为持续时间 3 个月以上；

（二）造成食源性疾病并出现死亡病例，或者造成 30 人以上食源性疾病但未出现死亡病例；

（三）故意提供虚假信息或者隐瞒真实情况；

（四）拒绝、逃避监督检查；

（五）因违反食品安全法律、法规受到行政处罚后 1 年内又实施同一性质的食品安全违法行为，或者因违反食品安全法律、法规受到刑事处罚后又实施食品安全违法行为；

（六）其他情节严重的情形。

对情节严重的违法行为处以罚款时，应当依法从重从严。

第六十八条　有下列情形之一的，依照食品安全法第一百二十五条第一款、本条例第七十五条的规定给予处罚：

（一）在食品生产、加工场所贮存依照本条例第六十三条规定制定的名录中的物质；

（二）生产经营的保健食品之外的食品的标签、说明书声称具有保健功能；

（三）以食品安全国家标准规定的选择性添加物质命名婴幼儿配方食品；

（四）生产经营的特殊食品的标签、说明书内容与注册或者备案的标签、说明书不一致。

第六十九条　有下列情形之一的，依照食品安全法第一百二十六条第一款、本条例第七十五条的规定给予处罚：

（一）接受食品生产经营者委托贮存、运输食品，未按照规定记录保存信息；

（二）餐饮服务提供者未查验、留存餐具饮具集中消毒服务单位的营业执照复印件和消毒合格证明；

（三）食品生产经营者未按照规定对变质、超过保质期或者回收的食品进行标示或者存放，或者未及时对上述食品采取无害化处理、销毁等措施并如实记录；

（四）医疗机构和药品零售企业之外的单位或者个人向消费者销售特殊医学用途配方食品中的特定全营养配方食品；

（五）将特殊食品与普通食品或者药品混放销售。

第七十条　除食品安全法第一百二十五条第一款、第一百二十六条规定的情形外，食品生产经营者的生产经营行为不符合食品安全法第三十三条第一款第五项、第七项至第十项的规定，或者不符合有关食品生产经营过程要求的食品安全国家标准的，依照食品安全法第一百二十六条第一款、本条例第七十五条的规定给予处罚。

第七十一条　餐具饮具集中消毒服务单位未按照规定建立并遵守出厂检验记录制度的，由县级以上人民政府卫生行政部门依照食品安全法第一百二十六条第一款、本条例第七十五条的规定给予处罚。

第七十二条　从事对温度、湿度等有特殊要求的食品贮存业务的非食品生产经营者，食品集中交易市场的开办者、食品展销会的举办者，未按照规定备案或者报告的，由县级以上人民政府食品安全监督管理部门责令改正，给予警告；拒不改正的，处1万元以上5万元以下罚款；情节严重的，责令停产停业，并处5万元以上20万元以下罚款。

第七十三条　利用会议、讲座、健康咨询等方式对食品进行虚假宣传的，由县级以上人民政府食品安全监督管理部门责令消除影响，有违法所得的，没收违法所得；情节严重的，依照食品安全法第一百四十条第五款的规定进行处罚；属于单位违法的，还应当依照本条例第七十五条的规定对单位的法定代表人、主要负责人、直接负责的主管人员和其他直接责任人员给予处罚。

第七十四条　食品生产经营者生产经营的食品符合食品安全标准但不符合食品所标注的企业标准规定的食品安全指标的，由县级以上人民政府食品安全监督管理部门给予警告，并责令食品经营者停止经营该食品，责令食品生产企业改正；拒不停止经营或者改正的，没收不符合企业标准规定的食品安全指标的食品，货值金额不足1万元的，并处1万元以上5万元以下罚款，货值金额1万元以上的，并处货值金额5倍以上10倍以下罚款。

第七十五条　食品生产经营企业等单位有食品安全法规定的违法情形，除依照食品安全法的规定给予处罚外，有下列情形之一的，对单位的法定代表人、主要负责人、直接负责的主管人员和其他直接责任人员处以其上一年度从本单位取得收入的1倍以上10倍以下罚款：

（一）故意实施违法行为；

（二）违法行为性质恶劣；

（三）违法行为造成严重后果。

属于食品安全法第一百二十五条第二款规定情形的，不适用前款规定。

第七十六条　食品生产经营者依照食品安全法第六十三条第一款、第二款的规定停止生产、经营，实施食品召回，或者采取其他有效措施减轻或者消除食品安全风险，未造成危害后果的，可以从轻或者减轻处罚。

第七十七条　县级以上地方人民政府食品安全监督管理等部门对有食品安全法第一百二十三条规定的违法情形且情节严重，可能需要行政拘留的，应当及时将案件及有关材料移送同级公安机关。公安机关认为需要补充材料的，食品安全监督管理等部门应当及时提供。公安机关经审查认为不符合行政拘留条件的，应当及时将案件及有关材料退回移送的食品安全监督管理等部门。

第七十八条　公安机关对发现的食品安全违法行为，经审查没有犯罪事实或者立案侦查后认为不需要追究刑事责任，但依法应当予以行政拘留的，应当及时作出行政拘留的处罚决定；不需要予以行政拘留但依法应当追究其他行政责任的，应当及时将案件及有关材料移送同级食品安全监督管理等部门。

第七十九条　复检机构无正当理由拒绝承担复检任务的，由县级以上人民政府食品安全监督管理部门给予警告，无正当理由1年内2次拒绝承担复检任务的，由国务院有关部门撤销其复检机构资质并向社会公布。

第八十条　发布未依法取得资质认定的食品检验机构出具的食品检验信息，或者利用上述检验信息对食品、食品生产经营者进行等级评定，欺骗、误导消费者的，由县级以上人民政府食品安全监督管理部门责令改正，有违法所得的，没收违法所得，并处10万元以上50万元以下罚款；拒不改正的，处50万元以上100万元以下罚款；构成违反治安管理行为的，由公安机关依法给予治安管理处罚。

第八十一条　食品安全监督管理部门依照食品安全法、本条例对违法单位或者个人处以30万元以上罚款的，由设区的市级以上人民政府食品安全监督管理部门决定。罚款具体处罚权限由国务院食品安全监督管理部门规定。

第八十二条　阻碍食品安全监督管理等部门工作人员依法执行职务，构成违反治安管理行为的，由公安机关依法给予治安管理处罚。

第八十三条　县级以上人民政府食品安全监督管理等部门发现单位或者个人违反食品安全法第一百二十条第一款规定，编造、散布虚假食品安全信息，涉嫌构成违反治安管理行为的，应当将相关情况通报同级公安机关。

第八十四条　县级以上人民政府食品安全监督管理部门及其工作人员违法向他人提供网络食品交易第三方平台提供者提供的信息的，依照食品安全法第一百四十五条的规定给予处分。

第八十五条　违反本条例规定，构成犯罪的，依法追究刑事责任。

第十章　附则

第八十六条　本条例自2019年12月1日起施行。

附录 2　旅游饭店星级的划分与评定
（GB/T 14308—2010）

第一章　总则
前　言

本标准代替 GB/T 14308—2003 旅游饭店星级的划分与评定。

本标准与 GB/T 14308—2003 相比，主要技术内容变化如下：

a)增加了对国家标准 GB/T 16766、GB/T 15566.8 的引用；

b)更加注重饭店核心产品，弱化配套设施；

c)将一二三星级饭店定位为有限服务饭店；

d)突出绿色环保的要求；

e)强化安全管理要求，将应急预案列入各星级的必备条件；

f)提高饭店服务质量评价的操作性；

g)增加例外条款，引导特色经营；

h)保留白金五星级的概念，其具体标准与评定办法将另行制订。

本标准的附录 A、附录 B、附录 C 均为规范性附录。

本标准由国家旅游局①提出。

本标准由全国旅游标准化技术委员会归口。

本标准起草单位：国家旅游局监督管理司。

本标准主要起草人：李任芷、刘士军、余昌国、贺静、鲁凯麟、刘锦宏、徐锦祉、辛涛、张润钢、王建平。

本标准所代替标准的历次版本发布情况为：

——GB/T 14308—1993

——GB/T 14308—1997

——GB/T 14308—2003

1. 范围

本标准规定了旅游饭店星级的划分条件、服务质量和运营规范要求。

本标准适用于正式营业的各种旅游饭店。

---

①注释：原为中华人民共和国国家旅游局，现更名为中华人民共和国文化和旅游部。

2. 规范性引用文件

下列文件对于本文件的应用是必不可少的。凡是注日期的引用文件，仅注日期的版本适用于本文件，凡是不注日期的引用文件，其最新版本（包括所有的修改单）适用于本文件。

GB/T 16766　旅游业基础术语

GB/T 10001.1　标志用公共信息图形符号　第 1 部分：通用符号

GB/T 10001.2　标志用公共信息图形符号　第 2 部分：旅游设施与服务符号

GB/T 10001.4　标志用公共信息图形符号　第 4 部分：运动健身符号

GB/T 10001.9　标志用公共信息图形符号　第 9 部分：无障碍设施符号

GB/T 15566.8　公共信息导向系统　设置原则与要求　第 8 部分：宾馆和饭店

3. 术语和定义

下列术语和定义适用于本标准。

旅游饭店 tourist hotel。以间（套）夜为单位出租客房，以住宿服务为主，并提供商务、会议、休闲、度假等相应服务的住宿设施，按不同习惯可能也被称为宾馆、酒店、旅馆、旅社、宾舍、度假村、俱乐部、大厦、中心等。

4. 星级划分及标志

4.1　用星的数量和颜色表示旅游饭店的星级。旅游饭店星级分为五个级别，即一星级、二星级、三星级、四星级、五星级（含白金五星级）。最低为一星级，最高为五星级。星级越高，表示饭店的等级越高。（为方便行文，"星级旅游饭店"简称为"星级饭店"。）

4.2　星级标志由长城与五角星图案构成，用一颗五角星表示一星级，两颗五角星表示二星级，三颗五角星表示三星级，四颗五角星表示四星级，五颗五角星表示五星级，五颗白金五角星表示白金五星级。

5. 总则

5.1　星级饭店的建筑、附属设施设备、服务项目和运行管理应符合国家现行的安全、消防、卫生、环境保护、劳动合同等有关法律、法规和标准的规定与要求。

5.2　各星级划分的基本条件见附录 A，各星级饭店应逐项达标。

5.3　星级饭店设备设施的位置、结构、数量、面积、功能、材质、设计、装饰等评价标准见附录 B。

5.4　星级饭店的服务质量、清洁卫生、维护保养等评价标准见附录 C。

5.5　一星级、二星级、三星级饭店是有限服务饭店，评定星级时应对饭店住宿产品进行重点评价；四星级和五星级（含白金五星级）饭店是完全服务饭店，评定星级时应对饭店产品进行全面评价。

5.6　倡导绿色设计、清洁生产、节能减排、绿色消费的理念。

5.7　星级饭店应增强突发事件应急处置能力，突发事件处置的应急预案应作为各星级饭店的必备条件。评定星级后，如饭店营运中发生重大安全责任事故，所属星级将被立即取消，相应星级标识不能继续使用。

5.8 评定星级时不应因为某一区域所有权或经营权的分离，或因为建筑物的分隔而区别对待，饭店内所有区域应达到同一星级的质量标准和管理要求。

5.9 饭店开业一年后可申请评定星级，经相应星级评定机构评定后，星级标识使用有效期为三年。三年期满后应进行重新评定。

6. 各星级划分条件

6.1 必备条件

6.1.1 必备项目检查表规定了各星级应具备的硬件设施和服务项目。评定检查时，逐项打"√"确认达标后，再进入后续打分程序。

6.1.2 一星级必备项目见表 A.1；二星级必备项目见表 A.2；三星级必备项目见表 A.3；四星级必备项目见表 A.4；五星级必备项目见表 A.5。

6.2 设施设备

6.2.1 设施设备的要求见附录 B。总分 600 分。

6.2.2 一星级、二星级饭店不作要求，三星级、四星级、五星级饭店规定最低得分线：三星级 220 分，四星级 320 分，五星级 420 分。

6.3 饭店运营质量

6.3.1 饭店运营质量的要求见附录 C。总分 600 分。

6.3.2 饭店运营质量的评价内容分为总体要求、前厅、客房、餐饮、其他、公共及后台区域等 6 个大项。评分时按"优""良""中""差"打分并计算得分率。公式为：得分率＝该项实际得分/该项标准总分×100％。

6.3.3 一星级、二星级饭店不作要求。三星级、四星级、五星级饭店规定最低得分率：三星级 70％，四星级 80％，五星级 85％。

6.3.4 如饭店不具备表 C.1 中带"＊"的项目，统计得分率时应在分母中去掉该项分值。

7. 服务质量总体要求

7.1 服务基本原则

7.1.1 对宾客礼貌、热情、亲切、友好，一视同仁。

7.1.2 密切关注并尽量满足宾客的需求，高效率地完成对客服务。

7.1.3 遵守国家法律法规，保护宾客的合法权益。

7.1.4 尊重宾客的信仰与风俗习惯，不损害民族尊严。

7.2 服务基本要求

7.2.1 员工仪容仪表应达到：

a)遵守饭店的仪容仪表规范，端庄、大方、整洁；

b)着工装、佩工牌上岗；

c)服务过程中表情自然、亲切、热情适度，提倡微笑服务。

7.2.2 员工言行举止应达到：

a)语言文明、简洁、清晰，符合礼仪规范；

b)站、坐、行姿符合各岗位的规范与要求,主动服务,有职业风范;

c)以协调适宜的自然语言和身体语言对客服务,使宾客感到尊重舒适;

d)对宾客提出的问题应予耐心解释,不推诿和应付。

7.2.3 员工业务能力与技能应达到掌握相应的业务知识和服务技能,并能熟练运用。

8. 管理要求

8.1 应有员工手册。

8.2 应有饭店组织机构图和部门组织机构图。

8.3 应有完善的规章制度、服务标准、管理规范和操作程序。一项完整的饭店管理规范包括规范的名称、目的、管理职责、项目运作规程(具体包括执行层级、管理对象、方式与频率、管理工作内容)、管理分工、管理程序与考核指标等项目。各项管理规范应适时更新,并保留更新记录。

8.4 应有完善的部门化运作规范。包括管理人员岗位工作说明书、管理人员工作关系表、管理人员工作项目核检表、专门的质量管理文件、工作用表和质量管理记录等内容。

8.5 应有服务和专业技术人员岗位工作说明书,对服务和专业技术人员的岗位要求、任职条件、班次、接受指令与协调渠道、主要工作职责等内容进行书面说明。

8.6 应有服务项目、程序与标准说明书,对每一个服务项目完成的目标、为完成该目标所需要经过的程序,以及各个程序的质量标准进行说明。

8.7 对国家和地方主管部门和强制性标准所要求的特定岗位的技术工作如锅炉、强弱电、消防、食品加工与制作等,应有相应的工作技术标准的书面说明,相应岗位的从业人员应知晓并熟练操作。

8.8 应有其他可以证明饭店质量管理水平的证书或文件。

9. 安全管理要求

9.1 星级饭店应取得消防等方面的安全许可,确保消防设施的完好和有效运行。

9.2 水、电、气、油、压力容器、管线等设施设备应安全有效运行。

9.3 应严格执行安全管理防控制度,确保安全监控设备的有效运行及人员的责任到位。

9.4 应注重食品加工流程的卫生管理,保证食品安全。

9.5 应制订和完善地震、火灾、食品卫生、公共卫生、治安事件、设施设备突发故障等各项突发事件应急预案。

10. 其他

对于以住宿为主营业务,建筑与装修风格独特,拥有独特客户群体,管理和服务特色鲜明,且业内知名度较高旅游饭店的星级评定,可参照五星级的要求。

附录 A   规范性附录

必备项目检查表

表 A.1 给出了一星级饭店必备项目检查表；

表 A.2 给出了二星级饭店必备项目检查表；

表 A.3 给出了三星级饭店必备项目检查表；

表 A.4 给出了四星级饭店必备项目检查表；

表 A.5 给出了五星级饭店必备项目检查表。

A.1   一星级必备项目检查表

序号	项目	是否达标
1	一般要求	
1.1	建筑物结构完好，功能布局基本合理，方便宾客在饭店内活动	
1.2	应有适应所在地气候的采暖、制冷设备，各区域通风良好	
1.3	各种指示用和服务用文字应至少用规范的中文及第二种文字同时表示，导向系统的设置和公共信息图形符号应符合 GB/T 15566.8 和 GB/T 10001.1、GB/T 10001.2、GB/T 10001.4、GB/T 10001.9 的规定	
1.4	应有至少 15 间(套)可供出租的客房	
1.5	员工应具备基本礼仪礼节，穿着整齐清洁，可用普通话提供服务，效率较高	
1.6	设施设备应定期维护保养，保持安全、整洁、卫生和有效	
1.7	应有突发事件处置的应急预案	
1.8	应有与本星级相适应的节能减排方案并付诸实施	
2	设施	
2.1	设总服务台，并提供客房价目表及城市所在地的旅游交通图等相关资料	
2.2	客房内应有卫生间或提供方便宾客使用的公共卫生间，客房卫生间及公共卫生间均采取必要防滑措施	
2.3	应 24 h 供应冷水，每日固定时段供应热水，并有明确提示	
2.4	客房内应有清洁舒适的床和配套家具	
2.5	客房照明充足，有遮光效果较好的窗帘	
2.6	客房内应备有服务指南、住宿须知等	
2.7	客房门安全有效，门锁应为暗锁，有防盗装置，客房内应在显著位置张贴应急疏散图及相关说明	
2.8	公共区域应有男女分设的公共卫生间	
2.9	应有公用电话	

序号	项目	是否达标
2.10	应有应急照明设施	
3	服务	
3.1	应至少 18 h 提供接待、问讯、结账服务	
3.2	晚间应有安保人员驻店值班	
3.3	应提供贵重物品保管及小件行李寄存服务	
3.4	客房、卫生间应每天全面整理一次，隔日或应宾客要求更换床单、被套及枕套，并做到每客必换	
3.5	客房内应提供热饮用水	
3.6	应为残障人士提供必要的服务	
	总体是否达标结论	

表 A.2　二星级必备项目检查表

序号	项目	是否达标
1	一般要求	
1.1	建筑物结构良好，功能布局基本合理，方便宾客在饭店内活动	
1.2	应有适应所在地气候的采暖、制冷设备，各区域通风良好	
1.3	各种指示用和服务用文字应至少用规范的中文及第二种文字同时表示，导向系统的设置和公共信息图形符号应符合 GB/T 15566.8 和 GB/T 10001.1、GB/T 10001.2、GB/T 10001.4、GB/T 10001.9 的规定	
1.4	应有至少 20 间(套)可供出租的客房	
1.5	应提供回车线或停车场，5 层以上(含 5 层)的楼房有客用电梯	
1.6	员工应具备基本礼仪礼节，穿着整齐清洁，可用普通话提供服务，效率较高	
1.7	设施设备应定期维护保养，保持安全、整洁、卫生和有效	
1.8	应有突发事件处置的应急预案	
1.9	应有与本星级相适应的节能减排方案并付诸实施	
2	设施	
2.1	应有与饭店规模相适应的总服务台，位置合理，提供客房价目表及城市所在地的旅游交通图、旅游介绍等相关资料	
2.2	应有就餐区域，提供桌、椅等配套设施，照明充足，通风良好	
2.3	客房内应有清洁舒适的床以及桌、椅、床头柜等配套家具	
2.4	至少 50％的客房内应有卫生间，或每一楼层提供数量充足，男女分设，方便使用的公共盥洗间。客房卫生间及公共盥洗间均采取有效的防滑措施	

序号	项目	是否达标
2.5	应 24 h 供应冷水，至少 12 h 供应热水	
2.6	客房应有适当装修，照明充足，有遮光效果较好的窗帘。有防噪声及隔音措施	
2.7	客房内应配备电话、彩色电视机等设施，且使用效果良好	
2.8	设有两种以上规格的电源插座	
2.9	客房内应备有服务指南、住宿须知等资料	
2.10	客房门安全有效，门锁应为暗锁，有防盗装置，客房内应在显著位置张贴应急疏散图及相关说明	
2.11	公共区域应有男女分设的公共卫生间	
2.12	应有公用电话	
2.13	应有应急照明设施	
2.14	公共区域应有适当装修，墙面整洁、光线充足。紧急出口标识清楚，位置合理，无障碍物	
2.15	门厅及主要公共区域应有残疾人出入坡道	
3	服务	
3.1	应有管理或安保人员 24h 在岗值班	
3.2	应 24h 提供接待、问询、结账和留言等服务	
3.3	应提供贵重物品保管及小件行李寄存服务	
3.4	客房、卫生间应每天全面整理一次，隔日或应宾客要求更换床单、被套及枕套，并做到每客必换	
3.5	客房内应提供热饮用水	
3.6	应提供早餐服务	
3.7	应为残障人士提供必要的服务	
	总体是否达标结论	

表 A.3 三星级必备项目检查表

序号	项目	是否达标
1	一般要求	
1.1	应有较高标准的建筑物结构，功能布局较为合理，方便宾客在饭店内活动	
1.2	应有空调设施，各区域通风良好，温、湿度适宜	
1.3	各种指示用和服务用文字应至少用规范的中英文同时表示。导向标志清晰、实用、美观，导向系统的设置和公共信息图形符号应符合 GB/T 15566.8 和 GB/T 10001.1、GB/T 10001.2、GB/T 10001.4、GB/T 10001.9 的规定	

序号	项目	是否达标
1.4	应有计算机管理系统	
1.5	应有至少 30 间(套)可供出租的客房,应有单人间、套房等不同规格的房间配置	
1.6	应提供回车线并有一定泊位数量的停车场。4 层(含 4 层)以上的建筑物有足够的客用电梯	
1.7	设施设备定期维护保养,保持安全、整洁、卫生和有效	
1.8	员工应着工装,训练有素,用普通话提供服务。前台员工具备基本外语会话能力	
1.9	应有突发事件(突发事件应包括火灾、自然灾害、饭店建筑物和设备设施事故、公共卫生和伤亡事件、社会治安事件等)处置的应急预案,有年度实施计划,并定期演练	
1.10	应有与本星级相适应的节能减排方案并付诸实施	
1.11	应定期开展员工培训	
2	设施	
2.1	应有与接待规模相适应的前厅和总服务台,装修美观。提供饭店服务项目资料、客房价目等信息,提供所在地旅游交通、所在地旅游资源信息、主要交通工具时刻等资料,提供相关的报刊	
2.2	客房装修良好、美观,应有软垫床、梳妆台或写字台、衣橱及衣架、座椅或简易沙发、床头柜及行李架等配套家具。电器开关方便宾客使用	
2.3	客房内满铺地毯、木地板或其他较高档材料	
2.4	客房内应有卫生间,装有抽水马桶、梳妆台(配备面盆、梳妆镜和必要的盥洗用品)、浴缸或淋浴间。采取有效的防滑、防溅水措施,通风良好。采用较高级建筑材料装修地面、墙面和天花,色调柔和,目的物照明效果良好。有良好的排风设施,温湿度与客房适宜。有不间断电源插座。24 h 供应冷、热水	
2.5	客房门应安全有效,应设门窥镜及防盗装置,客房内应在显著位置张贴应急疏散图及相关说明	
2.6	客房内应有遮光和防噪声措施	
2.7	客房内应配备电话、彩色电视机,且使用效果良好	
2.8	应有两种以上规格的电源插座,位置方便宾客使用,可提供插座转换器	
2.9	客房内应有与本星级相适应的文具用品,备有服务指南、住宿须知、所在地旅游景点介绍和旅游交通图等,提供书报刊	
2.10	床上用棉织品(床单、枕芯、枕套、被芯、被套及床衬垫等)及卫生间针织用品(浴衣、浴巾、毛巾等)材质良好、柔软舒适	

序号	项目	是否达标
2.11	客房内应提供互联网接入服务，并有使用说明	
2.12	客房内应备有擦鞋用具	
2.13	应有与饭店规模相适应的独立餐厅，配有符合卫生标准和管理规范的厨房	
2.14	公共区域应设宾客休息场所	
2.15	公共区域应有男女分设、间隔式公共卫生间	
2.16	应有公用电话	
2.17	应有应急供电设施和应急照明设施	
2.18	走廊地面应满铺地毯或与整体氛围相协调的其他材料，墙面整洁、有适当装修，光线充足。紧急出口标识清楚，位置合理，无障碍物	
2.19	门厅及主要公共区域应有残疾人出入坡道，配备轮椅	
3	服务	
3.1	应有管理及安保人员 24 h 在岗值班	
3.2	应 24 h 提供接待、问询、结账和留言服务。提供总账单结账服务、信用卡结算服务。应提供客房预订服务	
3.3	应设门卫应接及行李服务人员，有专用行李车，应宾客要求提供行李服务。应提供贵重物品保管及小件行李寄存服务，并专设寄存处	
3.4	应为宾客办理传真、复印、打字、国际长途电话等商务服务，并代发信件	
3.5	应提供代客预订和安排出租汽车服务	
3.6	客房、卫生间应每天全面整理一次，每日或应宾客要求更换床单、被套及枕套，客用品补充齐全	
3.7	应提供留言和叫醒服务。可应宾客要求提供洗衣服务	
3.8	客房内应 24 h 提供热饮用水，免费提供茶叶或咖啡	
3.9	应提供早、中、晚餐服务	
3.10	应提供与饭店接待能力相适应的宴会或会议服务	
3.11	应为残障人士提供必要的服务	
	总体是否达标结论	

表 A.4 四星级必备项目检查表

序号	项目	是否达标
1	饭店总体要求	
1.1	建筑物外观和建筑结构有特色。饭店空间布局合理，方便宾客在饭店内活动	
1.2	内外装修应采用高档材料，符合环保要求，工艺精致，整体氛围协调	

序号	项目	是否达标
1.3	各种指示用和服务用文字应至少用规范的中英文同时表示。导向标志清晰、实用、美观，导向系统的设置和公共信息图形符号应符合 GB/T 15566.8 和 GB/T 10001.1、GB/T 10001.2、GB/T 10001.4、GB/T 10001.9 的规定	
1.4	应有中央空调（别墅式度假饭店除外），各区域通风良好	
1.5	应有运行有效的计算机管理系统。主要营业区域均有终端，有效提供服务	
1.6	应有公共音响转播系统，背景音乐曲目、音量适宜，音质良好	
1.7	设施设备应维护保养良好，无噪声，安全完好、整洁、卫生和有效	
1.8	应具备健全的管理规范、服务规范与操作标准	
1.9	员工应着工装，体现岗位特色	
1.10	员工训练有素，能用普通话和英语提供服务，必要时可用第二种外国语提供服务	
1.11	应有突发事件（突发事件应包括火灾、自然灾害、饭店建筑物和设备设施事故、公共卫生和伤亡事件、社会治安事件等）处置的应急预案，有年度实施计划，并定期演练	
1.12	应有与本星级相适应的节能减排方案并付诸实施	
1.13	应有系统的员工培训规划和制度，有员工培训设施	
2	前厅	
2.1	区位功能划分合理	
2.2	整体装修精致，有整体风格、色调协调、光线充足	
2.3	总服务台，位置合理，接待人员应 24 h 提供接待、问询和结账服务。并能提供留言、总账单结账、国内和国际信用卡结算及外币兑换等服务	
2.4	应专设行李寄存处，配有饭店与宾客同时开启的贵重物品保险箱，保险箱位置安全、隐蔽，能够保护宾客的隐私	
2.5	应提供饭店基本情况、客房价目等信息，提供所在地旅游资源、当地旅游交通及全国旅游交通信息，并在总台能提供中英文所在地交通图、与住店宾客相适应的报刊	
2.6	在非经营区应设宾客休息场所	
2.7	门厅及主要公共区域应有符合标准的残疾人出入坡道，配备轮椅，有残疾人专用卫生间或厕位，为残障人士提供必要的服务	
2.8	应 24 h 接受包括电话、传真或网络等渠道的客房预订	
2.9	应有门卫应接服务人员，18 h 迎送宾客	
2.10	应有专职行李员，配有专用行李车，18 h 提供行李服务，提供小件行李寄存服务	

序号	项目	是否达标
2.11	应提供代客预订和安排出租汽车服务	
2.12	应有相关人员处理宾客关系	
2.13	应有管理人员 24 h 在岗值班	
3	客房	
3.1	应有至少 40 间(套)可供出租的客房	
3.2	70%客房的面积(不含卫生间)应不小于 20 m²	
3.3	应有标准间(大床房、双床房),有两种以上规格的套房(包括至少 3 个开间的豪华套房),套房布局合理	
3.4	装修高档。应有舒适的软垫床,配有写字台、衣橱及衣架、茶几、座椅或沙发、床头柜、全身镜、行李架等家具,布置合理。所有电器开关方便宾客使用。室内满铺高级地毯,或优质木地板或其他高级材料。采用区域照明,且目的物照明效果良好	
3.5	客房门能自动闭合,应有门窥镜、门铃及防盗装置。客房内应在显著位置张贴应急疏散图及相关说明。	
3.6	客房内应有装修良好的卫生间。有抽水恭桶、梳妆台(配备面盆、梳妆镜和必要的盥洗用品)、有浴缸或淋浴间,配有浴帘或其他防溅设施。采取有效的防滑措施。采用高档建筑材料装修地面、墙面和天花,色调高雅柔和。采用分区照明且目的物照明效果良好。有良好的低噪声排风设施,温湿度与客房适宜。有 110/220V 不间断电源插座、电话副机。配有吹风机。24 h 供应冷、热水,水龙头冷热标识清晰。所有设施设备均方便宾客使用	
3.7	客房内应有饭店专用电话机,可以直接拨通或使用预付费电信卡拨打国际、国内长途电话,并备有电话使用说明和所在地主要电话指南	
3.8	应有彩色电视机,画面和音质良好。播放频道不少于 16 个,备有频道目录	
3.9	应有防噪声及隔音措施,效果良好	
3.10	应有内窗帘及外层遮光窗帘,遮光效果良好	
3.11	应有至少两种规格的电源插座,电源插座应有两个以上供宾客使用的插位,位置合理,并可提供插座转换器。	
3.12	应有与本星级相适应的文具用品。配有服务指南、住宿须知、所在地旅游资源信息和旅游交通图等。可提供与住店宾客相适应的书报刊	
3.13	床上用棉织品(床单、枕芯、枕套、被芯、被套及床衬垫等)及卫生间针织用品(浴巾、浴衣、毛巾等)材质较好、柔软舒适。	
3.14	客房、卫生间应每天全面整理一次,每日或应宾客要求更换床单、被套及枕套,客用品和消耗品补充齐全,并应宾客要求随时进房清理	
3.15	应提供互联网接入服务,并备有使用说明,使用方便	

序号	项目	是否达标
3.16	应提供开夜床服务，放置晚安致意品	
3.17	应提供客房微型酒吧服务，至少 50% 的房间配备小冰箱，提供适量酒和饮料，并备有饮用器具和价目单。免费提供茶叶或咖啡。提供冷热饮用水，可应宾客要求提供冰块	
3.18	应提供客衣干洗、湿洗、熨烫服务，可在 24 h 内交还宾客。可提供加急服务	
3.19	应 18 h 提供送餐服务。有送餐菜单和饮料单，送餐菜式品种不少于 8 种，饮料品种不少于 4 种，甜食品种不少于 4 种，有可挂置门外的送餐牌	
3.20	应提供留言及叫醒服务	
3.21	应提供宾客在房间会客服务，可应宾客要求及时提供加椅和茶水服务	
3.22	客房内应备有擦鞋用具，并提供擦鞋服务	
4	餐厅及吧室	
4.1	应有布局合理、装饰设计格调一致的中餐厅	
4.2	应有位置合理、格调优雅的咖啡厅（或简易西餐厅）。提供品质较高的自助早餐	
4.3	应有宴会单间或小宴会厅。提供宴会服务	
4.4	应有专门的酒吧或茶室	
4.5	餐具应按中外习惯成套配置，无破损，光洁、卫生	
4.6	菜单及饮品单应装帧精致，完整清洁，出菜率不低于 90%	
5	厨房	
5.1	位置合理、布局科学，传菜路线不与非餐饮公共区域交叉	
5.2	厨房与餐厅之间，采取有效的隔音、隔热和隔气味措施。进出门自动闭合	
5.3	墙面满铺瓷砖，用防滑材料满铺地面，有地槽	
5.4	冷菜间、面点间独立分隔，有足够的冷气设备。冷菜间内有空气消毒设施和二次更衣设施	
5.5	粗加工间与其他操作间隔离，各操作间温度适宜，冷气供给充足	
5.6	应有必要的冷藏、冷冻设施，生熟食品及半成品分柜置放，有干货仓库	
5.7	洗碗间位置合理，配有洗碗和消毒设施	
5.8	应有专门放置临时垃圾的设施并保持其封闭，排污设施(地槽、抽油烟机和排风口等)保持清洁通畅	
5.9	采取有效的消杀蚊蝇、蟑螂等虫害措施	
5.10	应有食品留样送检机制	
6	会议和康体设施	
6.1	应有至少两种规格的会议设施，配备相应设施并提供专业服务	

序号	项目	是否达标
6.2	应有康体设施，布局合理，提供相应的服务	
7	公共区域	
7.1	饭店室外环境整洁美观	
7.2	饭店后台设施完备、导向清晰、维护良好	
7.3	应有回车线，并有足够泊位的停车场。提供相应的服务	
7.4	3层以上(含3层)建筑物应有数量充足的高质量客用电梯，轿厢装修高雅。配有服务电梯	
7.5	主要公共区域应有男女分设的间隔式公共卫生间，环境良好	
7.6	应有商品部，出售旅行日常用品、旅游纪念品等	
7.7	应有商务中心，可提供传真、复印、国际长途电话、打字等服务，有可供宾客使用的电脑，并可提供代发信件、手机充电等服务	
7.8	提供或代办市内观光服务	
7.9	应有公用电话	
7.10	应有应急照明设施和有应急供电系统	
7.11	主要公共区域有闭路电视监控系统	
7.12	走廊及电梯厅地面应满铺地毯或其他高档材料，墙面整洁、有装修装饰，温度适宜、通风良好、光线适宜。紧急出口标识清楚醒目，位置合理，无障碍物。有符合规范的逃生通道、安全避难场所	
7.13	应有必要的员工生活和活动设施	
	总体是否达标检查表	

表 A.5 五星级必备项目检查表

序号	项目	是否达标
1	总体要求	
1.1	建筑物外观和建筑结构应具有鲜明的豪华饭店的品质，饭店空间布局合理，方便宾客在饭店内活动	
1.2	内外装修应采用高档材料，符合环保要求，工艺精致，整体氛围协调，风格突出	
1.3	各种指示用和服务用文字应至少用规范的中英文同时表示。导向标志清晰、实用、美观，导向系统的设置和公共信息图形符号应符合 GB/T 15566.8 和 GB/T 10001.1、GB/T 10001.2、GB/T 10001.4、GB/T 10001.9 的规定	
1.4	应有中央空调(别墅式度假饭店除外)，各区域空气质量良好	

序号	项目	是否达标
1.5	应有运行有效的计算机管理系统，前后台联网，有饭店独立的官方网站或者互联网主页，并能够提供网络预订服务	
1.6	应有公共音响转播系统。背景音乐曲目、音量与所在区域和时间段相适应，音质良好	
1.7	设施设备应维护保养良好，无噪声，安全完好、整洁、卫生和有效	
1.8	应具备健全的管理规范、服务规范与操作标准	
1.9	员工应着工装，工装专业设计、材质良好、做工精致	
1.10	员工训练有素，能用普通话和英语提供服务，必要时可用第二种外国语提供服务	
1.11	应有与本星级相适应的节能减排方案并付诸实施	
1.12	应有突发事件(突发事件应包括火灾、自然灾害、饭店建筑物和设备设施事故、公共卫生和伤亡事件、社会治安事件等)处置的应急预案，有年度实施计划，并定期演练	
1.13	应有系统的员工培训规划和制度，应有专门的教材、专职培训师及专用员工培训教室	
2	前厅	
2.1	功能划分合理，空间效果良好	
2.2	装饰设计有整体风格，色调协调，光线充足，整体视觉效果和谐	
2.3	总服务台位置合理，接待人员应 24 h 提供接待、问询和结账等服务。并能提供留言、总账单结账、国内和国际信用卡结算、外币兑换等服务	
2.4	应专设行李寄存处，配有饭店与宾客同时开启的贵重物品保险箱，保险箱位置安全、隐蔽，能够保护宾客的隐私	
2.5	应提供饭店基本情况、客房价目等信息，提供所在地旅游资源、当地旅游交通及全国旅游交通的信息，并在总台能提供中英文所在地交通图、与住店宾客相适应的报刊	
2.6	在非经营区应设宾客休息场所	
2.7	门厅及主要公共区域应有符合标准的残疾人出入坡道，配备轮椅，有残疾人专用卫生间或厕位，为残障人士提供必要的服务	
2.8	应 24 h 接受包括电话、传真或网络等渠道的客房预订	
2.9	应有专职的门卫应接服务人员，18 h 迎送宾客	
2.10	应有专职行李员，配有专用行李车，24 h 提供行李服务，提供小件行李寄存服务	
2.11	应提供代客预订和安排出租汽车服务	

序号	项目	是否达标
2.12	应有专职人员处理宾客关系，18 h 在岗服务	
2.13	应提供礼宾服务	
2.14	应有管理人员 24 h 在岗值班	
3	客房	
3.1	应有至少 50 间(套)可供出租的客房	
3.2	70%客房的面积(不含卫生间和门廊)应不小于 20 m²	
3.3	应有标准间(大床房、双床房)，残疾人客房，两种以上规格的套房(包括至少 4 个开间的豪华套房)，套房布局合理	
3.4	装修豪华，具有良好的整体氛围。应有舒适的床垫及配套用品。写字台、衣橱及衣架、茶几、座椅或沙发、床头柜、全身镜、行李架等家具配套齐全、布置合理、使用便利。所有电器开关方便宾客使用。室内满铺高级地毯，或用优质木地板或其他高档材料装饰。采用区域照明，目的物照明效果良好	
3.5	客房门能自动闭合，应有门窥镜、门铃及防盗装置。客房内应在显著位置张贴应急疏散图及相关说明	
3.6	客房内应有装修精致的卫生间。有高级抽水恭桶、梳妆台(配备面盆、梳妆镜和必要的盥洗用品)、浴缸并带淋浴喷头(另有单独淋浴间的可以不带淋浴喷头)，配有浴帘或其他有效的防溅设施。采取有效的防滑措施。采用豪华建筑材料装修地面、墙面和天花，色调高雅柔和。采用分区照明且目的物照明效果良好。有良好的无明显噪声的排风设施，温湿度与客房无明显差异。有 110V/220V 不间断电源插座、电话副机。配有吹风机。24 h 供应冷、热水，水龙头冷热标识清晰。所有设施设备均方便宾客使用	
3.7	客房内应有饭店专用电话机，方便使用。可以直接拨通或使用预付费电信卡拨打国际、国内长途电话，并备有电话使用说明和所在地主要电话指南	
3.8	应有彩色电视机，画面和音质优良。播放频道不少于 24 个，频道顺序有编辑，备有频道目录	
3.9	应有背景音乐，音质良好，曲目适宜，音量可调	
3.10	应有防噪声及隔音措施，效果良好	
3.11	应有纱帘及遮光窗帘，遮光效果良好	
3.12	应有至少两种规格的电源插座，电源插座应有两个以上供宾客使用的插位，位置方便宾客使用，并可提供插座转换器	
3.13	应有与本星级相适应的文具用品。配有服务指南、住宿须知、所在地旅游景点介绍和旅游交通图等。提供与住店宾客相适应的报刊	
3.14	床上用棉织品(床单、枕芯、枕套、被芯、被套及床衬垫等)及卫生间针织用品(浴巾、浴衣、毛巾等)材质高档、工艺讲究、柔软舒适。可应宾客要求提供多种规格的枕头	

序号	项目	是否达标
3.15	客房、卫生间应每天全面清理一次，每日或应宾客要求更换床单、被套及枕套，客用品和消耗品补充齐全，并应宾客要求随时进房清理	
3.16	应提供互联网接入服务，并备有使用说明，使用方便	
3.17	应提供开夜床服务，夜床服务效果良好	
3.18	应提供客房微型酒吧(包括小冰箱)服务，配置适量与住店宾客相适应的酒和饮料，备有饮用器具和价目单。免费提供茶叶或咖啡。提供冷热饮用水，可应宾客要求提供冰块	
3.19	应提供客衣干洗、湿洗、熨烫服务，可在 24 h 内交还宾客，可提供加急服务	
3.20	应 24 h 提供送餐服务。有送餐菜单和饮料单，送餐菜式品种不少于 8 种，饮料品种不少于 4 种，甜食品种不少于 4 种，有可挂置门外的送餐牌，送餐车应有保温设备	
3.21	应提供自动和人工叫醒、留言及语音信箱服务，服务效果良好	
3.22	应提供宾客在房间会客服务，应宾客的要求及时提供加椅和茶水服务	
3.23	客房内应备有擦鞋用具，并提供擦鞋服务	
4	餐厅及吧室	
4.1	各餐厅布局合理、环境优雅、空气清新，不串味，温度适宜	
4.2	应有装饰豪华、氛围浓郁的中餐厅	
4.3	应有装饰豪华、格调高雅的西餐厅(或外国特色餐厅)或风格独特的风味餐厅，均配有专门厨房	
4.4	应有位置合理、独具特色、格调高雅的咖啡厅，提供品质良好的自助早餐、西式正餐。咖啡厅(或有一餐厅)营业时间不少于 18 h	
4.5	应有 3 个以上宴会单间或小宴会厅。提供宴会服务，效果良好	
4.6	应有专门的酒吧或茶室	
4.7	餐具应按中外习惯成套配置，材质高档，工艺精致，有特色，无破损磨痕，光洁、卫生	
4.8	菜单及饮品单应装帧精美，完整清洁，出菜率不低于 90%	
5	厨房	
5.1	位置合理、布局科学，传菜路线不与非餐饮公共区域交叉	
5.2	厨房与餐厅之间，采取有效的隔音、隔热和隔味的措施。进出门分开并能自动闭合	
5.3	墙面满铺瓷砖，用防滑材料满铺地面，有地槽	
5.4	冷菜间、面点间独立分隔，有足够的冷气设备。冷菜间内有空气消毒设施	

序号	项目	是否达标
5.5	冷菜间有二次更衣场所及设施	
5.6	粗加工间与其他操作间隔离，各操作间温度适宜，冷气供应充足	
5.7	洗碗间位置合理（紧临厨房与餐厅出入口），配有洗碗和消毒设施	
5.8	有必要的冷藏、冷冻设施，生熟食品及半成品分柜置放。有干货仓库	
5.9	有专门放置临时垃圾的设施并保持其封闭，排污设施（地槽、抽油烟机和排风口等）保持畅通清洁	
5.10	采取有效的消杀蚊蝇、蟑螂等虫害措施	
5.11	应有食品化验室或留样送检机制	
6	会议康乐设施	
6.1	应有两种以上规格的会议设施，有多功能厅，配备相应的设施并提供专业服务	
6.2	应有康体设施，布局合理，提供相应的服务	
7	公共区域	
7.1	饭店室外环境整洁美观，绿色植物维护良好	
7.2	饭店后台区域设施完好、卫生整洁、维护良好，前后台的衔接合理，通往后台的标识清晰	
7.3	应有效果良好的回车线，并有与规模相适应泊位的停车场，有残疾人停车位，停车场环境效果良好，提供必要的服务	
7.4	3层以上（含3层）建筑物应有数量充足的高质量客用电梯，轿厢装饰高雅，速度合理，通风良好；另备有数量、位置合理的服务电梯	
7.5	各公共区域均应有男女分设的间隔式公共卫生间，环境优良，通风良好	
7.6	应有商品部，出售旅行日常用品、旅游纪念品等	
7.7	应有商务中心，可提供传真、复印、国际长途电话、打字等服务，有可供宾客使用的电脑，并可提供代发信件、手机充电等服务	
7.8	提供或代办市内观光服务	
7.9	应有公用电话，并配有便签	
7.10	应有应急照明设施和有应急供电系统	
7.11	主要公共区域有闭路电视监控系统	
7.12	走廊及电梯厅地面应满铺地毯或其他高档材料，墙面整洁、有装修装饰，温度适宜、通风良好、光线适宜。紧急出口标识清楚醒目，位置合理，无障碍物。有符合规范的逃生通道、安全避难场所	
7.13	应有充足的员工生活和活动设施	
	总体是否达标结论	

附录 B 规范性附录

设施设备评分表

表 B.1 给出了设施设备评分表

表 B.1 设施设备评分表

序号	设施设备评分表	各大项总分	各分项总分	各次分项总分	各小项总分	计分	记分栏
1	地理位置、周围环境、建筑结构及功能布局	30					
1.1	地理位置及周围环境		8				
1.1.1	地理位置			3			
	位于城市中心或商务区，旅游景区或度假区，机场、火车站、长途汽车站、码头等交通便利地带，可进入性好					3	
	靠近城市中心或商务区，旅游景区或度假区，机场、火车站、长途汽车站、码头，可进入性较好					2	
	可进入性一般					1	
1.1.2	周围环境(饭店建筑红线内)			5			
	花园(独立于饭店主体建筑的绿化场地，面积较大，有观赏景物或建筑小品，花木保养得当，环境整洁)					5	
	庭院(附属于饭店主体建筑，有一定的绿化和景观，可供散步、休闲，环境整洁)					3	
1.2	停车场(包括地下停车场、停车楼)		5				
1.2.1	停车位数量			4			
	自备停车场，车位不少于40%客房数					4	
	自备停车场，车位不少于15%客房数					3	
	在饭店周围200 m内可以停放汽车，车位不少于15%客房数					2	
	有回车线					1	
1.2.2	合理利用空间，有地下停车场(停车楼)等		1				
1.3	建筑结构及功能布局		17				
1.3.1	前厅部位功能设施位置恰当、分隔合理，方便宾客使用(酌情给1~3分)			3			

序号	设施设备评分表	各大项总分	各分项总分	各次分项总分	各小项总分	计分	记分栏
1.3.2	餐饮部位功能设施位置恰当、分隔合理，方便宾客使用(酌情给1～3分)			3			
1.3.3	客房部位功能设施位置恰当、分隔合理，方便宾客使用(酌情给1～3分)			3			
1.3.4	康乐及会议部位功能设施位置恰当、分隔合理，方便宾客使用(酌情给1～3分)			3			
1.3.5	饭店建筑历史悠久，为文物保护单位			5			
	全国重点文物保护单位，建立并实施严格的文物保护措施				5		
	省级文物保护单位，建立并实施相应的文物保护措施				3		
	市、县级文物保护单位				1		
1.3.6	饭店配套设施不在主体建筑内又没有封闭通道相连(度假型饭店除外)			-5			
2	共用系统	52					
2.1	智能化管理系统		8				
2.1.1	结构化综合布线系统			2			
2.1.2	先进、有效的火灾报警与消防联动控制系统(含点报警、面报警、消防疏散广播等)			3			
2.1.3	先进的楼宇自动控制系统(新风/空调监控、供配电与照明监控、给排水系统监控等)			3			
2.2	信息管理系统		9				
2.2.1	覆盖范围			4			
	全面覆盖前后台，数据关联的饭店专用管理信息系统(前台管理系统、餐厅管理系统、财务管理系统、收益分析系统、人事管理系统、工程管理系统、库房管理系统、采购管理系统等数据流自动化处理并关联)				4		
	前后台均有独立的管理信息系统				2		
	只覆盖前台对客服务部门				1		
2.2.2	采取确保饭店信息安全的有效措施			2			
2.2.3	系统供应商			3			
	行业主流供应商，系统先进、运行稳定				3		

序号	设施设备评分表	各大项总分	各分项总分	各次分项总分	各小项总分	计分	记分栏
	非主流供应商					1	
2.3	互联网		8				
2.3.1	覆盖范围			6			
	所有的客房配有互联网接口(有线、无线均可)					2	
	所有的会议室均有互联网接口(有线、无线均可)					2	
	所有的大堂区域均有无线网络覆盖					1	
	咖啡厅和大堂酒吧提供有线互联网接口(或有无线网络覆盖)					1	
2.3.2	应用			2			
	有独立网站,具有实时网上预订功能(非第三方订房网站)					2	
	在互联网上有饭店的独立网页和电子邮件地址					1	
2.4	空调系统		5				
2.4.1	四管制中央空调系统			5			
2.4.2	两管制中央空调系统			3			
2.4.3	无中央空调系统,但客房、餐厅及公共区域采用窗式、分体式或柜式空调			1			
2.5	应急供电		6				
2.5.1	自备发电设施					3	
2.5.2	应急供电系统(指两路以上供电)					2	
2.5.3	应急照明设施					1	
2.6	移动电话信号覆盖所有客房及公共区域		2				
2.7	节能措施与环境管理		14				
2.7.1	有建筑节能设计(如自然采光、新型墙体材料、环保装饰材料等)			2			
2.7.2	采用有新能源的设计与运用(如太阳能、生物能、风能、地热等)			2			
2.7.3	采用环保设备和用品(使用溴化锂吸收式等环保型冷水机组、使用无磷洗衣粉、使用环保型冰箱、不使用哈龙灭火器等)			2			
2.7.4	采用节能产品(如节能灯、感应式灯光、水龙头控制等),采取节能及环境保护的有效措施(客房内环保提示牌,不以野生保护动物为食品原料等)			2			

序号	设施设备评分表	各大项总分	各分项总分	各次分项总分	各小项总分	计分	记分栏
2.7.5	有中水处理系统			2			
2.7.6	有污水、废气处理设施			2			
2.7.7	垃圾房			2			
	有垃圾房及相应管理制度,并有湿垃圾干处理装置					2	
	有垃圾房及相应管理制度					1	
3	前厅	62					
3.1	地面装饰		8				
	采用高档花岗岩、大理石或其他高档材料(材质高档、色泽均匀、拼接整齐、工艺精致、装饰性强,与整体氛围相协调)					8	
	采用优质花岗岩、大理石或其他材料(材质良好,工艺较好)					6	
	采用普通花岗岩、大理石或其他材料(材质一般,有色差)					4	
	采用普通材料(普通木地板、地砖等)					2	
3.2	墙面装饰		6				
	采用高档花岗岩、大理石或其他高档材料(材质高档、色泽均匀、拼接整齐、工艺精致、装饰性强,与整体氛围相协调)					6	
	采用优质木材或高档墙纸(布)(立面有线条变化,高档墙纸包括丝质及其他天然原料墙纸)					4	
	采用普通花岗岩、大理石或木材					2	
	采用墙纸或喷涂材料					1	
3.3	天花		5				
	工艺精致、造型别致,与整体氛围相协调					5	
	工艺较好,格调一般					3	
	有一定装饰					1	
3.4	艺术装饰		2				
	有壁画或浮雕或其他艺术品装饰					2	
	有简单艺术装饰					1	
3.5	家具(台,沙发等)		5				
	设计专业、材质高档、工艺精致,摆设合理,使用方便、舒适					5	

序号	设施设备评分表	各大项总分	各分项总分	各次分项总分	各小项总分	计分	记分栏
	材质较好，工艺较好					3	
	材质普通，工艺一般					1	
3.6	灯具与照明		5				
	照明设计有专业性，采用高档定制灯具，功能照明、重点照明、氛围照明和谐统一					5	
	采用高档灯具，照明整体效果较好					3	
	采用普通灯具，照明效果一般					1	
3.7	整体装饰效果		4				
	色调协调，氛围浓郁，有中心艺术品，感观效果突出					4	
	有艺术品装饰，工艺较好，氛围一般					2	
	有一定的装饰品					1	
3.8	公共卫生间		9				
3.8.1	位置合理（大堂应设置公共卫生间，且与大堂在同一楼层）			2			
3.8.2	材料、装修和洁具（对所有公共卫生间分别打分，取算术平均值的整数部分）			3			
	设计专业（洁具、灯光、冷热水、照明、通风、空调等），采用高档装修材料，装修工艺精致，采用高级洁具					3	
	采用较高档装修材料，装修工艺较好，采用较好洁具					2	
	采用普通装修材料，装修工艺一般，采用普通洁具					1	
3.8.3	残疾人卫生间			2			
	有残疾人专用卫生间					2	
	有残疾人专用厕位					1	
3.8.4	公共卫生间设施（少一项，扣1分）						
	抽水马桶						
	卫生纸						
	污物桶						
	半身镜						
	洗手盆						

序号	设施设备评分表	各大项总分	各分项总分	各次分项总分	各小项总分	计分	记分栏
	洗手液或香皂						
	烘手机或擦手纸						
3.8.5	每个抽水恭桶都有单独的隔间，隔间的门有插销，所有隔间都配置衣帽钩				1		
3.8.6	每两个男用小便器中间有隔板，使用自动冲水装置				1		
3.9	客用电梯			10			
3.9.1	数量				2		
	不少于平均每70间客房一部客用电梯					2	
	不少于平均每100间客房一部客用电梯					1	
3.9.2	性能优良、运行平稳、梯速合理				2		
3.9.3	内饰与设备				4		
3.9.3.1	有一定装饰、照明充足					0.5	
3.9.3.2	有饭店主要设施楼层指示					0.5	
3.9.3.3	有扶手杆					0.5	
3.9.3.4	有通风系统					0.5	
3.9.3.5	与外界联系的对讲功能					0.5	
3.9.3.6	有残疾人专用按键					0.5	
3.9.3.7	轿厢两侧均有按键					0.5	
3.9.3.8	有抵达行政楼层或豪华套房楼层的专用控制措施					0.5	
3.9.4	有观光电梯				1		
3.9.5	有自动扶梯				1		
3.10	贵重物品保险箱			2			
3.10.1	数量不少于客房数量的8%，不少于两种规格				1		
3.10.2	位置隐蔽、安全、能保护宾客隐私				1		
3.11	前厅整体舒适度			6			
3.11.1	绿色植物、花卉摆放得体，插花有艺术感，令宾客感到自然舒适				2		
3.11.2	光线、温度适宜				2		
3.11.3	背景音乐曲目适宜、音质良好、音量适中，与前厅整体氛围协调				2		
3.11.4	异味，烟尘，噪声，强风(扣分，每项扣1分)				—4		
3.11.5	置于前厅明显位置的商店、摊点影响整体氛围				—4		

序号	设施设备评分表	各大项总分	各分项总分	各次分项总分	各小项总分	计分	记分框
4	客房	191					
4.1	普通客房(4.1~4.10均针对普通客房打分)		26				
4.1.1	70%客房的净面积(不包括卫生间和门廊)			16			
	不小于36 m²					16	
	不小于30 m²					12	
	不小于24 m²					8	
	不小于20 m²					6	
	不小于16 m²					4	
	不小于14 m²					2	
4.1.2	净高度			4			
	不低于3 m					4	
	不低于2.7 m					2	
4.1.3	软床垫(长度不小于1.9 m)，宽度			6			
4.1.3.1	单人床				3		
	不小于1.35 m					3	
	不小于1.2 m					2	
	不小于1.1 m					1	
4.1.3.2	双人床				3		
	不小于2.2 m					3	
	不小于2.0 m					2	
	不小于1.8 m					1	
4.2	装修与装饰		11				
4.2.1	地面			3			
	采用优质地毯或木地板，工艺精致					3	
	采用高档地砖、普通地毯或木地板，工艺较好					2	
	采用普通地砖或水磨石地面，工艺一般					1	
4.2.2	墙面			2			
	采用高级墙纸或其他优质材料，有艺术品装饰					2	
	采用普通涂料或墙纸					1	
4.2.3	天花有装饰			2			
4.2.4	整体装饰效果			4			
	工艺精致、色调协调，格调高雅					4	

序号	设施设备评分表	各大项总分	各分项总分	各次分项总分	各小项总分	计分	记分栏
	工艺较好、格调统一					2	
	工艺一般					1	
4.3	家具		7				
4.3.1	档次			4			
	设计专业、材质高档、工艺精致,摆设合理,使用方便、舒适					4	
	材质较好,工艺较好					2	
	材质普通,工艺一般					1	
4.3.2	衣橱			3			
	步入式衣物储藏间					3	
	进深不小于 55 cm,宽度不小于 110 cm					2	
	进深不小于 45 cm,宽度不小于 90 cm					1	
4.4	灯具和照明		11				
4.4.1	灯具配备			9			
4.4.1.1	主光源(顶灯或槽灯)				1		
4.4.1.2	门廊照明灯				1		
4.4.1.3	床头照明灯				1		
4.4.1.4	写字台照明灯				1		
4.4.1.5	衣柜照明灯				1		
4.4.1.6	行李柜照明灯				1		
4.4.1.7	小酒吧照明灯				1		
4.4.1.8	装饰物照明灯				1		
4.4.1.9	夜灯				1		
4.4.2	灯光控制			2			
	各灯具开关位置合理,床头有房间灯光"一键式"总控制开关,标识清晰,方便使用					2	
	各灯具开关位置合理,方便使用					1	
4.5	彩色电视机		6				
4.5.1	类型与尺寸			3			
	平板电视,不小于 25 英寸					3	
	普通电视,不小于 25 英寸					2	
	普通电视,不小于 21 英寸					1	

序号	设施设备评分表	各大项总分	各分项总分	各次分项总分	各小项总分	计分	记分栏
4.5.2	频道和节目			2			
	卫星、有线闭路电视节目不少于30套					1	
	外语频道或外语节目不少于3套					1	
4.5.3	有电视频道指示说明及电视节目单			1			
4.6	客房电话		5				
4.6.1	程控电话机,有直拨国际、国内长途功能			1			
4.6.2	有语音信箱及留言指示灯			1			
4.6.3	电话机上有饭店常用电话号码和使用说明			1			
4.6.4	附设写字台电话(双线制)			1			
4.6.5	配备本地电话簿			1			
4.7	微型酒吧(包括小冰箱)		5				
4.7.1	数量			3			
	100%的客房有微型酒吧(包括小冰箱)					3	
	不少于50%的客房有微型酒吧(包括小冰箱)					1	
4.7.2	提供适量饮品和食品,并配备相应的饮具			1			
4.7.3	100%以上客房配备静音、节能、环保型小冰箱			1			
4.8	客房便利设施及用品		12				
4.8.1	电热水壶			1			
4.8.2	熨斗和熨衣板			1			
4.8.3	西装衣撑			1			
4.8.4	每房不少于4个西服衣架、2个裤架和2个裙架			1			
4.8.5	不间断电源插座(国际通用制式)不少于两处,并有明确标识,方便使用			1			
4.8.6	吹风机			1			
4.8.7	浴衣(每客1件)			1			
4.8.8	备用被毯(每床1条)			1			
4.8.9	咖啡(含伴侣、糖),配相应杯具			1			
4.8.10	环保或纸制礼品袋(每房2个)			1			
4.8.11	针线包			1			
4.8.12	文具(含铅笔、橡皮,曲别针等)			1			
4.9	客房必备物品(少一项,扣1分)						
	服务指南(含欢迎词、饭店各项服务简介)						

序号	设施设备评分表	各大项总分	各分项总分	各次分项总分	各小项总分	计分	记分栏
	笔						
	信封(每房不少于 2 个)						
	信纸(每房不少于 4 张)						
	免费茶叶						
	暖水瓶(有电热水壶可不备)						
	凉水瓶(或免费矿泉水)						
	擦鞋用具(每房 2 份)						
	"请勿打扰""请清理房间"挂牌或指示灯						
	垃圾桶						
	根据不同床型配备相应数量的枕芯、枕套、床单、毛毯或棉被						
4.10	客房卫生间		50				
4.10.1	70%的客房卫生间面积			8			
	不小于 8 m²				8		
	不小于 6 m²				6		
	不小于 5 m²				4		
	不小于 4 m²				2		
	小于 4 m²				1		
4.10.2	卫生间装修			6			
	专业设计,全部采用高档材料装修(优质大理石、花岗岩等)、工艺精致,采用统一风格的高级品牌卫浴设施				6		
	采用高档材料装修,工艺较好				4		
	采用普通材料装修,工艺一般				2		
4.10.3	卫生间设施布局			4			
	不少于 50%的客房卫生间淋浴、浴缸、恭桶分隔				4		
	不少于 50%的客房卫生间淋浴和浴缸分隔				3		
	不少于 50%的客房卫生间有浴缸				1		
4.10.4	面盆及五金件			2			
	高档面盆及配套五金件				2		
	普通面盆及五金件				1		
4.10.5	浴缸及淋浴			12			

序号	设施设备评分表	各大项总分	各分项总分	各次分项总分	各小项总分	计分	记分栏
4.10.5.1	浴缸和淋浴间均有单独照明，分区域照明充足				1		
4.10.5.2	完全打开热水龙头，水温在 15 s 内上升到 46～51℃，水温稳定				1		
4.10.5.3	水流充足(水压为 0.2～0.35 MPa)、水质良好				1		
4.10.5.4	淋浴间下水保持通畅，不外溢				1		
4.10.5.5	浴缸				3		
	高档浴缸(配带淋浴喷头)及配套五金件					3	
	普通浴缸(配带淋浴喷头)或只有淋浴间					1	
4.10.5.6	所有浴缸上方安装扶手，符合安全规定				1		
4.10.5.7	淋浴喷头的水流可以调节				1		
4.10.5.8	淋浴有水流定温功能				1		
4.10.5.9	配备热带雨林喷头				1		
4.10.5.10	浴缸及淋浴间配有防滑设施(或有防滑功能)				1		
4.10.6	马桶			3			
	高档节水马桶					3	
	普通节水马桶					1	
4.10.7	其他			15			
4.10.7.1	饮用水系统				2		
4.10.7.2	梳妆镜				2		
	防雾梳妆镜					2	
	普通梳妆镜					1	
4.10.7.3	化妆放大镜				1		
4.10.7.4	面巾纸				1		
4.10.7.5	110V/220V 不间断电源插座(低电流)				1		
4.10.7.6	晾衣绳				1		
4.10.7.7	呼救按钮或有呼救功能的电话				1		
4.10.7.8	连接客房电视的音响装置				1		
4.10.7.9	体重秤				1		
4.10.7.10	电话副机(方便宾客取用)				1		
4.10.7.11	浴室里挂钩不少于 1 处，方便使用				1		
4.10.7.12	浴帘或其他防溅设施				1		
4.10.7.13	浴巾架				1		

序号	设施设备评分表	各大项总分	各分项总分	各次分项总分	各小项总分	计分	记分栏
4.10.8	卫生间客用必备品(少一项扣一分)						
4.10.8.1	漱口杯(每房2个)						
4.10.8.2	浴巾(每房2条)						
4.10.8.3	地巾						
4.10.8.4	面巾(每房2条)						
4.10.8.6	卫生袋						
4.10.8.7	卫生纸						
4.10.8.8	垃圾桶						
4.11	套房		14				
4.11.1	数量			3			
	不少于客房总数的20%(不包括连通房)				3		
	不少于客房总数的10%(不包括连通房)				2		
	不少于客房总数的5%(不包括连通房)				1		
4.11.2	规格			6			
4.11.2.1	至少有三种规格的套房				2		
4.11.2.2	有豪华套房				4		
	至少有卧室2间、会客室、餐厅、书房各1间(卫生间3间)				4		
	至少有卧室2间、会客室1间、餐厅或书房各1间(卫生间3间)				2		
4.11.3	套房卫生间			5			
4.11.3.1	有供主人和来访宾客分别使用的卫生间				2		
4.11.3.2	有由卧室和客厅分别直接进入的卫生间(双门卫生间)				1		
4.11.3.3	有音响装置				1		
4.11.3.4	配有电视机				1		
4.12	有残疾人客房,配备相应的残障设施		2				
4.13	设无烟楼层		2				
4.14	客房舒适度		35				
4.14.1	布草			15			
4.14.1.1	床单、被套、枕套的纱支规格				6		
	不低于80×60支纱				6		
	不低于60×40支纱				3		

序号	设施设备评分表	各大项 总分	各分项 总分	各次分 项总分	各小项 总分	计分	记分栏
	不低于 40×40 支纱					1	
4.14.1.2	床单、被套、枕套的含棉量为 100%				1		
4.14.1.3	毛巾(含浴巾、面巾、地巾、方巾等)的纱支规格				2		
	32 支纱(或螺旋 16 支),含棉量为 100%					2	
	不低于 16 支纱					1	
4.14.1.4	毛巾(含浴巾、面巾、地巾、方巾等)规格(一个规格不达标扣 0.5 分,扣满 2 分以上,降低一挡)				6		
	浴巾:不小于 1 400 mm×800 mm,重量不低于 750 g;面巾:不小于 750 mm×350 mm,重量不低于 180 g;地巾:不小于 800 mm×500 mm,重量不低于 450 g;方巾:不小于 320 mm×320 mm,重量不低于 55 g					6	
	浴巾:不小于 1 300 mm×700 mm,重量不低于 500 g;面巾:不小于 600 mm×300 mm,重量不低于 120 g;地巾:不小于 700 mm×400 mm,重量不低于 320 g;方巾:不小于 300 mm×300 mm,重量不低于 45 g					3	
	浴巾:不小于 1 200 mm×600 mm,重量不低于 400 g;面巾:不小于 550 mm×300 mm,重量不低于 110 g;地巾:不小于 650 mm×350 mm,重量不低于 280 g					1	
4.14.2	床垫硬度适中、无变形,可提供 3 种以上不同类型的枕头			2			
4.14.3	温度			3			
4.14.3.1	室内温度可调节				2		
4.14.3.2	公共区域与客房区域温差不超过 5 ℃				1		
4.14.4	相对湿度:冬季为 50%~55%,夏季为 45%~50%			2			
4.14.5	客房门、墙、窗、天花、卫生间采取隔音措施,效果良好			2			
	客房隔音效果差,或部分客房靠近高噪声设施(如歌舞厅、保龄球房、洗衣房等),影响宾客休息					−4	
4.14.6	窗帘与客房整体设计匹配,有纱帘,方便开闭,密闭遮光效果良好			2			

序号	设施设备评分表	各大项总分	各分项总分	各次分项总分	各小项总分	计分	记分栏
4.14.7	照明效果			3			
	专业设计，功能照明、重点照明、氛围照明和谐统一					3	
	有目的物照明光源，满足不同区域的照明需求					2	
	照明效果一般					1	
4.14.8	客用品方便取用，插座、开关位置合理，方便使用				2		
4.14.9	艺术品、装饰品搭配协调，布置雅致；家具、电器、灯饰档次匹配，色调和谐				2		
4.14.10	电视机和背景音乐系统的音、画质良好，节目及音量调节方便有效				2		
4.15	客房走廊及电梯厅		5				
4.15.1	走廊宽度不少于1.8 m，高度不低于2.3 m				1		
4.15.2	光线适宜				1		
4.15.3	通风良好，温度适宜				1		
4.15.4	客房门牌标识醒目，制作精良				1		
4.15.5	管道井、消防设施的装饰与周边氛围协调				1		
5	餐饮	59					
5.1	餐厅[5.1～5.2对各个餐厅(不包括食街和快餐厅)分别打分，然后根据餐厅数量取算术平均值的整数部分]		32				
5.1.1	布局				8		
5.1.1.1	接待区装饰风格(接待台、预订台)与整体氛围协调					1	
5.1.1.2	有宴会单间或小宴会厅					3	
5.1.1.3	靠近厨房，传菜线路不与非餐饮公共区域交叉					2	
5.1.1.4	有酒水台					1	
5.1.1.5	有分区设计，有绿色植物或一定装饰品					1	
5.1.2	装饰				14		
5.1.2.1	地面装饰					4	
	采用优质花岗岩、大理石、地毯、木地板或其他与整体装饰风格相协调的高档材料(材质高档、色泽均匀、拼接整齐、装饰性强，与整体氛围相协调)					4	
	采用普通大理石、地毯、木地板或其他材料(材质一般，有色差，拼接整齐，装饰性较强)					2	

序号	设施设备评分表	各大项总分	各分项总分	各次分项总分	各小项总分	计分	记分栏
	采用普通材料（普通木地板、地砖等）					1	
5.1.2.2	墙面装饰				4		
	采用优质花岗岩、大理石或其他与整体装饰风格相协调的高档材料（材质高档、色泽均匀、拼接整齐、装饰性强，与整体氛围相协调）					4	
	采用优质木材或高档墙纸（布）（立面有线条变化，高档墙纸包括丝质及其他天然原料墙纸）					3	
	采用普通花岗岩、大理石、木材					2	
	采用普通墙纸或喷涂材料					1	
5.1.2.3	天花				3		
	工艺精致，造型别致，格调高雅					3	
	工艺较好，格调一般					2	
	有一定装饰					1	
5.1.3	家具				3		
	设计专业、材质高档、工艺精致，摆设合理，使用方便、舒适					3	
	材质较好，工艺较好					2	
	材质普通，工艺一般					1	
5.1.4	灯具与照明			3			
	照明设计有专业性，采用高档定制灯具，功能照明、重点照明、氛围照明和谐统一					3	
	采用高档灯具，照明整体效果较好					2	
	采用普通灯具，照明效果一般					1	
5.1.5	餐具			3			
	高档材质，工艺精致，有一定的艺术性，与整体氛围协调					3	
	较好材质与工艺					2	
	一般材质与工艺					1	
5.1.6	菜单及酒水单			3			
	用中文、英文及相应外文印制，有独立酒水单，装帧精美，出菜率不低于90%					3	
	用中英文印刷，装帧较好，出菜率不低于90%					2	

序号	设施设备评分表	各大项总分	各分项总分	各次分项总分	各小项总分	计分	记分栏
	有中文菜单，保持完整、清洁					1	
5.1.7	不使用一次性筷子和一次性湿毛巾，不使用塑料桌布			1			
5.2	厨房		12				
5.2.1	应有与餐厅经营面积和菜式相适应的厨房区域（含粗细加工间、面点间、冷菜间、冻库等）			2			
5.2.2	为某特定类型餐厅配有专门厨房（每个1分，最多2分）			2			
5.2.3	位置合理、布局科学，传菜路线不与非餐饮公共区域交叉			2			
5.2.4	冷、热制作间分隔			1			
5.2.5	配备与厨房相适应的保鲜和冷冻设施，生熟分开			1			
5.2.6	粗细加工间分隔			1			
5.2.7	洗碗间位置合理			1			
5.2.8	厨房与餐厅间采用有效的隔音、隔热、隔味措施			1			
5.2.9	厨房内、灶台上采取有效的通风、排烟措施			1			
5.3	酒吧、茶室及其他吧室		7				
5.3.1	装修与装饰（包含台、家具、餐具、饮具等）			4			
	专业设计，材质高档、工艺精致，氛围协调，呈现一定主题				4		
	较好材质与工艺				2		
	普通材质与工艺				1		
5.3.2	氛围			3			
	环境高雅、独特，装饰及灯光设计有专业性				3		
	氛围较好				2		
	氛围一般				1		
5.4	餐饮区域整体舒适度		8				
5.4.1	整体设计有专业性，格调高雅，色调协调、有艺术感			2			
5.4.2	温湿度适宜，通风良好，无炊烟及烟酒异味			2			
5.4.3	专业设计照明，环境舒适，无噪声。背景音乐曲目、音量适宜，音质良好			2			

序号	设施设备评分表	各大项总分	各分项总分	各次分项总分	各小项总分	计分	记分栏
5.4.4	餐具按各菜式习惯配套齐全，无破损，无水迹			2			
5.4.5	任一餐厅(包括宴会厅)与其厨房不在同一楼层			−2			
6	安全设施	16					
6.1	客房安全设施		8				
6.1.1	电子卡门锁或其他高级门锁			2			
6.1.2	客房门有自动闭合功能			1			
6.1.3	贵重物品保险箱			3			
6.1.3.1	位置隐蔽，照明良好，方便使用				1		
6.1.3.2	数量				2		
	100%的客房配备					2	
	不少于50%的客房配备					1	
6.1.4	客房配备逃生电筒，使用有效			1			
6.1.5	客房配备与宾客人数相等的防毒面具			1			
6.2	公共区域		6				
6.2.1	有安保人员24 h值班、巡逻				2		
6.2.2	闭路电视监控				2		
	覆盖饭店所有公共区域。画面清晰，定期保存监控资料(以当地有关部门规定为准)					2	
	电梯、大堂、走廊、停车场出入口等主要公共区域有闭路电视监控					1	
6.2.3	通往后台区域有明显提示，有安全可靠的钥匙管理制度			1			
6.2.4	各通道显著位置设有紧急出口标志			1			
6.3	食品安全		2				
	设食品留样化验室，并有相应管理制度					2	
	设食品留样柜					1	
7	员工设施	7					
7.1	有独立的员工食堂		1				
7.2	有独立的更衣间		1				
7.3	有员工浴室		1				
7.4	有倒班宿舍		1				
7.5	有员工专用培训教室，配置必要的教学仪器和设备		1				

序号	设施设备评分表	各大项总分	各分项总分	各次分项总分	各小项总分	计分	记分栏
7.6	有员工活动室		1				
7.7	有员工电梯(或服务电梯)		1				
8	特色类别	183					
8.1	商务会议型旅游饭店设施		70				
8.1.1	行政楼层			14			
8.1.1.1	专设接待台,可办理入住、离店手续,并提供问讯、留言等服务				1		
8.1.1.2	提供电脑上网、复印、传真等服务				1		
8.1.1.3	有小会议室或洽谈室				1		
8.1.1.4	有餐饮区域(行政酒廊,提供早餐、欢乐时光、下午茶),面积与行政楼层客房数相匹配,应设置备餐间				4		
8.1.1.5	设阅览、休息区域				1		
8.1.1.6	可提供管家式服务				2		
8.1.1.7	设公共卫生间				1		
8.1.1.8	行政楼层的客房				3		
8.1.1.8.1	客用品配置高于普通楼层客房					2	
8.1.1.8.2	附设写字台电话,且有一键式呼叫管家服务按钮					1	
8.1.2	大宴会厅或多功能厅(应配有与服务面积相匹配的厨房)			23			
8.1.2.1	面积(面积计算以固定隔断为准,序厅面积达不到要求,减1分)				6		
	无柱,不小于 800 m² 且序厅不小于 250 m²					6	
	不小于 500 m² 且序厅不小于 150 m²					4	
	不小于 240 m² 且序厅不小于 70 m²					2	
8.1.2.2	净高度				3		
	不低于 6 m					3	
	不低于 5 m					2	
	不低于 3.5 m					1	
8.1.2.3	设专用入口				1		
8.1.2.4	设专用通道(楼梯、自动扶梯等)				1		
8.1.2.5	装修与装饰				4		

序号	设施设备评分表	各大项总分	各分项总分	各次分项总分	各小项总分	计分	记分栏
	专业设计、材质高档、工艺精致，氛围协调					4	
	材质高档、工艺较好					2	
	材质一般，工艺一般					1	
8.1.2.6	音响效果良好，隔音效果良好				1		
8.1.2.7	通风良好，温度适宜				1		
8.1.2.8	配设衣帽间				1		
8.1.2.9	灯光				3		
	专业设计、可营造不同氛围					3	
	灯光分区控制，亮度可调节					2	
	灯光分区控制					1	
8.1.2.10	设贵宾休息室，位置合理，并有专用通道进入大宴会厅				2		
8.1.3	会议厅			12			
8.1.3.1	面积(如有多个会议厅，可以累计得分，但总分不超过 8 分)				4		
	不小于 400 m²					4	
	不小于 300 m²					3	
	不小于 200 m²					2	
8.1.3.2	有座席固定的会议厅				2		
8.1.3.3	小会议室(至少容纳 8 人开会)				3		
	不少于 4 个					3	
	不少于 2 个					1	
8.1.3.4	通风良好，温度适宜				1		
8.1.3.5	灯光分区控制，亮度可调节，遮光效果良好				1		
8.1.3.6	隔音效果良好				1		
8.1.4	会议设施			4			
8.1.4.1	同声传译功能设置(设备可租借)				1		
8.1.4.2	电视电话会议功能设置 (设备可租借)				1		
8.1.4.3	多媒体演讲系统(电脑、即席发言麦克风、投影仪、屏幕等)				1		
8.1.4.4	各会议室音响效果良好				1		
8.1.5	展览厅(布展面积)			8			

序号	设施设备评分表	各大项总分	各分项总分	各次分项总分	各小项总分	计分	记分栏
	至少 5 000 m²，层高不低于 10 m					8	
	至少 2 000 m²，层高不低于 7 m					4	
8.1.6	商务中心			9			
8.1.6.1	位置合理、方便宾客使用				1		
8.1.6.2	配备完整的办公设施(包括复印机、打印机、传真机、装订机、手机充电器等)，提供秘书服务，报刊				2		
8.1.6.3	装修与装饰				3		
	专业设计，材质高档，工艺精致，与整体氛围协调，与饭店规模与档次匹配					3	
	材质较好、工艺较好					2	
	材质一般，工艺一般					1	
8.1.6.4	有洽谈室(或出租式办公室)				2		
8.1.6.5	有相对独立区域，提供可联结互联网的电脑				1		
8.2	休闲度假型旅游饭店设施		65				
8.2.1	温泉浴场			5			
	自用温泉浴场(饭店同一业主投资经营)					5	
	邻近温泉浴场(1 km 以内)					2	
8.2.2	海滨浴场			5			
	自用海滨浴场或有租用 5 年以上合同(饭店同一业主投资经营)					5	
	邻近海滨浴场(1 km 以内)					2	
8.2.3	滑雪场			5			
	自用滑雪场(饭店同一业主投资经营)					5	
	邻近滑雪场(5 km 以内)					2	
8.2.4	高尔夫球场			5			
	18 洞以上的自用高尔夫球场(饭店同一业主投资经营)					5	
	邻近 18 洞以上的高尔夫球场(5 km 以内)					2	
8.2.5	客房阳台			2			
	不少于 50% 的客房有阳台					2	
	不少于 30% 的客房有阳台					1	

序号	设施设备评分表	各大项总分	各分项总分	各次分项总分	各小项总分	计分	记分栏
8.2.6	除必备要求外，有多种风味餐厅			5			
	风味餐厅数量不少于 3 个			5			
	风味餐厅数量不少于 2 个					3	
8.2.7	游泳池			10			
8.2.7.1	室内游泳池面积				3		
	不小于 250 m²					3	
	不小于 150 m²					2	
	不小于 80 m²					1	
8.2.7.2	室外游泳池面积				2		
	不小于 300 m²					2	
	不小于 150 m²					1	
8.2.7.3	有池水循环过滤系统				1		
8.2.7.4	有消毒池				1		
8.2.7.5	有戏水池				1		
8.2.7.6	有水深、水温和水质的明显指示标志(立式或墙上)				1		
8.2.7.7	有扶手杆，在明显位置悬挂救生设备，有安全说明，并有专人负责现场安全与指导，有应急照明设施				1		
8.2.8	桑拿浴			2			
8.2.8.1	男女分设				1		
8.2.8.2	有呼叫按钮和安全提示				1		
8.2.9	蒸汽浴			2			
8.2.9.1	男女分设				1		
8.2.9.2	有呼叫按钮和安全提示				1		
8.2.10	专业保健理疗			1			
8.2.11	水疗			7			
8.2.11.1	装修装饰				3		
	专业灯光、音响设计，装修材质高档、工艺精致，氛围浓郁					3	
	装修材料普通，装修工艺一般					1	
8.2.11.2	配有专业水疗技师				2		
8.2.11.3	专业水疗用品商店				1		
8.2.11.4	有室外水疗设施				1		

序号	设施设备评分表	各大项总分	各分项总分	各次分项总分	各小项总分	计分	记分栏
8.2.12	壁球室(每个1分,最多2分)			2			
8.2.13	室内网球场(每个2分,最多4分)			4			
8.2.14	室外网球场(每个1分,最多2分)			2			
8.2.15	室外高尔夫练习场			2			
8.2.16	室内电子模拟高尔夫			1			
8.2.17	有儿童活动场所和设施,并有专人看护			1			
8.2.18	其他运动娱乐休闲项目(每类1分,最多4分)			4			
8.3	其他		48				
8.3.1	健身房			18			
8.3.1.1	布局合理,通风良好,照明良好(与客房区域相对隔离)				2		
8.3.1.2	自然采光,光线充足				2		
8.3.1.3	装修装饰				3		
	专业设计,装修材质高档、工艺精致,氛围营造突出					3	
	装修材质较好、工艺较好					2	
	装修材料普通,工艺一般					1	
8.3.1.4	面积				4		
	不小于200 m²					4	
	不小于100 m²					2	
	不小于50 m²					1	
8.3.1.5	器械				2		
	专业健身器械,不少于10种					2	
	不少于5种					1	
8.3.1.6	有音像设施和器械使用说明				1		
8.3.1.7	有专用形体房,并开设一定形体课程				2		
8.3.1.8	配备专业健身教练,提供专业指导				2		
8.3.2	更衣室				7		
8.3.2.1	面积和数量				2		
	面积宽敞,更衣箱数量不少于客房总数的15%,门锁可靠					2	
	面积宽敞,更衣箱数量不少于客房总数的10%,门锁可靠					1	

序号	设施设备评分表	各大项总分	各分项总分	各次分项总分	各小项总分	计分	记分栏
8.3.2.2	配备数量适当的座椅				1		
8.3.2.3	有淋浴设施，并有洗浴、洗发用品				2		
8.3.2.4	有化妆台，并备有吹风机和护肤、美发用品				1		
8.3.2.5	有太阳浴设备				1		
8.3.3	专用团队宾客接待台			1			
8.3.4	团队宾客专用出入口			1			
8.3.5	美容美发室			1			
8.3.6	歌舞厅或演艺厅或KTV			2			
8.3.7	影剧场，舞台设施和舞台照明系统能满足一般演出需要			2			
8.3.8	定期歌舞表演			1			
8.3.9	专卖店或商场（对于度假型饭店，应提供当地特色产品或食品）			2			
8.3.10	旅游信息电子查询系统			1			
8.3.11	品牌化、集团化程度			2			
	委托专业饭店管理公司管理				2		
	品牌特许经营方式，国内同一品牌加盟店20家以上				1		
8.3.12	饭店总经理资质			2			
8.3.12.1	总经理连续5年以上担任同星级饭店高级管理职位				1		
8.3.12.2	总经理接受过全国或省级旅游岗位培训指导机构开展的饭店管理专业教育或培训，取得《全国旅游行业岗位职务培训证书》				1		
8.3.13	员工中通过"饭店职业英语等级测试"的人数比率			2			
	通过率20%以上				2		
	通过率15%以上				1		
8.3.14	饭店在前期设计或改造工程的决策中			3			
	采纳相应星级评定机构的意见				3		
	征询相应星级评定机构的意见				1		
8.3.15	在商务会议、度假特色类别中集中选项，得分率超过70%			3			
总分600							

附录 C 规范性附录

饭店运营质量评价表

表 C.1 给出了饭店运营质量评价表

表 C.1 饭店运营质量评价表

序号	标准	评价			
1	总体要求				
1.1	管理制度与规范	优	良	中	差
1.1.1	有完备的规章制度	6	4	2	1
1.1.2	有完备的操作程序	6	4	2	1
1.1.3	有完备的服务规范	6	4	2	1
1.1.4	有完备的岗位安全责任制与各类突发事件应急预案，有培训、演练计划和实施记录	6	4	2	1
1.1.5	制订饭店人力资源规划，有明确的考核、激励机制。有系统的员工培训制度和实施记录。企业文化特色鲜明	6	4	2	1
1.1.6	建立能源管理与考核制度。有完备的设备设施运行、巡检与维护记录	6	4	2	1
1.1.7	建立宾客意见收集、反馈和持续改进机制	6	4	2	1
1.2	员工素养	优	良	中	差
1.2.1	仪容仪表得体，着装统一，体现岗位特色；工服整洁、熨烫平整，鞋袜整洁一致；佩戴名牌，着装效果好	6	4	2	1
1.2.2	训练有素、业务熟练、应变能力较强，及时满足宾客合理需求	6	4	2	1
1.2.3	各部门组织严密、沟通有效，富有团队精神	6	4	2	1
	小计	60			
	实际得分：				
	得分率：(实际得分)/该项总分×100%＝				
2	前厅				
2.1	前厅服务质量				
2.1.1	总机	优	良	中	差
2.1.1.1	在正常情况下，电话铃响10 s内应答	3	2	1	0
2.1.1.2	接电话时正确问候宾客，同时报出饭店名称，语音清晰，态度亲切	3	2	1	0
2.1.1.3	转接电话准确、及时、无差错(无人接听时，15 s后转回总机)	3	2	1	0
2.1.1.4	熟练掌握岗位英语或岗位专业用语	3	2	1	0

序号	标准	评价			
2.1.2	预订	优	良	中	差
2.1.2.1	及时接听电话，确认宾客抵离时间，语音清晰，态度亲切	3	2	1	0
2.1.2.2	熟悉饭店各项产品，正确描述房型差异，说明房价及所含内容	3	2	1	0
2.1.2.3	提供预订号码或预订姓名，询问宾客联系方式	3	2	1	0
2.1.2.4	说明饭店入住的有关规定，通话结束前重复确认预订的所有细节，并向宾客致谢	3	2	1	0
2.1.2.5	实时网络预订，界面友好，及时确认	3	2	1	0
2.1.3	入住登记	优	良	中	差
2.1.3.1	主动、友好地问候宾客，热情接待	3	2	1	0
2.1.3.2	与宾客确认离店日期，对话中用姓氏称呼宾客	3	2	1	0
2.1.3.3	询问宾客是否需要贵重物品寄存服务，并解释相关规定	3	2	1	0
2.1.3.4	登记验证、信息上传效率高、准确无差错	3	2	1	0
2.1.3.5	指示客房或电梯方向，或招呼行李员为宾客服务，祝愿宾客入住愉快	3	2	1	0
2.1.4	*行李服务	优	良	中	差
2.1.4.1	正常情况下，有行李服务人员在门口热情友好地问候宾客	3	2	1	0
2.1.4.2	为宾客拉开车门或指引宾客进入饭店	3	2	1	0
2.1.4.3	帮助宾客搬运行李，确认行李件数，轻拿轻放，勤快主动	3	2	1	0
2.1.4.4	及时将行李送入房间，礼貌友好地问候宾客，将行李放在行李架或行李柜上，并向宾客致意	3	2	1	0
2.1.4.5	离店时及时收取行李，协助宾客将行李放入车辆中，并与宾客确认行李件数	3	2	1	0
2.1.5	礼宾、问讯服务	优	良	中	差
2.1.5.1	热情友好，乐于助人，及时响应宾客合理需求	3	2	1	0
2.1.5.2	熟悉饭店各项产品，包括客房、餐饮、娱乐等信息	3	2	1	0
2.1.5.3	熟悉饭店周边环境，包括当地特色商品、旅游景点、购物中心、文化设施、餐饮设施等信息；协助安排出租车	3	2	1	0
2.1.5.4	委托代办业务效率高，准确无差错	3	2	1	0
2.1.6	*叫醒服务	优	良	中	差
2.1.6.1	重复宾客的要求，确保信息准确	3	2	1	0
2.1.6.2	有第二遍叫醒，准确、有效地叫醒宾客，人工叫醒电话正确问候宾客	3	2	1	0

序号	标准	评价			
2.1.7	结账	优	良	中	差
2.1.7.1	确认宾客的所有消费，提供总账单，条目清晰、正确完整	3	2	1	0
2.1.7.2	效率高，准确无差错	3	2	1	0
2.1.7.3	征求宾客意见，向宾客致谢并邀请宾客再次光临	3	2	1	0
2.2	前厅维护保养与清洁卫生	优	良	中	差
2.2.1	地面：完整，无破损、无变色、无变形、无污渍、无异味、清洁、光亮	3	2	1	0
2.2.2	门窗：无破损、无变形、无划痕、无灰尘	3	2	1	0
2.2.3	天花(包括空调排风口)：无破损、无裂痕、无脱落、无灰尘、无水迹、无蛛网，无污渍	3	2	1	0
2.2.4	墙面（柱）：平整、无破损、无开裂、无脱落、无污渍、无蛛网	3	2	1	0
2.2.5	电梯：平稳、有效、无障碍、无划痕、无脱落、无灰尘、无污渍	3	2	1	0
2.2.6	家具：稳固、完好，与整体装饰风格相匹配。无变形、无破损、无烫痕、无脱漆、无灰尘、无污渍	3	2	1	0
2.2.7	灯具：完好、有效，与整体装饰风格相匹配。无灰尘、无污渍	3	2	1	0
2.2.8	盆景、花木、艺术品：无枯枝败叶、修剪效果好，无灰尘、无异味、无昆虫，与整体装饰风格相匹配	3	2	1	0
2.2.9	总台及各种设备(贵重物品保险箱、电话、宣传册及册架、垃圾桶、伞架、行李车、指示标志等)：有效、无破损；无污渍、无灰尘	3	2	1	0
	小计	111			
	实际得分：				
	得分率：(实际得分)/该项总分×100％＝				
3	客房				
3.1	客房服务质量				
3.1.1	整理客房服务	优	良	中	差
3.1.1.1	正常情况下，每天14时前清扫客房完毕。如遇"请勿打扰"标志，按相关程序进行处理	3	2	1	0
3.1.1.2	客房与卫生间清扫整洁、无毛发、无灰尘、无污渍	3	2	1	0
3.1.1.3	所有物品已放回原处，所有客用品补充齐全	3	2	1	0

序号	标准	评价			
3.1.1.4	应宾客要求更换床单、被套、毛巾、浴巾等	3	2	1	0
3.1.2	*开夜床服务	优	良	中	差
3.1.2.1	正常情况下，每天17时到21时提供开夜床服务；如遇"请勿打扰"标志，按相关程序进行处理	3	2	1	0
3.1.2.2	客房与卫生间清扫整洁、无毛发、无灰尘、无污渍	3	2	1	0
3.1.2.3	所有物品已整理整齐，所有客用品补充齐全	3	2	1	0
3.1.2.4	床头灯处于打开状态，遮光窗帘已充分闭合	3	2	1	0
3.1.2.5	床边垫巾和拖鞋放置到位，电视遥控器、洗衣袋等放置方便宾客取用	3	2	1	0
3.1.2.6	床头放置晚安卡或致意品	3	2	1	0
3.1.3	*洗衣服务	优	良	中	差
3.1.3.1	洗衣单上明确相关信息(服务时间、价格、服务电话、送回方式等)，配备饭店专用环保洗衣袋	3	2	1	0
3.1.3.2	应宾客要求，及时收集待洗衣物，并仔细检查	3	2	1	0
3.1.3.3	在规定时间内送还衣物，包装、悬挂整齐	3	2	1	0
3.1.3.4	所有的衣物已被正确洗涤、熨烫，如果污渍不能被清除，书面告知宾客	3	2	1	0
3.1.4	*微型酒吧	优	良	中	差
3.1.4.1	小冰箱运行状态良好，无明显噪声，清洁无异味	3	2	1	0
3.1.4.2	提供微型酒吧价目表，价目表上的食品、酒水与实际提供的相一致	3	2	1	0
3.1.4.3	食品、酒水摆放整齐，且标签朝外，均在保质期之内	3	2	1	0
3.1.4.4	及时补充微型酒吧上被耗用的物品，应要求及时供应冰块和饮用水	3	2	1	0
3.2	客房维护保养与清洁卫生	优	良	中	差
3.2.1	房门：完好、有效、自动闭合，无破损、无灰尘、无污渍	3	2	1	0
3.2.2	地面：完整，无破损、无变色、无变形、无污渍、无异味	3	2	1	0
3.2.3	窗户、窗帘：玻璃明亮、无破损、无污渍、无脱落、无灰尘	3	2	1	0
3.2.4	墙面：无破损、无裂痕、无脱落，无灰尘、无水迹、无蛛网	3	2	1	0
3.2.5	天花(包括空调排风口)：无破损、无裂痕、无脱落；无灰尘、无水迹、无蛛网、无污渍	3	2	1	0
3.2.6	家具：稳固、完好、无变形、无破损、无烫痕、无脱漆，无灰尘、无污渍	3	2	1	0

序号	标准	评价			
3.2.7	灯具：完好、有效；无灰尘、无污渍	3	2	1	0
3.2.8	布草(床单、枕头、被子、毛毯、浴衣等)：配置规范、清洁，无灰尘、无毛发、无污渍	3	2	1	0
3.2.9	电器及插座(电视、电话、冰箱等)：完好、有效、安全，无灰尘、无污渍	3	2	1	0
3.2.10	客房内印刷品(服务指南、电视节目单、安全出口指示图等)：规范、完好、方便取用，字迹图案清晰、无皱折、无涂抹、无灰尘、无污渍	3	2	1	0
3.2.11	绿色植物、艺术品：与整体氛围相协调、完整、无褪色、无脱落、无灰尘、无污渍	3	2	1	0
3.2.12	床头(控制)柜：完好、有效、安全，无灰尘、无污渍	3	2	1	0
3.2.13	贵重物品保险箱：方便使用，完好有效、无灰尘、无污渍	3	2	1	0
3.2.14	客房电话机：完好、有效、无灰尘、无污渍，旁边有便笺和笔	3	2	1	0
3.2.15	卫生间门、锁：安全、有效、无破损、无灰尘、无污渍	3	2	1	0
3.2.16	卫生间地面：平坦、无破损、无灰尘、无污渍、排水畅通	3	2	1	0
3.2.17	卫生间墙壁：平整、无破损、无脱落、无灰尘、无污渍	3	2	1	0
3.2.18	卫生间天花：无破损、无裂痕、无脱落、无灰尘、无水迹、无蛛网、无污渍	3	2	1	0
3.2.19	面盆、浴缸、淋浴区：洁净、无毛发、无灰尘、无污渍	3	2	1	0
3.2.20	水龙头、淋浴喷头等五金件：无污渍、无滴漏、擦拭光亮	3	2	1	0
3.2.21	马桶：洁净、无堵塞、噪声低	3	2	1	0
3.2.22	下水：通畅、无明显噪声	3	2	1	0
3.2.23	排风系统：完好，运行时无明显噪声	3	2	1	0
3.2.24	客用品(毛巾、口杯等)：摆放规范、方便使用，完好、无灰尘、无污渍	3	2	1	0
小计		126			
实际得分：					
得分率：(实际得分)/该项总分×100%=					
4	餐饮				
4.1	客房服务质量				
4.1.1	自助早餐服务	优	良	中	差

序号	标准	评价			
4.1.1.1	在宾客抵达餐厅后，及时接待并引座。正常情况下，宾客就座的餐桌已经布置完毕	3	2	1	0
4.1.1.2	在宾客入座后及时提供咖啡或茶	3	2	1	0
4.1.1.3	所有自助餐食及时补充，适温、适量	3	2	1	0
4.1.1.4	食品和饮品均正确标记说明。标记牌洁净统一	3	2	1	0
4.1.1.5	提供加热过的盘子取用热食。厨师能够提供即时加工服务	3	2	1	0
4.1.1.6	咖啡或茶应宾客要求及时添加，适时更换烟灰缸	3	2	1	0
4.1.1.7	宾客用餐结束后，及时收拾餐具，结账效率高、准确无差错。宾客离开餐厅时，向宾客致谢	3	2	1	0
4.1.1.8	自助早餐食品质量评价	3	2	1	0
4.1.2	正餐服务	优	良	中	差
4.1.2.1	在营业时间，及时接听电话，重复并确认所有预订细节	3	2	1	0
4.1.2.2	在宾客抵达餐厅后，及时接待并引座。正常情况下，宾客就座的餐桌已经布置完毕	3	2	1	0
4.1.2.3	提供菜单和酒水单，熟悉菜品知识，主动推荐特色菜肴，点单时与宾客保持目光交流	3	2	1	0
4.1.2.4	点菜单信息完整（如烹调方法、搭配等），点单完毕后与宾客确认点单内容	3	2	1	0
4.1.2.5	点单完成后，及时上酒水及冷盘（头盘），根据需要适时上热菜（主菜），上菜时主动介绍菜名	3	2	1	0
4.1.2.6	根据不同菜式要求及时更换、调整餐具，确认宾客需要的各种调料，提醒宾客小心餐盘烫手，西餐时，主动提供面包、黄油	3	2	1	0
4.1.2.7	向宾客展示酒瓶，在宾客面前打开酒瓶，西餐时，倒少量酒让主人鉴酒	3	2	1	0
4.1.2.8	红葡萄酒应是常温，白葡萄酒应是冰镇。操作玻璃器皿时，应握杯颈或杯底	3	2	1	0
4.1.2.9	宾客用餐结束后，结账效率高、准确无差错，主动征询宾客意见并致谢	3	2	1	0
4.1.2.10	正餐食品质量评价	3	2	1	0
4.1.3	*酒吧服务（大堂吧，茶室）	优	良	中	差
4.1.3.1	宾客到达后，及时接待，热情友好。提供酒水单，熟悉酒水知识，主动推荐，点单时与宾客保持目光交流	3	2	1	0

序号	标准	评价			
4.1.3.2	点单后，使用托盘及时上齐酒水，使用杯垫，主动提供佐酒小吃	3	2	1	0
4.1.3.3	提供的酒水与点单一致，玻璃器皿与饮料合理搭配，各种酒具光亮、洁净、无裂痕、无破损，饮品温度合理	3	2	1	0
4.1.3.4	结账效率高、准确无差错；向宾客致谢	3	2	1	0
4.1.4	*送餐服务	优	良	中	差
4.1.4.1	正常情况下，及时接听订餐电话，熟悉送餐菜单内容，重复和确认预订的所有细节，主动告知预计送餐时间	3	2	1	0
4.1.4.2	正常情况下，送餐的标准时间为：事先填写好的早餐卡：预订时间 5 min 内；临时订早餐：25 min 内；小吃：25 min 内；中餐或晚餐：40 min 内	3	2	1	0
4.1.4.3	送餐时按门铃或轻轻敲门(未经宾客许可，不得进入客房)；礼貌友好地问候宾客；征询宾客托盘或手推车放于何处，为宾客摆台、倒酒水、介绍各种调料	3	2	1	0
4.1.4.4	送餐推车保持清洁，保养良好。推车上桌布清洁、熨烫平整。饮料、食品均盖有防护用具	3	2	1	0
4.1.4.5	送餐推车上摆放鲜花瓶。口布清洁、熨烫平整、无污渍。盐瓶、胡椒瓶及其他调味品盛器洁净，装满	3	2	1	0
4.1.4.6	送餐完毕，告知餐具回收程序(如果提供回收卡，视同已告知)，向宾客致意，祝愿宾客用餐愉快	3	2	1	0
4.1.4.7	送餐服务食品质量评价	3	2	1	0
4.2	餐饮区域维护保养与清洁卫生	优	良	中	差
4.2.1	餐台(包括自助餐台)：稳固、美观、整洁	3	2	1	0
4.2.2	地面：完整、无破损、无变色、无变形、无污渍、无异味	3	2	1	0
4.2.3	门窗及窗帘：玻璃明亮、无破损、无变形、无划痕、无灰尘	3	2	1	0
4.2.4	墙面：平整、无破损、无裂痕、无脱落、无灰尘、无水迹、无蛛网	3	2	1	0
4.2.5	天花(包括空调排风口)：平整、无破损、无裂痕、无脱落、无灰尘、无水迹、无蛛网	3	2	1	0
4.2.6	家具：稳固、完好、无变形、无破损、无烫痕、无脱漆、无灰尘、无污染	3	2	1	0
4.2.7	灯具：完好、有效、无灰尘、无污渍	3	2	1	0

序号	标准	评价			
4.2.8	盆景、花木：无枯枝败叶、修剪效果好，无灰尘、无异味、无昆虫	3	2	1	0
4.2.9	艺术品：有品位、完整、无褪色、无灰尘、无污渍	3	2	1	0
4.2.10	客用品(包括台布、餐巾、面巾、餐具、烟灰缸等)：方便使用，完好、无破损、无灰尘、无污渍	3	2	1	0
小计		117			
实际得分：					
得分率：(实际得分)/该项总分×100％＝					
5	其他服务项目				
5.1	＊会议、宴会	优	良	中	差
5.1.1	提供多种厅房布置方案，并有详细文字说明	3	2	1	0
5.1.2	各种厅房的名称标牌位于厅房显著位置，到厅房的方向指示标识内容清晰，易于理解	3	2	1	0
5.1.3	各厅房的灯光、空调可独立调控	3	2	1	0
5.1.4	有窗户的厅房配备窗帘，遮光效果好	3	2	1	0
5.1.5	厅房之间有良好的隔音效果，互不干扰	3	2	1	0
5.1.6	台布、台呢整洁平整，完好、无灰尘、无污渍	3	2	1	0
5.1.7	音响、照明、投影等设施提前调试好，功能正常	3	2	1	0
5.1.8	会议期间，及时续水，响应宾客需求	3	2	1	0
5.1.9	会议休息期间，摆正椅子，整理台面，清理垃圾	3	2	1	0
5.2	＊健身房	优	良	中	差
5.2.1	营业时间不少于 12 h，热情问候、接待	3	2	1	0
5.2.2	提供毛巾及更衣柜钥匙。有安全提示，提醒宾客保管贵重物品	3	2	1	0
5.2.3	温度合理、清洁卫生、感觉舒适、无异味	3	2	1	0
5.2.4	健身器械保养良好、易于操作，并配有注意事项，必要时向宾客讲解器械操作指南	3	2	1	0
5.2.5	照明、音像设施运行正常，照明充足、音质良好。备有饮水机与水杯	3	2	1	0
5.3	＊游泳池	优	良	中	差
5.3.1	水深标记及安全提示清晰、醒目(在显眼处张贴当地安全法规，要在游泳池边上能清楚地看见游泳池深度标志)	3	2	1	0
5.3.2	游泳池周边保持清洁卫生、照明充足	3	2	1	0

序号	标准	评价			
5.3.3	水温适当，室内游泳池水温不低于 25 ℃，水质洁净、无混浊	3	2	1	0
5.3.4	配备专职救生人员及相应救生设施	3	2	1	0
5.3.5	提供数量充足的躺椅，且位置摆放合理，保养良好。室外游泳池提供数量充足的遮阳伞，且保养良好	3	2	1	0
5.3.6	提供毛巾，并及时更换宾客用过的毛巾。应宾客要求提供饮品	3	2	1	0
5.4	＊更衣室	优	良	中	差
5.4.1	天花、墙面、地面保养良好、保持清洁、无破损、无脱落、无开裂、无污渍	3	2	1	0
5.4.2	通风良好、照明合理，更衣柜保持清洁，保养良好	3	2	1	0
5.4.3	淋浴间保持洁净，布置合理，方便使用，沐浴用品保持充足	3	2	1	0
5.4.4	提供洁净的毛巾，洗涤篮保持未满状态	3	2	1	0
5.5	＊商务中心、商店、休闲娱乐项目	优	良	中	差
5.5.1	商务中心应明示各项服务收费规定，员工业务熟练、效率高、质量好	3	2	1	0
5.5.2	商品部商品陈列美观、明码标价、质量可靠、包装精美，与饭店整体氛围相协调，结账效率高，准确无差错	3	2	1	0
5.5.3	休闲娱乐设施完好、有效、安全，无灰尘、无污渍、无异味	3	2	1	0
5.5.4	休闲娱乐项目热情接待、服务周到，外包项目管理规范	3	2	1	0
小计		117			
实际得分：					
得分率：（实际得分)/该项总分×100%＝					
6	公共、后台区域				
6.1	周围环境	优	良	中	差
6.1.1	庭院(花园)完好，花木修剪整齐，保持清洁	3	2	1	0
6.1.2	停车场、回车线线标线清晰，车道保持畅通	3	2	1	0
6.1.3	店标(旗帜)、艺术品等保养良好、无破损、无污渍	3	2	1	0
6.2	楼梯、走廊、电梯厅	优	良	中	差
6.2.1	地面：完整，无破损、无变色、无变形、无污渍、无异味	3	2	1	0
6.2.2	墙面：平整、无破损、无裂痕、无脱落，无污渍、无水迹、无蛛网	3	2	1	0
6.2.3	天花(包括空调排风口)：平整、无破损、无裂痕、无脱落；无灰尘、无水迹、无蛛网	3	2	1	0

序号	标准	评价			
6.2.4	灯具、装饰物：保养良好、无灰尘、无破损	3	2	1	0
6.2.5	家具：洁净、保养良好、无灰尘、无污渍	3	2	1	0
6.2.6	紧急出口与消防设施：标识清晰，安全通道保持畅通	3	2	1	0
6.2.7	公用电话机：完好、有效、清洁	3	2	1	0
6.2.8	垃圾桶：完好、清洁	3	2	1	0
6.3	公共卫生间	优	良	中	差
6.3.1	地面：完整，无破损、无变色、无变形、无污渍、无异味、光亮	3	2	1	0
6.3.2	墙面：平整、无破损、无裂痕、无脱落、无灰尘、无水迹、无蛛网	3	2	1	0
6.3.3	天花(包括空调排风口)：平整、无破损、无裂痕、无脱落、无灰尘、无水迹、无蛛网	3	2	1	0
6.3.4	照明充足、温湿度适宜、通风良好	3	2	1	0
6.3.5	洗手台、恭桶、小便池保持洁净、保养良好、无堵塞、无滴漏	3	2	1	0
6.3.6	梳妆镜完好、无磨损、玻璃明亮、无灰尘、无污渍	3	2	1	0
6.3.7	洗手液、擦手纸充足，干手器完好、有效，方便使用，厕位门锁、挂钩完好、有效	3	2	1	0
6.3.8	残疾人厕位(或专用卫生间)：位置合理，空间适宜，方便使用	3	2	1	0
6.4	后台区域	优	良	中	差
6.4.1	通往后台区域的标识清晰、规范，各区域有完备的门锁管理制度	3	2	1	0
6.4.2	后台区域各通道保持畅通，无杂物堆积	3	2	1	0
6.4.3	地面：无油污、无积水、无杂物、整洁	3	2	1	0
6.4.4	天花(包括空调排风口)：无破损、无裂痕、无脱落、无灰尘、无水迹、无蛛网	3	2	1	0
6.4.5	墙面：平整、无破损、无开裂、无脱落、无污渍、无蛛网	3	2	1	0
6.4.6	各项设备维护保养良好，运行正常，无"跑、冒、滴、漏"现象	3	2	1	0
6.4.7	在醒目位置张贴有关安全、卫生的须知	3	2	1	0

序号	标准	评价			
6.4.8	餐具的清洗、消毒、存放符合卫生标准要求,无灰尘、无水渍	3	2	1	0
6.4.9	食品的加工与贮藏严格做到生、熟分开,操作规范	3	2	1	0
6.4.10	有防鼠、蟑螂、蝇类、蚊虫的装置与措施,完好有效	3	2	1	0
6.4.11	各类库房温度、湿度适宜,照明、通风设施完备有效,整洁卫生	3	2	1	0
6.4.12	下水道无堵塞、无油污,保持畅通无阻	3	2	1	0
6.4.13	排烟与通风设备无油污、无灰尘,定期清理	3	2	1	0
6.4.14	垃圾分类收集,日产日清,垃圾房周围保持整洁,无保洁死角	3	2	1	0
6.4.15	员工设施(宿舍、食堂、浴室、更衣室、培训室等)管理规范,设施设备保养良好、整洁卫生	3	2	1	0
小计		102			
实际得分:		分			
得分率:(实际得分)/该项总分×100%=		%			
总分		600			
实际总得分		分			
总得分率		%			

参 考 文 献

[1]吴宝宏.餐厅服务与实训[M].长春：东北师范大学出版社，2014.

[2]李贤政.餐饮服务与管理[M].北京：高等教育出版社，2010.

[3]杨雅蓉.餐饮服务与管理[M].北京：化学工业出版社，2018.

[4]王常红.餐饮服务与督导管理[M].大连：东北财经大学出版社，2021.

[5]姜红.餐饮服务与管理[M].大连：大连理工大学出版，2009.

[6]汪京强.餐饮服务与管理[M].北京：科学出版社，2019.

[7]郭娜.主题宴会设计与策划[M].长沙：湖南师范大学出版社，2020.

[8]段金梅.酒店餐饮服务与管理[M].长沙：湖南师范大学出版社，2018.

[9]王军.餐饮服务与管理实务[M].北京：中国石化出版社，2020.

[10]李丽.餐饮服务与管理技能[M].北京：电子工业出版社，2019.

[11]刘秀珍.餐饮服务与管理[M].北京：中国轻工业出版社，2018.

[12]陈增红，韩爱霞，鹿敏.餐饮服务与数字化运营［M］.北京：旅游教育出版
社，2022.

[13]刘澜江，郑月红.主题宴会设计[M].北京：中国商业出版社，2005.

[14]丁应林.宴会设计与管理[M].北京：中国纺织出版社，2008.

[15]牟昆.酒水服务与酒吧管理[M].北京：清华大学出版社，2017.

[16]李晓云，鄢赫.宴会策划与运行管理[M].北京：旅游教育出版社，2014.

[17]李静珠.餐巾杯花艺术[M].北京：电子工业出版社，2022.

[18]陈静.餐饮服务与管理[M].青岛：中国海洋大学出版社，2021.

[19]北京首都旅游集团有限责任公司.餐饮服务与管理(初级)[M].北京：中国旅游
出版社，2021.

[20]北京首都旅游集团有限责任公司.餐饮服务与管理(中级)[M].北京：中国旅游
出版社，2021.